AF474163

330
1894

BONAPARTE

ET LES

RÉPUBLIQUES ITALIENNES

(1796-1799)

A LA MÊME LIBRAIRIE

AUTRES OUVRAGES DE M. P. GAFFAREL

Les Colonies françaises. 1 vol. in-8° de la *Bibliothèque d'histoire contemporaine*. 5e édition, 1893 . . . . 5 fr.

La Défense nationale en 1792. 1 vol. in-32 de la *Bibliothèque utile*. Broché, 60 cent.; cartonné à l'anglaise. . . . . 1 fr.

Les Frontières françaises et leur défense. 1 vol. in-32 de la *Bibliothèque utile*. Broché, 60 cent.; cartonné à l'anglaise. . 1 fr.

ÉVREUX, IMPRIMERIE DE CHARLES HÉRISSEY

BONAPARTE

ET LES

RÉPUBLIQUES ITALIENNES

(1796-1799)

PAR

PAUL GAFFAREL

DOYEN DE LA FACULTÉ DES LETTRES DE DIJON

PARIS

ANCIENNE LIBRAIRIE GERMER BAILLIÈRE ET Cie

FÉLIX ALCAN, ÉDITEUR

108, BOULEVARD SAINT-GERMAIN, 108

1895

AVANT-PROPOS

L'Italie, à la suite des campagnes de 1796 et 1797, a été comme transformée par Bonaparte. Vieilles monarchies, républiques aristocratiques ou démocratiques, principautés électives ou héréditaires, il a, de sa tranchante épée, tout ébranlé, tout bouleversé, tout modifié. Ses marches rapides dans la péninsule, ses foudroyantes victoires, l'entrée dans les capitales ennemies, le défilé des prisonniers, des drapeaux, des objets d'art, seule, cette héroïque épopée a longtemps occupé l'imagination. On a peut-être eu le tort de trop laisser de côté ce qu'on pourrait appeler la partie intérieure de la question italienne. Les batailles ont fait oublier les négociations et les coups de force les traités; et pourtant l'histoire des républiques éphémères créées, renouvelées ou préparées par Bonaparte présente un grand intérêt! Nous avons essayé, nous n'osons dire de combler cette lacune, mais à tout le moins de réparer cette omission, en présentant, dans un tableau rapide, l'histoire de la création des cinq républiques improvisées par le conquérant. Nous le verrons créer de toutes pièces la *République Cisalpine;* détruire pour la reconstituer sous une forme démocratique la *République Ligurienne;* renverser, mais cette fois pour la partager, la *République Vénitienne;* enfin préparer les deux *Républiques Romaine* et *Parthénopéenne*. Tantôt il interviendra directement, et, par une brusque décision, saura résoudre une situation compliquée; tantôt ses confidents agiront seuls, mais sous sa haute direction. Présent ou absent, sa main. sa lourde main, pèsera toujours dans la balance. A lui, et rien qu'à lui, les contemporains reporteront la responsabilité des événements. C'est donc lui qui, de près ou de loin, sera toujours en scène.

Au moment où je ne sais quel souffle révolutionnaire passe de nouveau sur l'Italie et menace d'ébranler, non pas l'unité italienne, mais la monarchie piémontaise, peut-être ne sera-t-il pas sans intérêt d'évoquer des souvenirs déjà séculaires, et de montrer, par l'étude du passé, que ce que firent les Italiens à la fin du XVIIIe siècle, les Italiens pourraient bien le refaire à la fin du XIXe siècle.

PAUL GAFFAREL.

BONAPARTE

ET LES RÉPUBLIQUES ITALIENNES

CHAPITRE PREMIER

FONDATION DE LA RÉPUBLIQUE CISALPINE (1796-1797)

La domination autrichienne dans le Milanais. — Le parti national Italien. — Fuite de l'archiduc Ferdinand. — Entrée des Français à Milan. — Organisation d'un gouvernement provisoire. — Les premières déceptions. — Les *extractions* et les réquisitions. — Insurrection de Pavie. — Répression de l'émeute. — Brutalités et pillages. — La guerre aux fournisseurs. — Bonaparte à Mombello. — Les modérés et les exaltés. — Le journalisme et le théâtre. — Le *Ballet du Pape*. — Les fêtes patriotiques. — Les derniers partisans de l'Autriche. — Bonaparte se prononce en faveur des modérés. — Les théoriciens politiques. — Création de la république Cisalpine. — Formation territoriale. — Annexion de la Valteline. — Prospérité apparente.

I

Depuis le traité d'Utrecht qui termina la guerre de Succession d'Espagne, en 1713, l'Autriche[1], maîtresse du Milanais

(1) *Correspondance de* Bonaparte, t. I, II, III. — *Œuvres de* Napoléon *à Sainte-Hélène*, campagnes d'Italie. — Botta, *Histoire d'Italie de* 1789 *à* 1814. — Cantu, *Histoire des Italiens* (t. XI de la traduction française). — Cusani, *Storia di Milano*. — Beccatini, *Storia del memorabile triennale governo francese e se dicente Cisalpino*. — *Giornale storico del* 1797 *al* 1806. — *Compendio della Storia patria della Republica Cisalpina*. (Les 38 volumes du Giornale et les 9 volumes du Compendio se trouvent à la bibliothèque Ambrosienne de Milan.) — Bonfadini. *La Republica Cisalpina e il primo regno d'Italia*. — G. de Castro. *Milano e la Republica Cisalpina giusta la poesie, le caricature ed altre testimonianze dei tempi*. — Verri. *Storia del invasione dei Francesi nei Milanese*. (Rivista cont. di Torino, juillet-août 1850.)

et du Mantouan, était fortement campée dans l'Italie du nord. C'était une occupation militaire plutôt qu'une prise de possession véritable, car il existait, entre les Autrichiens et les Italiens trop de différences dans les mœurs, les usages, la langue et les institutions pour que jamais ces deux peuples pussent renoncer à leur rivalité séculaire et se fondre en une race homogène. Les Autrichiens étaient maîtres par le fait de la guerre, par la raison du plus fort, et les Italiens avaient le sentiment de leur infériorité, mais la compression brutale de l'Autriche n'avait pas encore éteint dans les cœurs Italiens le souvenir de l'antique gloire et le désir de la ressusciter. Il existait donc, dans les provinces italiennes de l'Autriche, ce qu'on pourrait appeler, si l'expression n'était bien moderne, un parti autonomiste, c'est-à-dire tout disposé à recouvrer son indépendance nationale. Ce parti se composait surtout des classes moyennes. Les négociants, les industriels, les propriétaires aisés, les médecins, les professeurs en faisaient la force et le nombre. Quelques descendants des vieilles familles aristocratiques qui avaient ou dédaigné ou repoussé les faveurs de l'Autriche, les Serbelloni, les Visconti, les Melzi, donnaient encore au parti italien l'appui de leur influence. Le voisinage de la France, la contagion des idées nouvelles [1], le vent de réformes sociales et politiques qui soufflait alors sur l'Europe entière, avaient comme enfiévré les espérances des patriotes, car on les désignait déjà sous ce nom, mais ces espérances ils n'osaient encore les dévoiler au grand jour; l'Autriche en effet surveillait attentivement toute explosion de sentiments contraires aux intérêts de la dynastie, et, bien que les gouverneurs de la Lombardie eussent reçu l'ordre de traiter avec douceur les sujets italiens, ils étaient impitoyables à l'égard de tous ceux qui paraissaient vouloir renverser le gouvernement établi. On ne connaissait pas encore en Europe

(1) L'Autriche les redoutait tellement qu'elle avait fait traduire par Fontana le livre d'Arthur Young contre la France, et avait commandé à l'abbé Soave un ouvrage, ou plutôt un pamphlet, où les Français étaient représentés comme des cannibales.

le *carcere duro* ou *durissimo*, plus tard illustré par Silvio Pellico, mais on le pratiquait déjà, et, si quelque patriote était en quelque sorte protégé par l'éclat de son nom ou de sa réputation, l'exil, à défaut de la prison, avait vite raison du récalcitrant.

Le parti national italien à la fin XVIIIe siècle, vivait uniquement d'espérances. Son opposition était surtout littéraire et, pour ainsi dire, historique. Elle s'exprimait par des conversations particulières ou de temps à autre par des articles de journaux, dont les allusions discrètes n'étaient même pas comprises par tous les lecteurs; aussi l'Autriche se souciait-elle très peu des innocentes épigrammes d'un Parini, d'un Verri ou d'un Carli. Elle laissait même à peu près toute liberté aux rédacteurs du journal *Il Caffé*, ou parfois savait leur fermer la bouche en leur accordant quelque grasse sinécure. Soutenue par le clergé qui prêchait l'obéissance, par le peuple qui suivait l'impulsion du clergé, par les fonctionnaires qui tenaient à conserver leurs positions et enfin par cette masse d'indifférents qui, sous n'importe quel régime, est toujours prête à sacrifier sa liberté à son bien-être, l'Autriche se croyait à tout jamais la maîtresse incontestée de la Lombardie. Elle riait même des prétentions du parti italien, et se moquait de ceux qu'elle appelait les Guelfes, comme si les espérances des patriotes eussent été aussi hors de propos que cette appellation qui rappelait un autre âge.

Les Guelfes allaient pourtant avoir leur revanche, plus prompte et plus complète qu'ils n'eussent osé l'espérer. On sait combien fut terrible le réveil de l'Autriche, comment en quelques jours fut détruit l'édifice dont elle croyait des fondements si solides, comment la Lombardie tomba entre nos mains, et comment le parti italien se vit tout à coup investi de la toute-puissance et à la veille de réaliser ses plus secrets désirs. Voyons-les donc à l'œuvre ces patriotes. Quel usage feront-ils de cette victoire inattendue? Comment les Français leurs alliés leur permettront-ils de jouir de cette liberté improvisée?

II

Bonaparte venait d'imposer au Piémont l'armistice de Cherasco. Il avait, par une manœuvre hardie, occupé sans grande bataille la moitié de la Lombardie et frappé sur Beaulieu un coup retentissant au pont de Lodi. Le chemin de Milan lui était donc ouvert. Malgré la présence d'une forte garnison autrichienne qui occupait encore le château, la nouvelle de ces victoires avait été accueillie avec plaisir par toutes les classes de la population, d'abord parce que la gloire exerce une véritable fascination, ensuite parce que le changement plait toujours aux masses populaires. Les couleurs nationales, vert, blanc et rouge, reparurent. Ce fut un certain Carlo Salvadori, Espagnol d'origine, Italien de naissance, ancien ami de Marat, qui osa le premier se montrer avec cette cocarde dans les rues de Milan. Les écussons impériaux furent aussitôt lacérés ou couverts de boue, et, lorsque l'archiduc Ferdinand, gouverneur de la Lombardie[1], eut suivi la retraite de ses troupes, on afficha sur la porte de son palais : *maison à louer, s'adresser au commissaire Saliceti.* Ce dernier, ex-conventionel, était le délégué du Directoire chargé de toutes les opérations non militaires.

Une municipalité provisoire fut créée. Deux des rédacteurs du *Caffé* en devinrent les chefs, Pietro Verri, un économiste distingué, et le poète Parini, l'auteur du *Jour*, critique fine et mordante des travers de l'époque. En même temps Melzi d'Eril que sa naissance, ses richesses et son passé désignaient à cet honneur, fut député à Bonaparte pour le prier d'entrer à

(1) L'archiduc Ferdinand était accusé de spéculer sur les grains. Le fameux peintre Gros fit sa caricature sous la forme d'un cochon, dont un soldat français ouvrait le ventre, pour en extraire le grain mal acquis. Il se vendit en un jour vingt mille exemplaires de ce dessin. Voir STENDHAL, *Chartreuse de Parme*, § 1er.

Milan[1]. Melzi partit le 13 mai 1796 et s'avança jusqu'à Melegnano, où il rencontra le vainqueur de Lodi. Le lendemain 14, Masséna entra avec l'avant-garde et fut reçu aux portes de la ville par le comte Francesco Nava. Le surlendemain Bonaparte fit son entrée[2]. Les grenadiers de Lodi ouvraient la marche. Ils furent couverts de fleurs et reçus avec des transports de joie. Les volontaires Polonais, commandés par Dombrowsky, qui servaient en assez grand nombre dans notre armée, reçurent aussi un accueil empressé, car les Milanais, avec cet instinct de générosité et de délicate prévenance qui les a toujours caractérisés, comprenaient qu'ils devaient, plus encore qu'aux Français, de la reconnaissance à ces exilés volontaires qui, privés de leur patrie, bravaient mille dangers pour leurs frères Italiens. Nos soldats étonnèrent par leur aspect et leur tenue ceux qui se rappelaient la raideur méthodique et la propreté scrupuleuse des bandes autrichiennes. « Ils campaient sans tentes, écrivait un témoin oculaire[3], et leur marche n'avait rien de compassé. Leurs habits de couleurs diverses, étaient déchirés. Quelques-uns n'avaient pas d'armes[4]. Peu ou point de canons. Chevaux démontés et

(1) On lui avait adjoint le décurion Giuseppe Resta.

(2) Lettre de Marmont à son père (Milan, 15 mai 1796) insérée dans les *Mémoires* du maréchal (t. I, p. 322). « Mon tendre père, nous sommes aujourd'hui à Milan. Hier, nous y avons fait notre entrée triomphale. Elle m'a donné l'idée de l'entrée à Rome des anciens généraux romains, lorsqu'ils avaient bien mérité de la patrie. Je doute que l'ensemble de l'action offrit un coup d'œil, un spectacle plus beau et plus ravissant. Milan est une très grande ville, très belle et très peuplée. Les habitants aiment les Français à la folie, et il est impossible d'exprimer toutes les marques d'attachement qu'il nous ont données. »

(3) Verri, cité par CANTU, *Histoire des Italiens*, t. XI, p. 61. Cf. les premières pages de la *Chartreuse de Parme*, par STENDHAL. Ce n'est qu'un roman, mais qui, par la précision des détails et l'exactitude des descriptions, vaut bien des livres d'histoire.

(4) Dans sa *Vie de Napoléon* (p. 127), Stendhal est revenu sur ce dénuement de l'armée d'Italie. Il raconte que le lieutenant Robert possédait pour toute chaussure des empeignes, mais dépourvues de semelle. Deux officiers n'avaient à eux deux qu'un pantalon de casimir couleur noisette et une longue redingote croisée sur la poitrine, plus trois chemises, le tout misérablement rapiécé. Ce fut seulement à Plaisance que ces deux officiers, qui venaient de toucher quelques pièces de monnaie sur leur solde arriérée, purent compléter leur garde-robe. — Cf. *Moniteur* du 7 juin 1796.

mauvais. Ils faisaient sentinelle assis. Au lieu d'une armée, on aurait dit une population sortie audacieusement de son pays pour envahir les contrées voisines. La tactique, l'art et la discipline cédaient constamment à l'audace et à l'impétuosité nationale d'un peuple qui combat de lui-même contre des automates contraints de se battre par crainte du châtiment. » Quand parut le général en chef, petit, pâle, au costume simple mais au regard ardent et au geste impératif, l'impression fut profonde. Ce n'était pas seulement un libérateur, c'était déjà un dominateur qui prenait possession de sa première conquête. Quelques heures plus tard, Bonaparte recevait à sa table, avec tous les généraux du corps expéditionnaire, les principaux Milanais et il en faisait les honneurs avec une aisance incroyable. Le même soir, dans un grand bal, il ouvrait les salons de son quartier-général, on disait déjà son palais, aux belles Milanaises [1], et tenait au milieu d'elles une cour véritable. C'était la première de ces fêtes triomphales qui si souvent marquèrent sa vie. Il y faisait comme l'apprentissage de sa grandeur future, et, dès le premier jour, tout en marquant à chacun son rang et sa place, il se maintenait au-dessus de tous.

Au commencement de l'occupation française, les Milanais furent tout à leurs nouveaux alliés [2]. Les classes moyennes

(1) On citait alors parmi ces Milanaises Mme Visconti, qui inspira à Berthier une passion si persistante, Mme Grassini, qui aima Bonaparte, Mme Lambert, jadis distinguée par l'empereur Joseph II, Mme Monti, la femme du poète, Mme Ruge, femme d'un avocat qui plus tard devint Directeur, Mme Pietra Grua Marini, femme d'un médecin, etc.

(2) Il n'y eut qu'un seul homme, un acteur, Marchesi, qui eut le courage de rester fidèle à ses opinions. Il refusa de chanter au théâtre en l'honneur des Français. Voir Alfieri, *Miso Gallo*, ép. XXIV, note 36. Le général Dupuy lui intima l'ordre de quitter Milan dans les vingt-quatre heures. Par grâce, Berthier lui permit de rester enfermé dans une maison de campagne qui lui appartenait. Pourtant, dès l'année suivante, Marchesi, qui se trouvait alors à Gênes, ne refusa pas, dans l'opéra de Sauli intitulé : *Il Trionfo della Liberta*, le rôle du dieu Mars combattant pour l'humanité oppressée. Cf. Masi : *Parruche e Sanculotti*, p. 337. D'après Botta (liv. VI, p. 430) : « D'innombrables écrits furent publiés à la louange de Bonaparte bien plus qu'à la louange de la liberté. Il faut le dire, les Italiens se répandirent alors en adulations dégoûtantes. Celui-ci l'appelait Scipion, cet autre Annibal, le républicain Ranza le nommait Jupiter. »

croyaient fermement que Milan deviendrait le noyau d'une Italie reconstituée en puissante nation ; le peuple toujours amoureux de changement et qui s'abandonnait à la joie, les fonctionnaires et les nobles, les prêtres eux-mêmes flattés par les prévenances de Bonaparte et comme tirés de leur torpeur par ces grands mots de patrie et de liberté, qu'on ne prononce jamais sans que vibrent les cœurs, toutes les classes de la société en un mot témoignaient leur satisfaction de la venue des Français. De toutes parts les municipalités se constituaient et les Lombards attendaient avec impatience les décisions de leurs nouveaux maîtres.

Ces décisions furent d'abord favorables. Il semble vraiment que Bonaparte ait eu l'intention de rendre à cette malheureuse contrée, tant de fois opprimée par l'étranger, son indépendance pleine et entière. Italien d'origine, il songea à créer une république italienne. C'est ainsi qu'il supprima la *giunta* ou commission extraordinaire établie à Milan le 9 mai par l'archiduc Ferdinand. Il supprima également la chambre des décurions, mais garda le conseil d'État de treize membres, qui devait exercer ses fonctions au nom de la République Française et approuva la création des municipalités provisoires[1]. Il forma également une garde nationale destinée à concourir à la police et à la défense du pays et plus encore à persuader aux Italiens qu'ils allaient désormais se gouverner eux-mêmes. Il chercha même à se rendre populaire en flattant les puissances de l'esprit, et en accueillant avec distinction les artistes et les savants. « La pensée est devenue libre dans l'Italie, écrivait-il au mathématicien Oriani[2]. Il n'y a plus ni inquisition, ni intolérance, ni despotes. J'invite les savants à se réunir, et à me proposer leurs vues sur les moyens qu'il y aurait à prendre et les besoins qu'ils auraient pour donner aux sciences et aux beaux-arts une nouvelle vie... Le peuple

(1) Arrêté du 19 mai 1796.

(2) La municipalité de Milan comptait seize membres : Visconti, Caccianini, Serbelloni, Lattuada, Bignami, Corbetta, Sopransi, Poro, Verri, Pioltini, Sommariva, Sangiorgio, Crespi, Pelegata, Ciani, Parea.

Français ajoute plus de prix à l'acquisition d'un savant mathématicien, d'un peintre de réputation, d'un homme distingué, quel que soit l'état qu'il professe, qu'à celle de la ville la plus riche et la plus populeuse. » Belles paroles assurément mais prononcées pour la galerie, car, au moment même où ses oreilles retentissaient encore du bruit des compliments et des vivats dont on avait salué son entrée à Milan, le surlendemain de sa réception triomphale, voici ce qu'il écrivait au Directoire[1] : « Milan est très porté pour la liberté, il y a là un club de 800 individus, tous avocats ou négociants. Nous allons laisser exister les formes de gouvernement qui sont en usage; nous changerons seulement les personnes qui, ayant été nommées par Ferdinand, ne peuvent mériter notre confiance. Nous tirerons de ce pays-ci vingt millions de contribution. Cette contrée est une des plus riches de l'univers, mais entièrement épuisée par cinq années de guerre. D'ici vont partir les journaux, les écrits de toute espèce qui vont embraser l'Italie, où l'alarme est extrême. Si ce peuple demande à s'organiser en république, doit-on le lui accorder? Voilà la question qu'il faut que vous décidiez et sur laquelle il serait b[illegible]e vous manifestassiez vos intentions. Ce pays-ci est beaucoup plus patriote que le Piémont, il est plus près de la liberté. »

Rien donc n'est encore décidé dans l'esprit de Bonaparte. Les Milanais seront ce que le Directoire voudra qu'ils deviennent. On leur donnera des assurances vagues, des promesses sans précision, mais on ne s'engagera pas avec eux, et en attendant le Milanais deviendra une mine inépuisable et une officine de propagande révolutionnaire. Les Lombards s'ima-

(1) *Correspondance*, t. I, p. 322 (Milan, 21 mai 1796). Cf. lettre aux municipalités de Milan et de Pavie (Milan, 24 mai 1796. *Corresp.*, t. I, p. 323) : « Je désire, Messieurs, que l'Université de Pavie, célèbre à bien des titres, reprenne le cours de ses études. Faites donc connaître aux savants professeurs et aux nombreux écoliers de cette Université que je les invite à se rendre de suite à Pavie, et à me proposer les mesures qu'ils croiront utiles pour activer et redonner une existence plus brillante à la célèbre Université de Pavie. »

(2) *Correspondance*, t. I, p. 286. Milan, 17 mai 1797.

ginaient qu'ils allaient restaurer la patrie antique : ils ne seront entre les mains d'un vainqueur sans scrupules que les instruments inconscients de ses futurs desseins.

Aussi bien l'heure des déceptions arriva bien vite. Dès le 19 mai une proclamation annonçait aux Lombards que la France était disposée à les considérer comme des frères, mais que ceux-ci leur devaient un juste retou[1]. En conséquence on leur imposa une contribution de vingt millions exigible sur-le-champ. Les considérants du décret sont curieux à connaître : « Vingt millions de francs sont imposés dans les différentes provinces de la Lombardie autrichienne ; les besoins de l'armée les réclament. Les époques des payements, qui doivent être, autant qu'il sera possible, très rapprochées, seront fixées par des instructions particulières. C'est une bien faible rétribution pour des contrées aussi fertiles, si on réfléchit surtout à l'avantage qui doit en résulter pour elles. La répartition eût pu sans doute en être faite par des agents du gouvernement français; ce moyen eût été légitime : la république française veut néanmoins s'en départir, elle la délaisse à l'autorité locale, au congrès d'état; elle lui indique seulement une base, c'est que cette contribution doit individuellement frapper sur les riches, les gens véritablement aisés, sur les corps ecclésiastiques... c'est que la classe indigente doit être ménagée. » Un arrêté du même jour, 19 mai[2], portait nomination d'un agent à la suite de l'armée française en Italie « pour *extraire* et faire passer sur le territoire de la République les objets d'art et de science qui se trouvaient dans les villes conquises ». Il est vrai que la spoliation devait être opérée dans les formes, car, en vertu de l'article 3, « il ne pourra être fait aucune *extraction* sans en avoir été dressé procès-verbal et sans être accompagné d'un membre d'une autorité reconnue par l'armée française ». On avait prévu jusqu'aux difficultés de l'*extraction*. En vertu de l'article 5,

(1) *Correspondance*, t. I, p. 298.
(2) *Correspondance*, t. I, p. 300.

« dans le cas où il serait impossible à l'agent des transports de procurer les moyens d'enlèvement, les commissaires des guerres et commandants des places les lui feront fournir, et, au cas où il ne pourrait se les procurer par cette voie, l'agent sera autorisé lui-même à requérir des chevaux et voitures dans la ville où se feront les *extractions* ». Or qu'entendait-on par objets d'art ou de science? Le décret énumérait tableaux, statues, manuscrits, machines, instruments de mathématiques, cartes, etc., ce qui comportait une singulière variété d'objets, étant donnée surtout la bonne volonté de ceux qui étaient chargés d'interpréter le décret. En effet, le jour même où paraissait le décret, étaient *extraits*, pour être dirigés sur Paris, six tableaux de Luini, Rubens, Giorgione, Lucas de Leyde, Léonard de Vinci, le Calabrese, le carton de l'école d'Athènes par Raphaël, un vase étrusque, le fameux manuscrit de Josèphe, le manuscrit de Virgile ayant appartenu à Pétrarque, et un manuscrit qualifié de très curieux sur l'histoire des papes, le tout enlevé à la Bibliothèque Ambrosienne de Milan, sans préjudice d'un Titien et d'un Ferrari extraits d'alle Grazzie et d'un Salvator Rosa extrait d'alla Vittoria[1].

Est-il vrai que tout finit par se compenser dans ce monde, et que les fils un jour ou l'autre payent pour les pères? Certes nous frémissons de colère à la pensée des vols, des pillages et des extorsions dont nos villes ou nos châteaux ont souffert dans la terrible guerre de 1870-1871, et on rira longtemps de l'amour immodéré, de la sympathie irrésistible qui poussaient les Allemands vers nos montres et nos pendules; mais soyons avant tout impartiaux et reconnaissons que nous avons peut-être fait pis encore en Italie à la fin du dernier siècle. Que d'excès révoltants, que de pillages honteux! Nous ne parlons seulement pas des tableaux et des statues, bien que le fait en lui-même soit profondément regrettable, et que le triste exemple que nous avons alors donné ait autorisé

(1) *Correspondance*, t. I, p. 202. État des objets de sciences et arts désignés par le général Bonaparte pour être emportés à Paris.

depuis bien des revendications plus ou moins légitimes; mais, abstraction faite de tout amour-propre national, avions-nous le droit de dépouiller les musées de Pavie pour enrichir notre Jardin des plantes et notre cabinet d'histoire naturelle? Etaient-ce vraiment des objets d'art et de science ces armes héréditaires conservées dans les palais italiens, et que nos officiers s'approprièrent sans scrupule? Que dire des chevaux de luxe qui finirent par être compris dans les objets d'art? Nous lisons en effet dans la correspondance de Bonaparte ces deux lettres étonnantes adressées, la première[1] à Faypoult, ministre de France à Gênes, et la seconde au Directoire : « Je vous choisirai deux chevaux parmi ceux que nous requérons à Milan; Ils serviront à vous dissiper des ennuis et des étiquettes du pays où vous êtes. Je veux aussi vous faire présent d'une épée[2]. » — « Il part demain de Milan cent chevaux de voiture, les plus beaux qu'on ait pu trouver dans la Lombardie : ils remplaceront les chevaux médiocres qui attellent vos voitures. »

C'était le général en chef qui se conduisait ainsi. Il commençait par deux chevaux et continuait par cent, et, le plus singulier, c'est qu'il ne paraissait pas se douter de la vilenie de l'action commise[3]. Est-ce donc qu'Alfieri[4] a raison quand il lance contre le triomphateur cette terrible épigramme : « Je fais la guerre en Italie et non le trafic ni le commerce, disait Godefroy, le chef illustre et invincible. Je vole en Italie, et je n'y guerroie pas; j'y cherche de l'or sonnant et non une gloire frivole, dit l'ignoble capitaine gueux qui traîne après lui toute la ladrerie de Provence et de Languedoc. »

Rubo in Italia, e non guerregio, cerco
Oro sonante, e non frivola luce,

(1) Milan, 21 mai 1796. *Corresp.*, t. I, p. 312.

(2) Peschiera, 1er juin 1796. *Corresp.*, t. I, p. 316.

(3) Cf. Lettre au Directoire (8 mai 1796. — *Correspondance*, t. I, p. 291). « J'ai fait passer à Tortone pour au moins deux millions de bijoux et d'argent en lingots, provenant de différentes contributions. Ils attendront là jusqu'à ce que vous ayez donné des ordres pour leur destination ultérieure. »

(4) ALFIERI, *Misogallo*, épigramme LXI. Traduction inédite d'Hugues

Dice l'ignobil Capitan Pitocco,
Ch'or dietro a se ne adduce
Ladreria di Proenza, e Linguadocco!

Le Directoire pourtant trouvait qu'il fallait étendre plus loin encore cette dénomination si commode d'objets d'art et de science. Il écrivait à Bonaparte pour lui recommander des bois de construction prêts à être embarqués, des chanvres de belle qualité, de la toile à voile, et il terminait par ces étranges paroles : « Rendons l'Italie fière d'avoir contribué aux progrès de notre marine. » Argent, approvisionnements, produits de l'industrie et de l'agriculture, rien n'échappait à l'œil exercé des réquisiteurs, et ce système de spoliation sans exemple dans l'histoire des nations modernes, on le décorait sans pudeur du beau nom de patriotisme. L'Italie était devenue une ferme qu'on exploitait sans pitié, et la guerre n'était plus qu'une opération financière bien conduite. Bonaparte ne s'en cachait pas, et il indiquait même le moyen de continuer ces bénéfices : « Plus vous nous enverrez d'hommes, écrivait-il [1] au Directoire, plus non seulement nous les nourrirons facilement mais encore plus nous lèverons de contributions au profit de la République. L'armée d'Italie a produit dans la campagne d'été vingt millions à la République, indépendamment de sa solde et de sa nourriture; elle peut en produire le double pendant la campagne d'hiver, si vous nous envoyez en recrues et en nouveaux corps une trentaine de mille hommes. Rome et toutes ses provinces, Trieste et le Frioul, même une partie du royaume de Naples deviendront notre proie; mais, pour se soutenir, il faut des hommes. »

Ces spoliations étaient en quelque sorte officielles. On les avouait au grand jour. Elles avaient un semblant d'excuse : la nécessité de vivre en présence de l'ennemi. Les patriotes italiens, bien que désenchantés et vite revenus de leurs illusions, s'y seraient peut-être résignés, mais une véritable fièvre de vol et de pillage s'était abattue sur l'armée. Les généraux

(1) Modène, 17 octobre 1796. *Corresp.*, t. II, p. 58.

eux-mêmes donnaient l'exemple, Masséna surtout dont les exactions sont restées légendaires. Une nuée de fournisseurs, de commissaires, d'agioteurs de toute espèce et de voleurs de toutes qualités s'était comme emparé, à la suite de nos soldats, de cette malheureuse région. Ne prétendaient-ils pas se faire nourrir par les habitants[1] ? Il fallut l'intervention directe du général en chef pour faire disparaître cet abus : mais que de vexations quotidiennes ! Que de souffrances cachées ! Ordres du jour sévères, exécutions même, rien n'y faisait. C'était un mal invétéré. Il est vraiment regrettable d'avoir à tracer ce triste tableau, mais la vérité a des droits imprescriptibles, et c'est un mauvais service à rendre à ses compatriotes que de leur cacher toutes les parties de l'histoire qui ne leur sont pas favorables.

La conséquence immédiate de cette série de malversations et de sévices fut une insurrection populaire. Il y avait à Milan un mont-de-piété très riche, où l'on gardait soit des bijoux de famille, soit divers objets précieux. On les conservait pour constituer des dots ou pour former des réserves jusqu'au moment du mariage. Bonaparte et Saliceti s'en emparèrent sans autre forme de procès. Cette spoliation fut connue, et excita l'indignation générale. Les Milanais coururent aux armes, mais le général Despinoy, prévenu à temps, parcourut les rues avec de fortes patrouilles de cavalerie, et dispersa les rassemblements.

Les choses se passèrent autrement dans la banlieue. Le 24 mai on entendit le tocsin sonner avec fureur dans tous les villages entre Milan et Pavie. Des paysans parcouraient la campagne par bandes armées, et se jetaient sur nos détachements. Les bruits les plus sinistres étaient répandus. Tantôt on apprenait que les Anglais venaient d'entrer à Nice et que le prince de Condé avec les émigrés se dirigeait par la Suisse sur Milan ; tantôt c'était Beaulieu qui reprenait l'offensive à la tête d'une armée de 60.000 hommes. Bonaparte

(1) *Correspondance*, t. I, p. 295. Lettre de Bonaparte à la municipalité de Milan.

se disposait alors à rentrer en campagne contre l'Autriche. Or les insurgés menaçaient ses derrières et le prenaient entre deux feux. Il était imprudent de s'avancer avant d'avoir comprimé l'insurrection. D'heure en heure les mauvaises nouvelles se succédaient au quartier général. Pavie s'était insurgé, et le commandant français avait été fait prisonnier avec toute la garnison. L'avant-garde des révoltés s'était même avancée jusqu'à Binasco, sur la route de Milan. Milan grondait sourdement. La population était hostile et menaçante. Elle semblait n'attendre qu'un signal pour se déclarer. Les mécontents avaient renvoyé tous leurs domestiques, sous prétexte de manque de ressources. C'étaient autant de recrues pour l'insurrection. Déjà la garnison autrichienne qui occupait encore la citadelle s'apprêtait à donner la main aux insurgés. Les douaniers avaient pris les armes. La cocarde nationale avait été foulée aux pieds. Les prêtres couraient la campagne et prêchaient la guerre sainte contre les mécréants qui dépouillaient les églises et ne respectaient pas la famille. C'était une Vendée italienne qui s'organisait.

Bonaparte, inquiété par ces démonstrations hostiles, suspendit aussitôt le mouvement commencé contre l'Autriche et rentra à Milan. Le général Despinoy, qu'il avait nommé gouverneur de Milan, n'avait pas attendu son retour pour essayer de réprimer l'insurrection. Il avait contenu les Autrichiens dans la citadelle, lancé des patrouilles dans toute la ville, et dispersé les mécontents qui s'étaient déjà installés à la porte de Pavie afin de donner la main aux insurgés. Lannes [1], envoyé contre eux, les rencontra à Binasco, s'empara de ce petit village malgré leur résistance et ne fit aucun quartier. Pendant ce temps, Bonaparte arrivait à Milan, ordonnait l'arrestation de nombreux otages [2], faisait fusiller tous ceux

(1) Rosa. *Il sacco di Pavia*, 1797. — Muoni. *Binasco*, studi storici, 1861.

(2) Ces otages, auxquels on joignit ceux de Pavie, furent jetés en voiture, avec escorte de cavalerie, conduits à Tortone, puis à Cuneo, et enfin à Nice. Ils revinrent les uns après les autres, mais après avoir fait très humblement leur soumission. Voir G. de Castro, ouv. cit., t. I, p. 87-88. — Cf. *Correspondance*, t. I, p. 135. Lettre de Bonaparte au général Despinoy.

qu'on avait pris les armes à la main, et marchait sur Pavie. Il s'était fait précéder de la proclamation suivante [1] : « Une multitude égarée, sans moyens réels de résistance, se porte aux derniers excès dans plusieurs communes, méconnaît la République et brave l'armée triomphante de plusieurs rois. Ce délire inconcevable est digne de pitié. On égare ce pauvre peuple pour le conduire à sa perte. Le général en chef, fidèle aux principes qu'a adoptés la nation française, qui ne fait pas la guerre aux peuples, veut bien laisser une porte ouverte au repentir, mais ceux qui, sous vingt-quatre heures, n'auront pas posé les armes et n'auront pas de nouveau prêté serment d'obéissance à la République, seront traités comme rebelles; leurs villages seront brûlés. Que l'exemple terrible de Binasco leur fasse ouvrir les yeux. Son sort sera celui de toutes les villes et villages qui s'obstineront à la révolte. »

L'archevêque de Milan s'était chargé de porter cette proclamation à Pavie. Il y fut très mal accueilli, et Bonaparte se vit obligé de sévir. Plusieurs milliers de paysans s'étaient enfermés dans la vieille cité gibeline, et faisaient mine de prolonger la résistance. Bonaparte ordonna d'en enfoncer les portes à coups de canon, et le général Dommartin pénétra avec ses grenadiers par la brèche improvisée. Le massacre fut terrible. Tous ceux que l'on surprit dans les caves ou sur les toits des maisons furent passés par les armes. Les fuyards furent poursuivis à outrance et sabrés sans miséricorde. Pendant plusieurs heures la ville fut livrée au pillage [2]. C'était une atrocité depuis longtemps proscrite par les nations civilisées, et encore Bonaparte eut-il l'art de la présenter comme un acte de clémence. « Trois fois l'ordre de mettre le feu à la ville

(1) Proclamation aux habitants de la Lombardie, Milan, 25 mai 1796. *Correspondance*, t. I, p. 323.

(2) Botta (VII, p. 473) reconnaît pour tant que les soldats se contentèrent de voler, de violer et de brûler : ils ne tuèrent pas. « N'oublions pas de dire que, parmi ces violations de la propriété, ces insultes à la chasteté, le sang du moins ne rougit pas les mains du vainqueur, sujet bien digne, je ne dirai pas de surprise, mais des plus grands éloges, puisque le soldat trouvait à la fois impunité et profit. »

expira sur mes lèvres, écrivit-il au Directoire [1], lorsque je vis arriver la garnison du château qui avait brisé ses fers, et venait, avec des cris d'allégresse, embrasser ses libérateurs. Je fis faire l'appel, il se trouva qu'il n'en manquait aucun. Si le sang d'un seul Français eût été versé, je voulais faire élever, des ruines de Pavie, une colonne sur laquelle j'aurais fait écrire : Ici était la ville de Pavie. J'ai fait fusiller la municipalité, arrêter deux cents otages, que j'ai fait passer en France. Tout est aujourd'hui parfaitement tranquille, et je ne doute pas que cette leçon ne serve de règle aux peuples de l'Italie. »

Afin de prévenir le retour de semblables émeutes, une proclamation draconienne annonça qu'à l'avenir tous les villages insurgés seraient brûlés, et les prisonniers fusillés. Les prêtres et les nobles seront considérés comme otages et envoyés en France. Tous les villages où sonnera le tocsin seront brûlés. Quand un Français aura été assassiné, les villages sur le territoire duquel aura été commis le crime, devront livrer l'assassin, ou sinon ils paieront une amende égale au tiers de la contribution qu'ils payaient dans une année. Tout détenteur d'armes et de munitions de guerre sera fusillé, et sa maison brûlée. Tous les nobles ou riches « qui seront convaincus d'avoir excité le peuple à la révolte, soit en congédiant leurs domestiques, soit par des propos contre les Français seront arrêtés comme otages, transférés en France et la moitié de leurs revenus confisqués. » Les patriotes lombards, en accueillant les Français, avaient espéré conquérir l'indépendance. Tel était le régime d'arbitraire et de bon plaisir qu'on prétendait leur imposer. Certes l'insurrection de Pavie devait être réprimée, mais était-il nécessaire de la noyer dans le sang ? Avait-on oublié que nos provocations, que nos spoliations iniques étaient la cause principale de cette effervescence populaire ? Ainsi que l'a écrit un des historiens les plus

(1) Lettre au Directoire, 1er juin 1796. *Correspondance*, t. II, p. 34. — L'ordre avait été donné de respecter les bâtiments de l'Université et les maisons des professeurs. Il fut scrupuleusement exécuté.

récents de Napoléon [1], « huit jours avaient suffi pour changer un peuple ami, connu par la douceur de ses mœurs, et dont les sympathies pour la France allaient jusqu'à l'enthousiasme, en une population défiante, hostile, irritée, que la terreur seule empêchait de manifester ses véritables sentiments ».

III

On s'en aperçut bien quand la fortune des armes sembla nous être contraire, lorsque Wurmser, à la tête de 70.000 hommes, descendit la vallée de l'Adige pour aller débloquer Mantoue et dispersa nos avant-postes. A la nouvelle de ses premiers succès, les nobles, les prêtres et tous les mécontents reprirent courage. De nombreux émissaires furent envoyés dans les campagnes, porteurs d'écrits injurieux et de billets diffamatoires contre la France. Ces menées réussirent. A Casal Maggiore la petite garnison française fut égorgée, et le commandant, qui s'était enfui en bateau avec sa femme et son enfant, fut arrêté et impitoyablement fusillé. A Crémone, le soulèvement fut général. L'arbre de la liberté fut conservé, mais parce qu'on le destina à pendre les patriotes, et de véritables listes de proscription furent dressées. Tous ceux qui refusèrent de quitter la cocarde tricolore furent accablés de mauvais traitements. Quelques-uns de nos partisans furent même poursuivis et massacrés. La masse de la population néanmoins resta tranquille. On eût dit qu'elle attendait pour se déclarer l'issue de la lutte engagée.

Les Lombards avaient eu raison d'attendre, car les victoires de Lonato, Castiglione, Roveredo, Bassano, etc., dispersèrent les renforts autrichiens, et nous consolidèrent dans notre conquête. Bonaparte en sut gré aux Lombards, et leur témoigna sa satisfaction. « Lorsque l'armée battait en retraite,

(1) LANFREY. *Histoire de Napoléon Ier*, t. I.

écrit-il à la municipalité de Milan[1], lorsque les partisans de l'Autriche et les ennemis de la liberté la croyaient perdue sans ressource, lorsqu'il était impossible à vous-mêmes de soupçonner que cette retraite n'était qu'une ruse, vous avez montré de l'attachement pour la France et de l'amour pour la liberté ; vous avez déployé un zèle et un caractère qui vous ont mérité l'estime de l'armée et vous mériteront la protection de la République Française. Chaque jour votre peuple se rend davantage digne de la liberté ; il acquiert chaque jour de l'énergie, il paraîtra sans doute un jour avec gloire sur la scène du monde. Recevez le témoignage de ma satisfaction et du désir sincère que forme le peuple français de vous voir libres et heureux.

En dépit de ces compliments et de ces promesses, et malgré le désir peut-être alors sincère qu'éprouvait Bonaparte de donner la liberté à un peuple italien, les faits démentaient cruellement les paroles. Alors que le général en chef paraissait si bien disposé pour les Lombards, ses lieutenants et surtout ses agents subalternes les traitaient au contraire avec un sans-gêne révoltant. Plus que jamais ce beau pays était ravagé et foulé aux pieds. Le général Despinoy, que Bonaparte avait investi du commandement de Milan, avec la double charge de s'emparer du château de cette ville que défendait encore une garnison autrichienne, et de présider les séances du conseil municipal, s'était acquitté de sa mission. Le château avait capitulé, ce qui rendait difficile un retour offensif de l'Autriche, et les conseillers municipaux avaient été présidés avec une implacable dureté. Ils ne pouvaient prendre la moindre mesure, même la plus inoffensive, sans l'assentiment de Despinoy[2]. On raconte même qu'un jour il s'emporta jusqu'à frapper de son épée la table des délibérations, et rappela aux municipaux tremblants qu'ils n'étaient bons qu'à enregistrer les volontés du vainqueur. Parini saisissant alors

(1) Vérone, 9 août 1796. *Correspondance*, t. I, p. 533.

(2) CUSANI. *Storia di Milano*, V, 10.

son écharpe tricolore, la lui tendit en s'écriant : « Vous feriez bien mieux de la passer à notre cou et de nous étrangler avec. » Ainsi qu'il arrive toujours, les inférieurs exagéraient l'attitude hautaine et les procédés méprisants de leurs chefs. A Côme le Corse Valeri, s'étant procuré une satire rédigée contre lui, rassembla dans la cathédrale tous les hommes au-dessus de douze ans, et leur fit écrire à chacun son nom afin que, par la confrontation des caractères, on connût l'auteur du libelle. Ceci n'était que ridicule; mais que dire des actes féroces et des facéties cruelles ? Que dire des vexations de chaque jour ? Défense de se promener ou de sortir de la ville sans passeport ; défense d'exercer publiquement le culte catholique; interception des journaux étrangers ; violation du secret des lettres; défense de porter des habits à l'ancienne mode [1], et le tout au nom de la liberté. O liberté, que de crimes on commet en ton nom ! disait Mme Roland. Que d'absurdités et d'inconséquences, que de maladresses et de turpitudes, pourrions-nous ajouter !

Lorsque, pour la seconde fois, une nouvelle armée autrichienne, commandée par Allvintzy, essaya, en novembre 1796, de débloquer Mantoue, les ennemis de la France, et leur nombre avait singulièrement grandi, crurent le moment venu de la vengeance et de la réaction. Nos troupes, déconcertées par cette subite irruption dans leurs lignes, furent un moment ébranlées. On crut en Italie à leur prochaine défaite, et les mécontents s'apprêtèrent à profiter de la victoire probable de l'Autriche. A Milan, à Pavie, à Crémone, dans presque toutes les villes lombardes, bien qu'occupées par des garnisons françaises, tous ceux qui regrettaient l'ancien régime, tous ceux dont les déceptions égalaient les regrets, tresaillirent d'espérance. Cette fois encore, la victoire se déclara en notre

(1) Ordre. Milan, 13 juillet 1797. *Correspondance*, t. III, p. 179 : « Le général en chef, instruit que la tranquillité publique a été un moment troublée à Milan, que l'on n'y a pas vu sans quelque inquiétude des individus vêtus d'*habits dits carrés*, forme d'habillement signalée dans l'opinion comme tenant à un parti, défend à tout individu tenant à l'armée de porter des habits dits carrés, sous peine d'être arrêté et puni comme perturbateur »

faveur. Arcole et Rivoli achevèrent la ruine de l'Autriche et affermirent la domination française. La Lombardie reçut le contre-coup de ces victoires. On la punit durement d'avoir osé manifester son désir d'être traitée plus doucement qu'un pays conquis. Tous les commandants de place nommés par Bonaparte rivalisèrent de dureté, on dirait volontiers de tyrannie. Un comité de police générale fut institué à Milan, qui déporta pour délit d'opinion, pour malveillance supposée, pour services rendus à l'ancienne administration. La forme avait changé ; le fond restait le même. A la tyrannie autrichienne était substituée la tyrannie française, d'autant plus odieuse qu'elle se colorait du beau nom d'alliance. A l'archiduc avaient succédé les généraux, les commissaires, et tous ces agents subalternes qui redoublaient de sévérité pour prouver leur zèle, et aussi pour cacher de scandaleuses malversations ; car, plus que jamais, la Lombardie était un marché ouvert, une grande agence de spéculations éhontées et de vols scandaleux.

Au moins rendrons-nous cette justice à Bonaparte que les tripotages financiers le dégoûtèrent promptement, Il consentait bien à exploiter, ou, comme il l'écrivait, à *faire produire* les pays conquis, mais dans l'intérêt de la République Française. Les voleries des particuliers l'indignaient. Ce qu'il tolérait pour l'État, il l'interdisait absolument pour les individus. Aussi déclara-t-il la guerre aux pillards éhontés qui déshonoraient la victoire, et cette guerre il la poursuivit sans relâche. A chaque page de sa Correspondance éclate son mépris pour les agioteurs et les tripoteurs d'affaires véreuses. Il finit par ordonner la création d'une commission de cinq membres, sous la présidence du général Baraguey d'Hilliers, et l'investit de pouvoirs extraordinaires pour faire rendre gorge aux voleurs et les punir sévèrement. « Nous avons conquis l'Italie, était-il dit[1] dans les considérants de cet arrêté, pour améliorer le sort de ses peuples ; nous y avons

(1) Brescia, 30 août 1796. *Correspondance*, t. I, p. 573.

établi des contributions pour assurer notre conquête, offrir à la patrie une juste indemnité et aux soldats une récompense due à leur valeur ; mais jamais il n'a été dans l'intention du gouvernement français d'autoriser les abus de toute espèce, les extorsions scandaleuses que se sont permis plusieurs agents à la suite de l'armée. La loi, en les rendant justiciables des conseils militaires, m'a imposé l'obligation d'être leur acusateur ; mais, au milieu des occupations immenses qui absorbent tous mes moments, il m'est impossible de découvrir moi-même la vérité dans ce labyrinthe de procès et les milliers de plaintes qui me sont portées sur des objets aussi importants. »

C'est sans doute sur cette difficulté de démêler la vérité que comptaient les voleurs officiels ou extraordinaires; car, malgré les ordres impératifs de Bonaparte, malgré la commission des cinq, les pillages et les tromperies continuèrent. Bonaparte dut se contenter de dénoncer et de punir quand il prenait sur le fait. « Je m'occupe de faire la guerre aux fripons écrivait-il au Directoire[1], j'en ai fait juger et punir plusieurs. Je dois vous en dénoncer d'autres. » Ce sont surtout les agents de la compagnie Flachat, les nommés La Porte, Peragallo et Payan, qu'il semble poursuivre de sa haine. « Ce n'est qu'un ramassis de fripons, écrivait-il, sans crédit réel, sans argent et sans moralité. Je ne serai pas suspect pour eux, car je les croyais actifs, honnêtes et bien intentionnés, mais il faut se rendre à l'évidence. » Ils ont reçu quatorze millions, et n'ont payé que six millions, et encore ont-ils fourni de mauvaises marchandises et opéré des versements factices. « Ce ne sont pas des négociants, mais des agioteurs comme ceux du Palais Royal. » Quant aux commissaires des guerres, sauf Denniée, Mazade, Boinod, et deux ou trois autres, ce sont tous des fripons. L'un, Gosselin, vend à 36 francs le foin qu'il se procure pour 18. L'autre, Flach, vend à son profit une caisse de quinquina donnée par le roi d'Espagne pour les soldats

(1) Milan, 12 octobre, 1796. *Correspondance*, t. II, p. 50. — Cf. lettre du 2 octobre (t. II, p. 29).

français atteints par la fièvre ; ceux-ci passent à leur compte des matelas et des toiles fines donnés par la ville de Crémone pour les hôpitaux. « Ils volent d'une manière si ridicule que, si j'avais un mois de temps, il n'y en a pas un qui ne pût être fusillé. » Les agents de l'administration valaient moins encore. L'un d'entre eux, Thévenin, avait vendu à Bonaparte quelques beaux chevaux, et ne voulait pas en recevoir le prix malgré les instances du général en chef, espérant que ce dernier fermerait les yeux. Ce dernier visait moins à la fortune qu'au pouvoir. Son ambition était plus haute. Aussi repoussa-t-il avec indignation la complicité déshonnête de Thévenin. « Faites-le arrêter, écrivait-il, retenez-le six mois en prison. Il peut payer 500,000 écus de taxe de guerre en argent. » C'étaient surtout les entrepreneurs de charrois[1], dont les exactions étaient scandaleuses. Bonaparte en signale quelques-uns, Sonolet, Auzon, Elie, Hartea, comme d'effrontés voleurs. Il aurait même voulu que trois d'entre eux, Bœkly[2], Chevilly et Descrivains, qui avaient fait des versements factices, fussent condamnés à mort : mais ces fripons avaient de hautes protections, même dans l'entourage immédiat du général en chef[3], et ils échappèrent au châtiment qu'ils méritaient si bien.

Le désordre continua, depuis la compagnie Flachat[4] qui

(1) En outre, ils se donnaient le genre d'être royalistes et affichaient leurs espérances réactionnaires. « Les charrois sont pleins d'émigrés, écrivait Bonaparte. Ils s'appellent Royal-charrois et portent le collet vert sous mes yeux. » *Correspondance*, t. II, p. 51.

(2) Milan, 1er janvier 1797. *Correspondance*, t. II, p. 219. Lettre à Berthier : « Je demande que ces trois employés soient condamnés à la peine de mort, ne devant pas être considérés comme de simples voleurs, mais comme des hommes qui, tous les jours, atténuent les moyens de l'armée. »

(3) Lettre du 12 octobre 1796 (t. II, p. 51) : « Diriez-vous que l'on cherche à séduire mes secrétaires jusque dans mon antichambre ? »

(4) Lettre à Garrau. — Modène, 16 octobre 1796. *Correspondance*, t. II, p. 56. « De tous côtés, on réclame contre la Compagnie Flachat ; tous ses agents sont d'un incivisme si marqué que je suis fondé à croire qu'une grande partie sert d'espions à l'ennemi. » — Cf. Lettre au Directoire, Forli, 3 février 1797 (t. II, p. 303) : « Vous ne souffrirez pas que ces voleurs de l'armée trouvent leur refuge à Paris... Si l'on ne trouve pas moyen d'atteindre la friponnerie manifestement reconnue de ces gens-là, il faut renoncer au règne de l'ordre, à l'amélioration de nos finances, et à maintenir une armée aussi considérable en Italie.

volait cinq millions à la fois, jusqu'aux simples gardes de magasins qui grapillaient sur les fournitures, et tous ces vols, toutes ces tromperies retombaient sur les malheureux Italiens. A vrai dire le corps expéditionnaire tout entier, à l'exception de son chef et de quelques officiers ou soldats, dont l'âme était trop bien située pour accepter de pareils moyens de s'enrichir, l'armée française puisait à pleines mains dans les trésors italiens. Certes les Lombards faisaient un dur apprentissage de la liberté. Il était grand temps pour eux qu'un ordre relatif s'établit. Heureusement l'Autriche fut définitivement vaincue, et Bonaparte, qui lui avait imposé presque sous les murs de Vienne les préliminaires de Leoben, revint à Milan pour y jouir de sa gloire et organiser sa conquête.

IV

Malgré la tyrannie française, malgré les spoliations iniques de nos agents, les patriotes italiens n'avaient pas désespéré. Ils ne pouvaient croire que la France les rendrait à l'Autriche, et, au lieu d'assurer leur indépendance, confirmerait leur servitude. Même aux plus mauvais jours de l'occupation française, ils s'étaient toujours comportés comme de sincères alliés. Non seulement ils avaient payé toutes les contributions de guerre, mais encore ils avaient organisé des régiments [1] et rendu à Bonaparte de réels services en tenant garnison dans les places fortes et en lui servant de troupes de réserves. Le général en chef leur avait à plusieurs reprises exprimé sa satisfaction. Dès le mois de juin 1796, c'est-à-dire avant que les grands coups n'eussent été portés contre les Autrichiens, avant que la question militaire par conséquent n'eut été tranchée en notre faveur, voici comment il s'exprimait sur le compte des Lombards dans un rapport [2] au Directoire : « La municipalité

(1) Cf. *Correspondance*, 11 octobre 1796 (t. II, p. 45). — 17 octobre 1796 (t. II, p. 59). — 11 mai 1797 (t. III, p. 47).

(2) Milan, 11 juin 1796. *Correspondance*, t. I, p. 387.

de Milan, celle des principales villes de la Lombardie m'ont manifesté le vœu d'envoyer des députés à Paris. Le citoyen Serbelloni est à la tête. Il est patriote, ce qui a produit ici un effet d'autant plus avantageux qu'il jouit d'une grande considération, étant de la première famille du Milanais, et fort riche. Ces députés ont manifesté leurs vœux ici contre la maison d'Autriche. Ils savent qu'il n'y aurait plus de sûreté pour eux dans un retour. La Lombardie est parfaitement tranquille. Les chansons politiques sont dans la bouche de tout le monde. L'on s'accoutume ici à la liberté. La jeunesse se présente en foule pour demander du service dans nos corps; nous n'en acceptons pas, parce que cela est contraire, je crois, aux lois : mais peut-être serait-il utile de former un bataillon de Lombards, qui, commandés par des Français, nous aiderait à contenir le pays. Je ne ferai rien sur un objet aussi important et délicat sans vos ordres. »

Bonaparte n'avait donc pas encore d'idée bien arrêtée, mais ses sympathies étaient visibles. Il ne demandait pas mieux que d'utiliser [1] les bonnes dispositions des Lombards, sauf à les récompenser de leur dévouement à la paix générale. Au fur et à mesure que grandirent ses pensées, en même temps qu'augmentèrent ses victoires, il comprit la nécessité de s'attacher les Lombards par les liens de la reconnaissance et de l'intérêt, et ne cessa de prendre en main leur cause, de les protéger contre les exactions de ses agents, et de les rassurer sur l'avenir. Un peu avant Leoben, quand le bruit commença à se répandre de la chute et du partage projeté de Venise, les Lombards prirent peur, et envoyèrent une députation au général victorieux. Ce dernier s'empressa de les rassurer :

(1) Cf. Lettre du 8 octobre 1796 (*Correspondance*, t. II, p. 43) adressée à l'administration générale de la Lombardie : « J'approuve le zèle qui anime le peuple de Lombardie. J'accepte les braves qui veulent venir avec moi participer à notre gloire et mériter l'admiration de la postérité; ils seront reçus par les républicains français comme des frères qu'une même raison arme contre leur ennemi commun. La liberté de la Lombardie, le bonheur de leurs compatriotes, seront la récompense de leurs efforts et le fruit de la victoire. »

« Vous demandez des assurances pour votre indépendance à venir, leur répondit-il [1], mais ces assurances ne sont-elles pas dans les victoires que l'armée d'Italie remporte chaque jour? Chacune de ces victoires est une ligne de votre charte constitutionnelle. Les faits tiennent lieu d'une déclaration par elle-même puérile. Vous ne doutez pas de l'intérêt et du désir bien prononcé qu'a le gouvernement de vous constituer libres et indépendants. » Depuis le jour de son entrée à Milan, Bonaparte n'avait donc pas varié dans l'expression de ses désirs, et, bien qu'il eût constamment refusé de prendre un engagement définitif, les Lombards avaient le droit de compter sur lui.

Le moment était venu de réaliser ces promesses. Ce fut la grande préoccupation de Bonaparte dès son retour à Milan. Comme il était par sa famille et son origine à demi Italien, il chercha à satisfaire les vœux et les aspirations des Italiens, non pas seulement pour acquérir une facile popularité, mais parce que c'était réellement une grande idée, féconde en résultats, que celle de créer dans la péninsule des États libres, et intéressés à conserver l'alliance de la nation qui leur aurait procuré l'indépendance. L'amitié certaine de la Lombardie valait bien mieux pour la France que sa conquête. En rendant la liberté aux Lombards, en les entourant du prestige d'une révolution pacifique, non seulement les Français se délivraient de l'embarras de tenir des garnisons sur les derrières de leur armée, et se ménageaient de précieux auxiliaires, mais encore ils se voyaient secondés par ceux qui autrement eussent été leurs ennemis. Bonaparte ne l'ignorait pas. Il était donc parfaitement résolu à créer une république indépendante; mais, avant de se prononcer d'une façon définitive, il voulut étudier le terrain et se rendre compte de l'état des esprits.

Telles n'étaient pas les intentions du Directoire. Il n'avait autorisé la marche en avant de Bonaparte et l'occupation des provinces italiennes de l'Autriche qu'avec l'arrière-pensée de

(1) A l'administration générale de la Lombardie. Lettre écrite de Grätz, le 12 avril 1797. (*Correspondance*, t. II, p. 483.)

les restituer à titre de compensation territoriale contre la Belgique. Aussi n'avait-il jamais consenti à prendre un engagement quelconque vis-à-vis des Lombards. Bonaparte pensait autrement, et, comme il n'était déjà plus de ceux auxquels un gouvernement régulier impose des volontés, comme il se sentait indispensable et se souciait peu des instructions les plus formelles, il ne tint aucun compte des sentiments bien connus du Directoire, et résolut, cette fois encore, de n'agir qu'à sa guise et au mieux de ses intérêts.

Il s'était installé à Montebello ou Mombello, près de Milan, dans un magnifique palais qui devint aussitôt le centre des affaires et la véritable capitale. Sa mère et sa femme l'y avaient rejoint, ainsi que sa sœur Pauline, ses frères Joseph et Louis, et son oncle Fesch. Ils l'aidaient à faire les honneurs de cette fastueuse résidence. On eût dit la cour d'un souverain. L'étiquette la plus sévère régnait. Le temps était passé des brusqueries jacobines. Aides de camp en grande tenue, nombreux domestiques en livrée correcte, voitures de gala, dîners en public, audiences solennelles et particulières, rien ne manquait à Mombello. Le Napolitain Gallo, l'Autrichien Merfeldt étaient ses hôtes habituels. Melzi, Serbelloni, et les chefs de l'aristocratie milanaise, ainsi que les représentants de tous les princes allemands ou italiens étaient accourus auprès de lui et le sollicitaient avec plus d'ardeur qu'un souverain légitime. Dans son cortège figuraient les généraux des autres armées de la République attirés par sa réputation, des agents du Directoire qui saluaient en lui leur maître futur, des savants[1] et des artistes qu'il captivait par de

(1) Lettre à Lalande, Milan, 5 décembre 1796 (*Correspondance*, t. II, p. 138). Curieuse dissertation sur les avantages de l'astronomie : « Partager une nuit entre une jolie femme et un beau ciel, le jour à rapprocher ses observations et ses calculs me paraît être le bonheur sur la terre. » Voir une autre lettre de Napoléon à Lalande, directeur de l'Observatoire, qui lui avait recommandé l'astronome Cagnoli : « Mombello, 10 juin 1797. (*Corresp.*, t. III, p. 102) : Si le célèbre astronome Cagnoli, ou quelqu'un de ses collègues, avait été froissé par les événements affligeants qui se sont passés dans cette ville (Vérone), je les ferais indemniser. Je saisirai toutes les occasions pour faire quelque chose qui vous soit agréable, et pour vous

gracieuses avances. « Ce n'était déjà plus le général d'une république triomphante[1]. C'était un conquérant pour son propre compte imposant ses lois aux vaincus. »

Les Lombards surtout, dont les destinées se réglaient alors, entouraient l'heureux général et s'efforçaient de surprendre le secret de ses résolutions ; mais Bonaparte acceptait leurs avances, les écoutait tous et restait impénétrable. Il voulait voir les partis venir à lui.

Il y avait en effet déjà dans cette Lombardie, à peine émancipée du joug autrichien, deux partis, les modérés et les exaltés. Les modérés appartenaient à la bourgeoisie et aux nobles qui, dès le début, s'étaient jetés dans nos bras. Serbelloni, Melzi, Visconti, Contarini, Litta, Morosini, en étaient les chefs les plus marquants. Les modérés croyaient sincèrement à l'avenir de la patrie italienne. Ils acceptaient la domination française, mais comme une nécessité temporaire[2]. Leur foi dans les destinées italiennes était inébranlable, peut-être même un peu naïve. Les uns auraient accepté le roi de Sardaigne comme souverain, car c'eût été le moyen d'arriver plus vite à constituer une Italie une et indépendante ; les autres se seraient volontiers accommodés de Bonaparte. Il est certain que des ouvertures lui furent faites en ce sens. On a conservé une lettre[3] fort intéressante, qui sans doute n'est pas signée, mais qui ne peut avoir été écrite que par un Italien très au courant de la politique et des intrigues contemporaines. D'après l'auteur anonyme, Bonaparte n'avait

convaincre de l'estime et de la haute considération que j'ai pour vous. Avant de finir, je dois vous remercier de ce que votre lettre me mettra peut-être à même de réparer un des maux de la guerre, et de protéger des hommes aussi estimables que les savants de Vérone. »

(1) MIOT. *Mémoires*, t. I, p. 150.

(2) C'est d'eux que Bonaparte parlait quand il écrivait au Directoire (Milan, 20 octobre 1796, t. II, p. 28) : « Le peuple de la Lombardie se prononce chaque jour davantage, mais il est une classe très considérable qui désirerait, avant de jeter le gant à l'Empereur, d'y être invitée par une proclamation du gouvernement, qui fût une espèce de garant de l'intérêt que la France prendra à ce pays-ci à la paix générale. »

(3) DARU. *Histoire de Venise*. Pièces justificatives, t. VII, p. 392.

que trois partis à prendre : le premier, de retourner en France et d'y vivre en simple citoyen, mais il ne convenait ni aux circonstances ni au génie de Bonaparte ; le second, de rentrer en France à la tête de l'armée et de s'y poser en chef de parti, mais c'était un coup d'État, et on n'osait le conseiller. Voici quel est le troisième : « Formez de l'Italie un grand empire, que ce nouvel État prenne un fort ascendant dans la balance de l'Europe, qu'il tienne le milieu entre l'Empire et la France, et établisse entre ces puissances un équilibre parfait, en se déclarant contre celle qui voudrait opprimer l'autre. Soyez le chef de cet empire, gardez à votre solde une grande partie de l'armée française pour contenir les différents peuples et assurer l'exécution de ce plan. La France vous devra l'éloignement de cette armée qu'elle ne pourrait entretenir qu'avec peine, et dont l'esprit troublerait sa tranquillité. Elle vous devra la paix et vous aurez mérité son estime et son admiration. Soyez son plus fidèle allié... Vous pouvez aussi devenir redoutable par vos forces maritimes et disputer par la suite l'empire de la mer aux Anglais, ou au moins les chasser entièrement de la Méditerranée. Cette entreprise digne de vous, général, et dont je ne détaille pas tous les avantages, qui vous frapperont au premier aperçu, est la seule qui puisse mettre le sceau à votre gloire, ramener une paix durable en France, procurer de la stabilité au gouvernement, et, en vous élevant au faîte des grandeurs, vous faire encore bien mériter de la patrie. » Certes la perspective qu'ouvrait à l'ambition de Bonaparte l'auteur de cette lettre était vaste, mais il est probable que les projets du général ne s'arrêtaient plus à la péninsule. C'est à la France et non plus à l'Italie qu'il pensait. Sans doute il aurait consenti à se faire de l'Italie comme un marche-pied, mais pour monter plus haut. « J'ai entendu raconter au jeune et candide Villetard, écrit Botta[1], que se promenant un jour à Montebello avec Bonaparte et Dupuis, qui mourut général en Egypte dans la révolte du

(1) BOTTA. Ouv. cit., liv. XII, p. 16.

Caire, Bonaparte, s'arrêtant tout à coup, leur dit : « Que pen« seriez-vous si je devenais roi de France ? » et que Dupuis, grand républicain de profession, lui répondit : « Je serais le « premier à vous plonger un poignard dans le cœur. » Sur quoi Bonaparte se mit à rire. » Le général riait, mais il ne parlait pas au hasard et cette soudaine effusion cachait mal de secrètes pensées. Le premier rang, même en Italie, ne lui convenait plus. Il ne le jugeait pas digne de sa fortune et de son avenir, et, sans nul doute, dans ce jardin de Montebello, songeait déjà au coup d'État qui devait lui donner la suprême autorité en France.

Aussi bien, si Bonaparte ne se considérait pas comme l'homme de l'Italie[1], les Italiens, de leur côté, même les modérés, ne tenaient à lui que médiocrement. Quelques-uns d'entre eux, honteux de leur asservissement, songeaient déjà à chasser les Français d'Italie. C'étaient les chefs de la garde nationale lombarde, Lahoz, Pino, Teulié, Birago. Ils avaient fondé une société secrète, dite des *Rayons*, dont le but était la création d'une Italie non plus avec le secours de l'étranger, mais exclusivement par les forces italiennes. Peu à peu cette société s'étendra et ses opinions finiront par s'imposer. C'est déjà le parti national, ce qu'on pourrait appeler la Jeune Italie.

Quant aux exaltés, ils se composaient de tous ceux qui, dans la sincérité de leur cœur, ou par misérable calcul d'intérêt personnel, s'imaginaient qu'il était de bon goût de copier les exagérations jacobines. Quelques bourgeois, ou plutôt quelques boutiquiers, des ouvriers, de petits fonctionnaires, et la tourbe des déclassés appartenaient à ce parti. Les journalistes qui se grisaient eux-mêmes au cliquetis de

(1) Bonaparte connaissait parfaitement la situation, si l'on en juge par cette lettre, par lui adressée au Directoire, le 28 décembre 1796 : « Il y a en ce moment-ci en Lombardie trois partis : 1° celui qui se laisse conduire par les Français; 2° celui qui voudrait la liberté et montre même son désir avec quelque impatience; 3° le parti ami des Autrichiens et ennemi des Français. Je soutiens et j'encourage le premier, je contiens le second et je réprime le troisième. »

leurs périodes en constituaient la force apparente. Ils prêchaient avec ardeur la démocratie ou plutôt la démagogie, grand mot ronflant, système dont ils ne comprenaient seulement pas les obligations. Pour eux toute contrainte était une gêne, toute obéissance un abus. Aussi plaignaient-ils comme un martyr tout citoyen frappé par la loi, comme une victime quiconque était obligé soit de payer un impôt, soit de ne pas satisfaire ses désirs. Un journal de Milan, *le Thermomètre Politique*, était devenu le principal de leurs organes. C'est là qu'agitaient les esprits par leurs articles furibonds, Salvadori, Lattanzi, Salfi, Poggi et Abamonti. « Habiles dans les luttes de la révolution [1], mais non dans les combats de la liberté, ils déployaient du talent, là où il fallait du caractère. Avec la même audace qu'ils avaient montrée pour renverser les premières barrières, ils foulaient aux pieds les principes et les mœurs, et abusaient de la liberté jusqu'à l'outrage. » Toute une littérature républicaine sortait de ces officines milanaises : *Notions démocratiques* [2] *à l'usage des Écoles Normales ; Pensées d'un républicain sur le bonheur public et privé ; Doctrine des Anciens sur la liberté ; De la souveraineté du peuple ; Un républicain jadis noble aux anciens nobles.* Ces pamphlets, aussi médiocres pour le fond que détestables pour la forme, étaient imprimés à un nombre considérable d'exemplaires, et lus avec avidité. De Milan ils se répandaient dans l'Italie entière. Il est vrai que Milan était devenu comme l'asile des refugiés italiens, romains, napolitains, modénais ou vénitiens, qui tous, comme de juste, étaient venus y grossir les rangs des exaltés. On citait parmi eux deux prêtres qui avaient abjuré, le métaphysicien Poli et Melchior Gioja, le savant statisticien ; Tambroni un érudit, Beccatini un historien, Custodi un économiste. Le médecin Rasori, l'architecte Romain Barbieri, et

(1) CANTU. *Histoire des Italiens*, liv. XI, p. 67.

(2) *Nozioni democratiche per uso della scuole normali.— Pensieri di un republicano sulla pubblica et privata felicita. — Elementi republicani, par Cavriani. — Dottrina degli antichi sulla liberta. — Della sovranita del popolo. — Un republicano che fu nobile agli ex nobili.*

le savant commentateur des douze Tables, Valeriani, se signalaient parmi les plus fougueux adversaires de l'ancien régime. Un jeune improvisateur Romain, Gianni, mêlait à de furibondes attaques contre les tyrans de plates adulations en l'honneur du héros libérateur de l'Italie. Le Vénitien Foscolo travaillait à sa tragédie de *Tieste*, et prenait du service dans l'armée lombarde. C'était surtout dans les clubs, plus encore que dans les journaux, que ces Lombards ou Italiens, donnaient carrière à leur exaltation. Tantôt ils se contentaient d'émettre des propositions simplement absurdes, partage des propriétés, taxe progressive sur les comestibles, ateliers nationaux, etc., tantôt ils discréditaient par d'insolentes bravades la liberté et la République. Aujourd'hui ils demandaient la permanence de la guillotine, demain le massacre de tous les pères et de toutes les mères appartenant à la noblesse, afin que leurs enfants fussent élevés dans les nouveaux principes [1]. Ils proposaient encore de brûler le Vatican, ou bien de jeter les Bourbons de Naples dans le Vésuve, ou bien encore de disperser les cendres de la famille royale piémontaise, déposées à la Superga, et de les remplacer par celles des patriotes immolés. Dans ces clubs, et spécialement dans celui qui s'était pompeusement intitulé *Société de l'Instruction publique*, la fureur révolutionnaire atteignait son paroxysme. Cette société n'avait-elle pas inscrit dans son programme : destruction de toutes les religions, renversement de tous les trônes [2].

Bonaparte n'éprouvait pour ces démagogues qu'une sympathie médiocre. « Soyez sûr, écrivait-il à Greppi [3], qu'on réprimera cette poignée de brigands, presque tous étrangers à Milan, qui croient que la liberté est le droit d'assassiner, qui ne peuvent pas imiter le peuple français dans les moments

(1) Voir B. Giovio. *La conversione politica o lettere ai Francesi. Corresp.* 1799, let. XIV. — Cf. Giovanni de Castro, ouv. cit., p. 129.

(2) Beccatini, ouv. cité, I, 23. « Distruggere tutte le religioni existenti nel nostro piccolo globo, rovesciare tutti i troni d'Europa. »

(3) *Correspondance*, II, 132 (25 novembre 1796).

de courage et les élans de vertus qui ont étonné l'Europe ; mais qui chercheraient à renouveler les scènes horribles produites par le crime, et qui sont l'objet éternel de la haine et du mépris du peuple français. »

La masse du peuple au contraire se laissait prendre à ces folles déclamations. Les ardentes philippiques des journalistes et des clubistes trouvaient un écho retentissant dans toutes les grandes villes. Le théâtre[1] lui-même devenait une école de corruption, ou tout au moins une arène politique dont se servaient les exaltés pour répandre leurs bizarres conceptions[2]. C'est ainsi qu'à Modène, dès le mois de décembre 1795, en présence du grand-duc Hercule, et à une représentation de la *Cléopâtre* de Nasolini, de mauvais plaisants firent entendre le chant du coq, allusion transparente à la prochaine venue des Français. Quelques mois plus tard, et dans cette même ville, on représentait le *Fénelon* de Chénier traduit par Salfi, l'*Alexandre VI* du modénais Guidotti, et deux pièces déplorablement ennuyeuses d'un certain Giambattista Nasi, dont il suffit de citer les titres pour comprendre l'inspiration : *L'Aristocratie vaincue par la persuasion*, et le *Républicain se connaît à ses actes*[3]. A Bergame, Salfi fait représenter *Virginie de Brescia*, où l'on voit un patriote tuer sa fille séduite par un tyran.

C'est surtout à Bologne et à Milan que les auteurs drama-

(1) Ernesto Masi. *Parruche e sanculotti nel secolo* xviii. Milan 1886. Voir pages 271-314. Il teatro Giocobino in Italia. — Cf. Paglici-Brozzi : *Sul Teatro giacobino e antigiacobino in Italia*, 1796-1805. Milan, 1887. — Marcellin Pellet. *Le théâtre de la Cisalpine* (Revue politique et littéraire, 21 avril 1888).

(2) Il n'est que juste de reconnaître que les partisans de l'ancien régime avaient donné le mauvais exemple. En 1791, avait été représenté à Milan *Il Cagliostro*, par Natale Boriglio; en 1792, *Voltaire muore come un disperato in Parigi* par le même ; en 1793, *la Morte di Luigi XVI*, par Tommasso de Terni : en 1794, *la Morte di Maria Antonietta d'Austria*, par le même, etc.

(3) Voici le titre exact de ces rhapsodies, auxquelles Pindemonte n'hésitait pourtant pas à reconnaître une grande valeur. Il les appelait « l'eccellente lezione di morale republicana ». 1° *E meglio una volta che mai, ossia l'aristocratia vinta della persuasione.* — 2° *Il republicano si conosce alle azioni, ossia lo secolo dei buoni costume.*

tiques se donnent toute licence et dépassent toute mesure. Un jeune Bolonais, Luigi Zamboni, avait, en 1794, formé le projet de soustraire sa ville natale à l'opression des légats pontificaux. Un étudiant, de Rolandis di Castel-Alfeo, qui s'échappait la nuit de son couvent pour assister aux conciliabules, fut son premier affidé. Dénoncés et vendus, ces deux jeunes gens furent jetés dans les prisons du légat et périrent l'un, Zamboni, en prison, l'autre, de Rolandis, sur le gibet, Le châtiment était excessif. Les Bolonais conservèrent le souvenir de ces premiers martyrs de la liberté[1]. En 1797 ils recueillirent leurs cendres et leur élevèrent une colonne triomphale. Un poète Bolonais, Luigi Giorgi, composa en leur honneur une tragédie intitulée, *Au temps des légats et des Pistrucci*. C'est une violente satire dirigée contre l'auditeur Pistrucci, le principal auteur de la condamnation des patriotes, contre le cardinal légat Vincenti, l'archevêque Giannetti, les gonfaloniers et les sénateurs. Cette tragédie est supérieure aux pièces de circonstance. Il s'y rencontre même des scènes à la Shakspeare, lorsque par exemple on pénètre dans le cabinet du légat, au moment où il lit et signe la sentence de mort de Rolandis, ou bien au dénouement, lorsque les victimes de la tyrannie pontificale font appel aux Français[2]. « Et vous, s'écrie le docteur Veridici, vous qui devez veiller sur les destinées du peuple pouvez-vous être jugés ? Un légat *a latere* peut-il soutenir un perfide? — Le Légat : retirez-vous ! Auditeur : faites-le arrêter. — L'archevêque : « Oui,

(1) AUGUSTO AGLEBERT. *I primi martiri della liberta italiana*. Une complainte fut composée en leur honneur. En voici deux couplets :

O di nostra liberta
Primi martiri ed eroi,
Questo a voi, cantiamo a voi
Inno sacro alla pieta.

L'innocente vostro sangue
Avia, presto, avia vendetta
E tremonte già l'aspette
La Romana crudeltà.

(2) *I tempi dei Legati e dei Pistrucci*, acte III, scène XXIII. — « Io, o cielo ... Etieni anche sull Alpi i distruttori dei tiranni ? Avanzateci, o Francesi, e vendicate l'offesa umanita. »

oui, faites-le arrêter. Quelle est donc cette manière de parler? — Pistrucci : approchez, brigand. — Veridici : Hélas ! O ciel ! Voici que descendent des Alpes les destructeurs de la tyrannie. Avancez, ô Français, et vengez l'humanité offensée. » A Bologne fut encore représentée en 1797, la *Rivoluzione, commedia patriotica*. On y voyait un noble, tyran de sa principauté, mais chassé par le peuple et condamné à mort. Au moment où il est conduit les yeux bandés, sous l'arbre de la liberté, pour être fusillé, il est sauvé par un autre noble, qui aime sa fille, mais qui s'est converti aux nouveaux principes. L'ex-tyran renonce aussitôt à ses erreurs, et tous chantent un hymne en l'honneur de l'arbre de la liberté.

Sorgi, felice pianta, sorgi beati segno,
Caro, ed eterno segno di nostra libertà !
Evviva Bonaparte ! viva la libertà.

A Milan Jean Pindemonte, l'auteur des *Bacchanales de Rome*, avait donné une « composition tragi-comico-ridicule », dont le titre est perdu, mais des prêtres et des nonnes en costume y parodiaient les cérémonies du culte, et, comme les représentations étaient gratuites, elles furent suivies par un nombreux public. C'est encore à Milan que fut représenté le *Mariage du Moine* par Ranza. L'auteur avait donné comme sous-titre : « drame révolutionnaire à représenter pour l'instruction des chrétiens dans tous les théâtres de l'Italie régénérée », mais c'était une singulière instruction qu'il prétendait donner. On assiste en effet au conclave de 1774, aux intrigues des cardinaux Bernis et Fantuzzi, aux scandaleuses orgies des aspirants à la tiare. Les candidats finissent par se jeter à la tête plats et vaisselle, et les valets se partagent les reliefs du festin, en essayant de remettre d'aplomb leurs maîtres tombés sous la table.

On trouvera sans doute que Ranza avait donné libre carrière à sa verve aristophanesque. Il fut pourtant dépassé par l'auteur d'un ballet, également représenté à Milan : Salfi, un des rédacteurs du *Thermomètre*, était l'auteur ou du moins le parrain de ce livret, dont la paternité doit, paraît-il, être attribuée à un certain Lefèvre, qui fut plus tard persécuté par le clergé milanais, et mourut dans la misère à Paris. Il est intitulé le *Ballet du Pape ou le général Colli à Rome*[1]. L'affiche du spectacle, qui devait être joué en grande pompe à la Scala, était accompagnée de ce curieux commentaire[2] : « ce ballet annonce le régime de la raison. Il n'est pas inventé à plaisir, il est comme la reproduction des faits et des caractères qui forment la très intéressante histoire de ce qui s'est passé tout récemment à Rome. On pourra vérifier l'exactitude de tous les détails, qu'il importe de faire connaître au grand public, en parcourant la collection du *Thermomètre Politique* de la Lombardie. Puisse ce commencement de la vérité réduire en cendres l'imposture et le fanatisme, et faire triompher la religion et la paix. Salut et fraternité ».

A la première nouvelle du scandale qui se préparait, l'archevêque de Milan essaya d'intervenir. Il écrivit même à Bonaparte. On répondit à cette démarche si digne et si naturelle par un sermon antipapal prononcé à l'église San Lorenzo. En même temps on répandit dans le peuple des libelles injurieux contre la Papauté : *Le credo du pape pour deux sous, la bulle de Pie VI, la conversion du Pape, Dialogue dans le Paradis entre frère Locatelli, théologien de la cathédrale, et saint Charles Borromée*, etc. En sorte que l'opinion était singulièrement excitée quand arriva le jour de la représentation (premier jour du carême de 1797).

La scène représente la salle du Consistoire à Rome. On y discute les articles de paix proposés par la France. Le général des Dominicains, qui paraît grand partisan des réformes, et tout pénétré de l'esprit des temps nouveaux, démontre par un avant-deux expressif la nécessité de se conformer aux ordres de Bonaparte. Le général des Jésuites lui répond par un autre pas de caractère, et décide le pape à la résistance. Puis, rem-

(1) *Il ballo del Papa, ossia il generale Colli a Roma.*

(2) Giovanni de Castro, ouv. cit., p. 120. Cf. Masi. *Parruche e sanculotti*, p. 272.

plaçant la danse par le chant, tous ensemble se disposent à festoyer et sans la moindre transition et uniquement

Per rendere la gioja palese,
D'un bel canto patrioto francese,
L'aria interno faccian risonar !

Ce chant, accommodé sur un air italien emprunté à l'*Astuta in amore* de Fioraventi, est à tous le moins médiocre :

D'âge en âge, de race en race,
Que le plus brillant souvenir
Porte jusqu'au sombre avenir
Les prodiges de notre audace.
Que nos neveux, leurs enfants,
Par nous à jamais triomphants,
Nous doivent leur indépendance !
Que le monde brise ses fers !
Et que ce jour cher à la France
Soit la fête de l'univers.

Tous les assistants l'accueillirent pourtant avec enthousiasme, et répétèrent le refrain en criant *Vive la France! Vive l'Italie!* Un spectateur malintentionné s'avisa pourtant de crier *Vive la Denise!* Nous dirions aujourd'hui *Vive la Marianne!*

Au second acte nous sommes transportés au Vatican. Les nièces du pape, les princesses Braschi et Santa Croce, remplissent de leurs intrigues et de leurs amours le palais pontifical, et le malheureux Pie VI joue entre ces deux créatures le rôle d'un Géronte berné et conspué. Au troisième acte, sur la place Saint-Pierre, on vient d'apprendre les victoires françaises. Aussitôt le pape prend le bonnet de la liberté, et, avec les membres du sacré collège, danse quelques pas fort vifs, afin de mieux montrer ses belles jambes, dont, paraît-il, il était fort vain. Tous les personnages ainsi tournés en ridicule étaient vivants et les acteurs avaient emprunté leurs costumes et, autant que possible, leur physionomie. Il est certes difficile d'imaginer une bouffonnerie plus impie.

Aussi bien une sorte de fièvre d'irréligion semblait s'être emparée de la population. Depuis qu'un cercle avait été installé dans l'église de la Rose[1], chaque ville avait dû convertir en club une de ses églises, et c'est dans ces assemblées que se débitaient les insanités les plus criantes. Ce n'étaient pas seulement des déclamations plus ou moins retentissantes contre le fanatisme ou la superstition. Tantôt une jeune fille proposait son cœur et sa main à celui qui lui apporterait la tête du pape[2]; tantôt un échappé des galères romaines, comme le qualifient les écrits du temps[3], un certain Lattanzi, vomissait d'obscènes imprécations contre le Christ et ses ministres[4]. Un jour[5] un jeune capucin renonçait à ses vœux et suspendait sa robe brune, en guise de trophée, aux branches de l'arbre de la liberté. Un professeur de théologie, un sexagénaire, le père Aprini, assistait à un banquet donné en son honneur, et dansait la carmagnole. On ne se contentait pas d'abolir le nom des saints, qu'on remplacait par des héros grecs ou romains, on interdisait encore toute manifestation extérieure du culte. Il est vrai qu'en pleine rue toutes les manifestations anticatholiques étaient tolérées : ainsi on mettait la corde au cou d'une statue de saint Ambroise, et on la traînait ignominieusement dans la rue. Une littérature anticatholique, immonde et sans esprit, avait été improvisée. *Prières à réciter matin et soir par les chrétiens en l'honneur de la très sainte et très bienheureuse liberté; Confession d'un Jacobin aux pieds du pape; Pater noster patriotique, Credo patriotique;* cette dernière prière commençait ainsi : Je crois à la République française, et à son fils le général Bonaparte.

Les exaltés se livraient aussi aux caprices de leur imagination à propos des fêtes dites patriotiques. Ils débutèrent par des plantations d'arbres de la liberté. Bientôt chaque quartier de Milan eut le sien. On en planta jusque dans la cour du

(1) FUMAGALLI. *L'ultimà messa celebrata nello chiesa della Rosa*, 1851.

(2) CUSANI. *Storia di Milano*, V, 54.

(3) *Scapatto al remo e al liberin capestro.*

(4) *Milano in uniformo republicano, ossia Ribattezzamento delle porte, piazze, contrade, Milan*, sans date, cité par DE CASTRO, 129.

(5) CUSANI. *Storia di Milano*, V, 54.

séminaire. De la ville la mode passa dans les villages, et ce ne fut qu'une longue suite de fêtes, de danses et de festins qui se prolongèrent pendant plusieurs mois. D'ordinaire, un poète improvisait des vers pour la circonstance. Le faiseur le plus réputé était un certain Gerolamo Costa[1], mais ses poésies brillent par le mauvais goût aussi bien que par le dédain le plus absolu des règles de la prosodie. Il se contente d'accommoder le *Ça ira* au goût italien et de célébrer plus ou moins platement l'alliance franco-italienne :

Alore cantem uni de scià et delà
La Carmagnola cout el sa-irà.
Viva, viva pur i Francès
Lun el ciar de stij paès !

Après les plantations des arbres de la liberté, ce fut le tour des anniversaires. Grande fête le 5 juillet 1796 dans le Jardin public. Nouvelle fête en septembre pour célébrer la fondation de la république française. On avait pour la circonstance converti en amphithéâtre la place du Dôme. Au centre avait été dressé l'autel de la patrie. Un char triomphal, traîné par six chevaux et couvert d'emblèmes allégoriques, portait une jeune femme qui figurait la liberté, entourée d'enfants couronnés de guirlandes. Des inscriptions rappelaient le nom de tous les régiments qui avaient pris part à la campagne[2]. Le cortège défila devant Joséphine Bonaparte, qui assistait à la cérémonie du haut d'un des balcons du palais Serbelloni, et, quand il arriva sur la place du Dôme, on inaugura solennellement un arbre de la liberté ; mais les décharges répétées de l'artillerie, qui accompagnaient la cérémonie, brisèrent les vitraux de la cathédrale, perte irréparable pour l'art.

En février 1797, à propos des victoires de Bonaparte, une grande fête fut encore célébrée à Milan. Il y eut aussi des défilés de chars emblématiques, puis des banquets publics, et des distributions de vivres. Sur le soir, à la Porte Orientale,

(1) Giovanni de Castro, ouv. cit., p. 92.
(2) Minola, *Diario* 1796. — Cusani, *Storia di Milano*, V. 51.

grand feu d'artifice. La liberté immola l'aristocratie dans des flammes, vertes et rouges de Bengale, et un aigle empenné, qui commençait à voler, fut bientôt réduit en cendres par la foudre des artificiers.

Mis en goût[1] par ces fêtes, qui exaltaient les esprits, et, à ce qu'ils croyaient du moins, répandaient l'amour des institutions républicaines, les exaltés n'hésitèrent pas à célébrer les anniversaires les plus sinistres de la révolution française ; par exemple, celui de l'exécution de Louis XVI. Ils avaient, pour la circonstance, composé divers écriteaux et les portaient gravement sur la poitrine. *Il fulmine colga tutti i re in un fascio. — Il coltello di Bruto possa spaventare gli Schiavi di Cesare e gli imitatori di Antonio. — Al popolo che sente una volta la sua indipendenza*, etc. Les maladroits s'imaginaient qu'ils sauvaient la patrie par ces imprécations contre des tyrans qui n'existaient pas, et ces cérémonies symboliques, dont ils comprenaient seuls le sens caché. Ainsi, le 16 octobre 1797[2], pour célébrer la mort de la reine de France, on brûla sur la place du Dôme des livres de droit canon, quelques bulles pontificales, une histoire de la guerre d'Italie par Bolzani, quelques journaux hostiles rédigés par Taglioretti, Motta, Polini, et deux grandes gravures représentant l'une la tiare papale, l'autre l'aigle à deux têtes. Les organisateurs de cet autodafé s'imaginaient sérieusement qu'ils portaient ainsi un coup mortel à l'ancien régime. Ce sont sans doute les mêmes personnages, grotesques à force d'être naïfs, qui s'avisèrent tout à coup de trouver un air menaçant à la statue du roi Philippe II, qui, depuis deux siècles se dressait sur la place des Marchands. Ils lui coupèrent la tête et la remplacèrent par celle de Brutus, le héros du jour. Ils lui enlevèrent son sceptre et lui mirent entre les mains l'inscription suivante : *All'ipocrisia di Filippo II succeda la virtù di Marco Junio Bruto !*

(1) GIOVANNI DE CASTRO, ouv. cit., p. 101.
(2) MINOLA, *Diario* 1797.

V

Pendant ce temps, les partisans secrets de l'Autriche s'organisaient, et les modérés, que dégoûtaient ces excès, sans se rapprocher d'eux, commençaient à craindre de s'être inutilement compromis. Ces partisans de l'Autriche n'étaient pas nombreux, mais ils avaient de l'influence par leurs richesses. En outre, ils avaient, dans les campagnes par leurs tenanciers, et dans les villes par leurs domestiques, une véritable clientèle. Au jour du danger, ils pouvaient devenir redoutables. L'un d'entre eux, Gambanara, n'avait pas hésité à [illegible]er de sa personne. Il était descendu dans la rue, lors de l'insurrection de Binasco et de Pavie. D'autres restaient enfermés dans leurs palais et se contentaient d'y forger péniblement de lourdes épigrammes contre les Français et de les imprimer eux-mêmes pour ne mettre personne dans la confidence, comme le comte Pertusati, dont un historien contemporain, Giovanni de Castro, a fait connaître l'œuvre informe et décousue, mais malicieuse [1]. D'autres enfin s'étaient retirés dans leurs châteaux [2], correspondaient mystérieusement avec l'Autriche, et attendaient le moment d'assouvir leurs rancunes.

Entre les modérés dont il devait ranimer la bonne volonté, les exaltés dont il méprisait les tendances [3], mais dont il

(1) L'œuvre principale de Pertusati se nomme *Meneghin*, c'est-à-dire Polichinelle, *sott' ai Francesi*. M. de Castro en a donné plusieurs extraits dans son *Milano e la Repubblica cisalpina* (1870). Sur Pertusati on peut encore consulter : CENNI, *sulla vita et sugli scritti del conte F. Pertusati*. Milan, 1823.

(2) Voir dans la *Chartreuse de Parme*, de Stendhal, le curieux portrait du comte del Dongo, enfermé dans son château de Grianta.

(3) Curieuse lettre de Bonaparte à Talleyrand, 20 septembre 1797 (*Correspondance*, t. III, p. 312) : « Que l'on ne s'exagère pas l'influence des prétendus patriotes Piémontais Cisalpins et Génois; et que l'on se convainque bien que, si nous retirions d'un coup de sifflet notre influence morale et militaire, tous ces prétendus patriotes seraient égorgés par le peuple. Il s'éclaire, il s'éclairera tous les jours davantage, mais il faut le temps et un long temps. »

appréciait le zèle, et les partisans de l'ancien régime qu'il affectait de mépriser, mais dont il surveillait les démarches, le rôle de Bonaparte eût été difficile s'il n'eût, depuis longtemps, pris son parti. Homme de guerre et de discipline, il sentait d'instinct que la modération seule donnerait à la Lombardie une forme de gouvernement qui allierait la force à la liberté. Les excès de la démagogie le dégoûtaient, et il ne se cachait pas pour le dire. A maintes reprises, il avait exprimé son mépris à propos de certains articles du *Thermomètre politique*. Il avait interdit les attaques furibondes contre la religion, contre le pape, et spécialement contre le roi de Sardaigne, dont il appréciait la dignité et la solidité. Les élucubrations de Lattanzi avaient le privilège de l'agacer. Il finit par en ordonner la suppression. Il se prononça même très catégoriquement en faveur des modérés, et leur envoya, le 10 [1] décembre 1796, une sorte de manifeste qui eut un grand retentissement. Il engageait les Lombards à l'union. « Je suis bien aise, ajoutait-il, de saisir ces circonstances pour détruire des bruits répandus par la malveillance. Si l'Italie veut être libre, qui pourrait désormais l'en empêcher ?... Réprimez surtout le petit nombre d'hommes qui n'aiment la liberté que pour arriver à une révolution ; ils sont ses plus grands ennemis ; ils prennent toute espèce de figure pour remplir leurs desseins criminels... Vous pouvez, vous devez être libres sans révolutions, sans courir les chances et sans éprouver les malheurs qu'a éprouvés le peuple français. Protégez les propriétés et les personnes, et inspirez à vos compatriotes l'amour de l'ordre et des vertus guerrières qui défendent et protègent les républiques et la liberté. » Ces sages conseils étaient fort goûtés par le parti modéré, mais ils déplaisaient d'autant aux exaltés. Seulement, comme Bonapate était le maître, on n'osait protester, mais les exaltés commençaient à trouver sa domination pesante. Les modérés, au contraire, se rapprochaient de plus en plus du général, disposés à toutes les concessions pour se

(1) Lettre au Congrès d'Etat de la Lombardie. (*Correspondance*, t. II, p. 167.)

l'attacher d'une façon définitive. Aussi bien le général n'allait pas tarder à se prononcer en leur faveur.

Un jour, l'ambassadeur de France à Florence, Miot[1], vint trouver Bonaparte à Mombello, et eut avec lui et Melzi une conversation singulière, dont nous retrouvons le souvenir dans les intéressants mémoires de ce diplomate. « Il faut à la nation, disait-il à Miot en parlant de la France, un chef illustre par la gloire et non par des théories de gouvernement, des phrases et des discours d'idéologues auxquels le pays n'entend rien. Quant à votre pays, Melzi, il y a encore moins qu'en France d'éléments de républicanisme, et il faut encore moins de façons avec lui qu'avec tout autre. Vous le savez mieux que personne. Nous en ferons tout ce que nous voudrons; mais le temps n'est pas encore venu. Il faut céder à la fièvre du moment. Nous allons avoir ici une ou deux républiques de notre façon. Monge nous arrangera cela. » Ce qu'il appelait la fièvre du moment, c'étaient les ordres du Directoire qui voulait imposer à tous les États conquis la constitution française, et jeter dans le même moule pour ainsi dire des pays différents par les usages et les institutions. Bonaparte ne se sentait pas encore assez fort pour résister au Directoire, mais il entendait prendre une prompte revanche, et, comme il le disait à Miot dans ce même entretien, qui vraiment semble arrangé après coup et pour les besoins de la cause, tant Bonaparte s'y montra stupéfiant d'impudence dans la candeur de ses aveux : « Je ne voudrais quitter l'Italie que pour aller jouer en France un rôle à peu près semblable à celui que je joue ici, et le moment n'est pas encore venu. La poire n'est pas mûre ! »

En attendant l'heureux moment de la maturité de ses désirs, Bonaparte se décida à faire en Italie l'essai de ses théories de gouvernement, et s'occupa sérieusement d'organiser la future République. Sans avoir un penchant décidé pour telle ou telle forme de gouvernement, Bonaparte aurait voulu une adminis-

(1) MIOT. *Mémoires*, t. I, p. 175.

tration concentrée et énergique. Bien qu'il ne crût pas, comme les métaphysiciens constitutionnels de l'époque, que l'art de gouverner les peuples fût une science abstraite, qui ne dépendait ni du temps ni des lieux, il pria son ami Talleyrand de lui envoyer, pour l'aider de leurs conseils, les hommes qui passaient pour avoir médité sur les divers systèmes politiques. Talleyrand lui proposa Siéyès. « Par la réputation dont il jouit, lui écrivait-il, il est propre à remplir avec succès une place de membre du Directoire exécutif. Il est d'ailleurs tellement compromis avec les Autrichiens qu'il est une des personnes de l'opinion de laquelle nous devons être les plus sûrs. » Bonaparte paraît n'avoir jamais éprouvé pour Siéyès qu'une sympathie médiocre. Il goûtait peu les théories et les qualifiait volontiers d'utopie. Pourtant la réputation de Siéyès était si bien établie qu'il crut devoir remercier Talleyrand de son choix, et lui annonça que Siéyès serait le bienvenu en Italie[1]. « Je crois effectivement comme vous que sa présence serait aussi nécessaire à Milan qu'elle aurait pu l'être en Hollande, et qu'elle l'est à Paris. Malgré notre orgueil, nos mille et une brochures, nous sommes très ignorants dans la science politique morale... Croyez que vous me ferez un sensible plaisir si vous pouvez contribuer à faire venir en Italie un homme dont j'estime les talents et pour qui j'ai une affection toute particulière. » Il est vrai que, dans la même lettre, tout en débitant ces compliments, Bonaparte esquissait un plan de constitution, où il donnait tous les pouvoirs et tous les droits au chef de l'État au détriment des assemblées législatives, et il se plaignait « des[2] mille lois de circonstances qui s'annulent toutes seules par leur absurdité et qui nous constituent une nation sans lois avec trois cents in-folio de lois ». Siéyès qui tenait à réserver sa réputation et songeait à appliquer ses théories constitutionnelles non pas en Italie mais en France, comprit qu'il jouerait un

(1) Lettre à Talleyrand. Passariano, 10 septembre 1797. *Correspondance*, t. III, p. 313.
(2) Id. *Id.*

jeu dangereux en essayant d'imposer ses volontés au vainqueur de l'Italie. Il remercia donc Talleyrand et ne quitta point Paris.

Talleyrand avait aussi songé à Benjamin Constant[1] : « C'est un homme à peu près de votre âge, avait-il écrit à Bonaparte, passionné pour la liberté, d'un esprit et d'un talent en première ligne. Il a marqué par un petit nombre d'écrits d'un style énergique et brillant, pleins d'observations fines et profondes. Son caractère est ferme et modéré. C'est un républicain inébranlable et libéral. » Bonaparte n'avait attendu ni Siéyès qu'il devait retrouver au 18 brumaire, ni Benjamin Constant, qu'il n'appellera à lui qu'en 1815, pour régler le sort des Milanais. Il chargea un comité italien[2] de préparer un projet de constitution. Le plus célèbre de ces législateurs était un Tyrolien, longtemps professeur à Pavie, le père Grégorio Fontana. Ce savant aurait voulu se dérober, mais Bonaparte tenait à donner à la future constitution l'autorité de son nom. Fontana se résigna et se mit au travail. Ce fut peine inutile. Les injonctions du Directoire étaient formelles, et Bonaparte ne permettait la discussion que pour la forme. Il fut donc résolu que la nouvelle République jouirait d'une constitution calquée sur la constitution française, c'est-à-dire que le pouvoir exécutif serait confié à cinq directeurs assistés de ministres et le pouvoir législatif à un corps législatif de 40 à 60 Anciens et à un grand conseil de 120 Jeunes. En outre la République serait divisée en départements et administrée comme l'était la France. Par prudence, et pour la première fois, Bonaparte se réserva de désigner les premiers directeurs, législateurs ou fonctionnaires. Ses choix furent heureux. Les cinq directeurs furent Serbelloni, un des plus grands seigneurs de

(1) Cité par BARANTE. *Histoire du Directoire*, t. II, p. 505.

(2) Lettre de Bonaparte au Directoire, 8 mai 1797 (*Corresp.*, t. III, p. 30) : « Je fais rédiger ici, par quatre comités différents, toutes les lois militaires, civiles, et administratives qui doivent accompagner la Constitution. Je ferai pour la première fois tous les choix, et j'espère que, d'ici à vingt jours, toute la nouvelle République italienne sera parfaitement organisée, et pourra marcher toute seule. »

l'Italie, le savant médecin Moscati, et trois citoyens réputés pour leur modération, Alessandri Paradisi et le Ferrarais Costabile Containi. Sommariva fut désigné comme secrétaire du Directoire. Au ministère de la guerre fut appelé Birago, à celui des finances Ricci, à celui de la justice Luosi, à celui des affaires étrangères Testi, à celui de la police Porro. Dans les conseils entrèrent tous ceux qui s'étaient fait un nom par leurs sentiments républicains, par les services rendus à la patrie ou par leur dévouement à Bonaparte. Sauf de rares exceptions, c'était assurément l'élite de l'Italie qui arrivait aux affaires [1]. Qu'il nous suffise de citer parmi ces ouvriers de la première heure Melzi, Cicognara, Martinego, Fenaroli, Lecchi, Pallavicini, Arese, Colonna, Bossi le poète, Mascheroni le mathématicien, Lamberti, Cavędoni, Guglielmini, Somaglia, et le jeune Romain Gianni, que Bonaparte récompensa de ses éloges emphatiques en lui donnant droit de cité dans la première république italienne.

Ces changements furent annoncés aux Lombards par une de ces proclamations retentissantes, comme Bonaparte savait les rédiger ; « La République Cisalpine, leur disait-il, était depuis longtemps sous la domination de la maison d'Autriche. La République française a succédé à celle-ci par droit de conquête : elle y renonce dès ce jour et la République Cisalpine est libre et indépendante. Reconnue par la France et par l'Empereur, elle le sera bientôt par toute l'Europe. Le Directoire de la République française, non content d'avoir employé son influence et les victoires des armées républicaines pour assurer l'existence politique de la République Cisalpine, porte plus loin sa sollicitude. Convaincu que, si la liberté est le premier des biens, une révolution entraîne à sa suite les plus

(1) Curieuse lettre de Bonaparte au Directoire, 8 mai 1797 (*Corresp.*, t. III, p. 30) : « Mon premier acte a été de rappeler tous les hommes qui s'étaient éloignés craignant les suites de la guerre. J'ai engagé l'administration à concilier tous les citoyens et à détruire toute espèce de haine qui pourrait exister. Je refroidis les têtes chaudes et j'échauffe les froides. J'espère que le bien inestimable de la liberté donnera à ce peuple une énergie nouvelle et le mettra dans le cas d'aider puissamment la République française dans les guerres futures que nous pourrons avoir. »

terribles des fléaux, il donne au peuple cisalpin sa propre constitution, le résultat des connaissances de la nation la plus éclairée de l'Europe. Du régime militaire le peuple cisalpin doit donc passer à un régime constitutionnel... Depuis longtemps il n'existait plus de République en Italie, le feu sacré de la liberté y était étouffé, et la plus belle partie de l'Europe vivait sous le joug des étrangers. C'est à la République Cisalpine à montrer au monde, par sa sagesse, par son énergie, par la bonne organisation de ses armées, que l'Italie moderne n'a pas dégénéré et qu'elle est encore digne de la liberté[1]. »

Quelques jours plus tard, le 9 juillet, était célébrée en grande pompe l'inauguration de la République [2]. Dans l'immense enceinte du Lazaret, devenu le Champ de la Confédération, se réunissaient les députés de toutes les communes et plus de 400 000 Italiens en habits de fête. Les détonations de l'artillerie et le carillon des cloches annonçaient la cérémonie [3]. L'archevêque de Milan célébrait une messe solennelle sur l'autel de la patrie, et bénissait les drapeaux. Serbelloni, le président du Directoire, prononçait une pompeuse harangue et prêtait le premier serment de fidélité à la Constitution et à la République. Le serment était répété par les voix enthousiastes de la foule. Puis commençaient les danses et les réjouissances qui se succédaient jusqu'au lendemain. En souvenir de la fête, on décrétait l'érection de huit pyramides quadrangulaires, dont les inscriptions rapelleraient le nom des braves qui avaient succombé ou des citoyens qui s'étaient sacrifiés pour leur nouvelle patrie.

Le jour même on ordonnait la fermeture de la *Société d'Instruction publique*. Sans doute les membres de cette Société

(1) Proclamation aux Lombards, Mombello, 29 juin 1797. (*Correspondance*, t. III, p. 152.)

(2) Cf. le très curieux programme d'une fête célébrée plus tard, le 14 juillet 1797. (*Correspondance*, t. III, p. 170.)

(3) On composa sur cette cérémonie divers écrits satiriques : *L'imperatore, l'arciduca e il conte di Wilzek* (1797). *L'arciduca Ferdinando spectatore incognito alla gran festa della federazione e dialogo fra lui e Carpanino* (1797). — De nombreux sonnets furent également improvisés. On les conserve à la bibliothèque Ambrosienne. Cf. de Castro, I, 160.

l'avaient compromise par leurs exagérations et leurs bravades, mais, au moment où l'on prodiguait les assurances de liberté, n'était-ce pas rappeler durement aux Cisalpins qu'en dépit des protestations de Bonaparte le régime militaire durait toujours [1].

VI

Il est vrai de reconnaître que, si Bonaparte se souciait peu de ménager les intransigeants Milanais, et si, d'un autre côté, il ne tenait pas grand compte des constitutions, il se préoccupait des réformes sociales. Son œuvre personnelle fut l'introduction en Italie de l'égalité par l'abolition des privilèges féodaux, de la dîme, des fidéicommis, des majorats, par la déclaration d'admissibilité de tous les citoyens aux emplois publics. Pourtant, bien qu'il bouleversât si complètement l'ancien régime, il s'efforça de rattacher aux institutions nouvelles ceux qui en souffraient le plus, les nobles et les prêtres, car il se défiait de la foule, ou plutôt des meneurs de la foule. Par instinct il se ralliait au grand parti : conservateur il n'était révolutionnaire que par nécessité. Ses avances furent accueillies avec empressement. Grâce à cette habile modération, tous ceux qui par caractère ou par tradition eussent été les ennemis les plus acharnés de la jeune République, devinrent au contraire les premiers intéressés à la soutenir. Bonaparte espérait ainsi donner à ce nouvel état toutes les garanties de la stabilité, et lui assurer le bienfait des réformes sociales de notre Révolution, tout en lui épargnant les agitations qui avaient troublé la France depuis 1789.

Une question fort importante à régler était celle des frontières de la nouvelle République, et du nom qu'elle porterait.

(1) Cf. divers ordres de police pour la Cisalpine (*Corresp.*, III, 18) contre les étrangers, même les Français, astreints à se faire inscrire à la police ; — contre tous les citoyens non militaires porteurs de cocarde; — contre les Italiens, non Cisalpins, qui porteraient indûment les couleurs italiennes, etc.

Il n'y avait aucune difficulté pour les anciennes provinces autrichiennes, Milanais et Mantouan. L'Autriche avait renoncé à tous ses droits sur ces provinces. Elles devaient donc appartenir, par le fait même de cette cession, à la nouvelle République : mais réduites à leurs seules forces, ces deux provinces n'auraient pas été capables de vivre ou tout au moins de se défendre, et les patriotes italiens, dans leurs aspirations unitaires, rêvaient déjà de faire de cet État comme le noyau de la future Italie, libre et indépendante des Alpes à l'Isonzo et à la mer Ionienne. Des annexions territoriales étaient donc nécessaires. Une petite République avait été formée aux dépens du duc de Modène et du Pape : la République Cispadane. Cette république conserverait-elle son automonie, ou se fondrait-elle avec la république Lombarde? Bonaparte connaissait l'égoïsme municipal des cités italiennes. Comme il ne se souciait guère de créer dans la péninsule un État trop puissant, il aurait voulu que la Cispadane vécût à part, et que la Lombardie formât une autre république également indépendante sous le nom de Transpadane. Mais à Milan, comme à Bologne, à Modène, on comprenait l'importance et la nécessité de l'union. Transpadans et Cispadans portaient le même uniforme, et se battaient sous le même drapeau. L'opinion publique se prononça avec tant de force que Bonaparte ne crut pas devoir s'opposer à cette manifestation patriotique. Il déclara donc, avec l'assentiment du Directoire, que les deux Républiques se fondraient en une seule, qui porterait le nom de République Cisalpine. On avait bien pensé à lui donner le nom de République Lombarde, mais les Lombards n'avaient jamais été que des usurpateurs. On avait également voulu lui donner le nom de République Italienne : c'était même le vœu le plus général : mais on était alors en paix avec les rois de Piémont et de Naples, avec le duc de Parme, avec la Toscane. On craignait, en ressuscitant ce nom, de réveiller trop de souvenirs, de soulever trop d'espérances, et on adopta la dénomination de République Cisalpine, qui ménageait toutes les susceptibilités.

Un nouvel et important accroissement de territoire fut donné à la Cisalpine aux dépens de Venise. Nous raconterons plus loin la chute et le partage de cette infortunée République, dont le seul crime fut de ne pas avoir été à la hauteur de sa vieille réputation, et qui fut sacrifiée aux convoitises de ses voisins, et aux implacables exigences d'une diplomatie sans ménagements et sans scrupules. Il nous suffira de rappeler ici que, lors du partage des dépouilles vénitiennes, la Cisalpine hérita de toutes les villes en deçà du Mincio, Bergame, Côme, Brescia, Peschiera, etc. Sa frontière orientale fut de la sorte portée au lac de Garde et au Mincio. Peu à peu la Cisalpine s'arrondissait et devenait importante.

Avant de quitter l'Italie, Bonaparte fit un dernier cadeau à l'État qu'il avait fondé, et qu'il semblait affectionner. Une petite vallée suisse, la Valteline, était à la merci de magistrats ignorants, les podestats, qui, ayant acheté leurs charges, ne cherchaient qu'à recouvrer avec usure l'argent qu'elles avaient coûté. Aussi la justice était-elle vénale, et les abus tolérés. On pouvait se racheter de tout crime, sauf d'homicide qualifié, et, comme les procès étaient une source de profits, les podestats non seulement cherchaient à découvrir des délits, mais encore à en faire commettre. Ils avaient à leur service de malheureuses créatures, qui pratiquaient la séduction et dénonçaient ensuite leurs complices. Ils provoquaient encore des tumultes, pour avoir occasion de confisquer des propriétés ou de prononcer des amendes.

Or la Valteline appartient géographiquement à l'Italie, car elle forme la vallée supérieure de l'Adda. Tout ce qu'il y avait dans le pays de citoyens honnêtes et instruits, dégoûtés de la tyrannie des podestats, voulait secouer le joug de la Suisse. Le voisinage de la Cisalpine acheva de provoquer un mécontentement général. Des troubles éclatèrent, et bientôt l'émeute prit le caractère d'une guerre sociale, car les paysans de la vallée avaient à se venger de plusieurs siècles de contrainte et d'humiliations. Les cantons suisses intervinrent pour rétablir leur domination. L'Autriche qui avait des partisans dans la vallée, entre autres la puissante famille des Planta, éleva des prétentions. Aussitôt Bonaparte, averti du danger par les amis héréditaires de la France, la famille de Salis, se fit appeler par les paysans en qualité de médiateur, et prononça en leur faveur contre les Grisons et indirectement contre l'Autriche. Seulement il outrepassa, suivant son habitude, les pouvoirs qui lui avaient été conférés, et, malgré le désir exprimé par ses protégés de continuer à faire partie de la confédération helvétique à l'état de canton libre, déclara qu'ils étaient annexés à la Cisalpine[1]. Il y eut quelques protestations, quelques soulèvements même, mais bientôt tout rentra dans le calme, car Murat avait été envoyé pour le rétablir à la tête d'une forte brigade et ces Cisalpins, de par la grâce de Bonaparte et sans volonté nationale, s'habituèrent à leur qualité de membres de la première République fondée par la France.

L'annexion de la Valteline reculait jusqu'aux Alpes la frontière septentrionale de la Cisalpine. Défendue à l'est par le lac de Garde, le Mincio et l'Adriatique, à l'ouest par les Apennins et le Tessin, au centre de la péninsule, maîtresse des plaines les plus riches et des vallées les plus fertiles, entourée d'états alliés ou sujets de la France, la Cisalpine semblait n'avoir rien à craindre. Ce fut alors qu'on la divisa en vingt départements, et un certain nombre de districts. Dans chaque district des municipalités librement élues administraient les affaires locales. Les affaires d'un intérêt plus général étaient confiées aux administrateurs des départements. Les départements furent ainsi dénommés : Olona (Milan) ; Tessin (Pavie), Lario (Côme), Verbano (Varèse), Montagne (Lecco), Serio (Bergame), Adda et Oglio (Sondrio), Mela (Brescia), Benaco (Desenzano), Mincio (Mantoue), Adda (Lodi), Crostolo (Reggio), Panaro (Modène), Alpes Apuanes (Massa), Reno (Bologne), Pô supérieur (Cento), Pô inférieur (Ferrare), Liamone (Faenza), Rubicon (Rimini).

(1) Lettre de Bonaparte aux chefs des trois ligues Grises. Milan, 11 novembre 1797. *Corresp.*, t. III, p. 433.

Les institutions ne suffisaient pas. Il fallait encore et surtout retremper les caractères. Bonaparte espéra qu'en accoutumant les Italiens à la noble carrière des armes il leur inspirerait des sentiments d'honneur et l'amour de la gloire. Des gardes nationales furent partout organisées [1]. Des régiments de ligne se formèrent peu à peu. Les légions polonaises de Dombrowsky s'enrôlèrent sous les drapeaux de la nouvelle République et de nombreux officiers français obtinrent l'autorisation de mettre leur expérience militaire au service de la jeune armée Italienne. Dès ce jour les mœurs se modifièrent. L'esprit national se forma. On remarqua que les enfants, au lieu de jouer à la chapelle, eurent des jeux militaires, et que les jeunes gens fréquentèrent non plus les sacristies ou les boudoirs, mais les manèges et les salles d'armes. Le théâtre lui-même, qui longtemps avait tourné en ridicule la pusillanimité italienne, retentit de chansons guerrières et patriotiques, et les femmes, ces arbitres suprêmes de l'opinion, repoussèrent les hommages qui leur étaient offerts par d'autres que des patriotes éprouvés.

Heureux de ce changement dont il était en grande partie l'auteur [2], Bonaparte n'aurait pas voulu revenir en France avant de voir reconnue par l'Europe entière la nouvelle République. Visconti avait été nommé ambassadeur à Paris.

(1) Proclamation de Bonaparte. Milan, 11 mai 1797 (*Correspondance*, t. III, p. 47). « C'est à vous qu'il appartient de consolider la liberté de votre pays. C'est le soldat qui fonde les républiques : c'est le soldat qui les maintient. Sans armée, sans force, sans discipline, il n'est ni indépendance politique, ni liberté civile. Quand un peuple entier est armé et veut défendre sa liberté, il est invincible. » Suit le projet d'organisation des gardes nationales.

(2) Bonaparte ne se faisait pourtant pas illusion sur son œuvre, si du moins on en juge par cette lettre à Talleyrand (Passariano, 7 octobre 1797, t. III, p. 370) : « Je n'ai point eu, depuis que je suis en Italie, pour auxiliaire l'amour des peuples pour la liberté et l'égalité, ou du moins cela a été un auxiliaire très faible. Mais la bonne discipline de notre armée, le grand respect que nous avons tous eu pour la religion, que nous avons porté jusqu'à la cajolerie pour ses ministres; de la justice; surtout une grande activité et promptitude à réprimer les malintentionnés et à punir ceux qui se déclaraient contre nous, tel a été le véritable auxiliaire de l'armée d'Italie. Voilà l'historique. Tout ce qui est bon à dire dans des proclamations, des discours imprimés sont des romans. »

Il fut reçu en audience publique le 27 août 1797, et adressa au Directoire un discours emphatique qui lui valut une réponse pompeuse et ampoulée. Les chefs du gouvernement lui promirent la protection de la France, et comme l'Autriche, qui n'avait pas encore signé le traité de Campo-Formio, montrait peu d'empressement et faisait mine de reprendre les hostilités, ils profitèrent de l'occasion pour lancer contre elle de retentissantes menaces. Marescalchi avait été envoyé comme ambassadeur à Vienne. L'Autriche différa sa reconnaissance. Elle prétendit que le traité définitif n'était pas encore signé, et que d'ailleurs la nouvelle République n'était pas encore libre, puisque son territoire était occupé par des soldats étrangers. Evidemment l'Autriche se réservait. Il fallut se contenter de ces mauvaises raisons, et attendre son consentement pour des jours meilleurs. L'Espagne, Parme, le roi de Naples, le grand-duc de Toscane, le roi de Sardaigne, la République Ligurienne et le Pape lui-même, liés à la France par des traités ou menacés par ses armées, s'inclinèrent devant le fait accompli, et envoyèrent leur reconnaissance. L'Angleterre et la Russie, qui n'avaient pas déposé les armes, protestèrent par leur silence.

La Cisalpine n'en était pas moins reconnue par la moitié de l'Europe et directement soutenue par la France. Elle occupait une solide position militaire. Tout semblait devoir annoncer à ces trois ou quatre millions d'Italiens, pour la première fois depuis des siècles libres et réunis, une ère nouvelle de prospérité et de grandeur. Déjà les patriotes italiens oubliaient les spoliations du début pour rêver un avenir glorieux. Peu à peu disparaissaient les mauvais souvenirs, les blessures se fermaient, l'ordre renaissait ; l'université de Pavie avait rouvert ses cours longtemps interrompus [1]. Hélas ! cette prospérité était trompeuse ; ces jours de paix

(1) Proclamation de Bonaparte au peuple Cisalpin. Milan, 11 novembre 1797. *Corresp.*, t. III, p. 431.

n'étaient qu'une trêve passagère. A peine Bonaparte était-il rentré en France que tous les abus recommençaient, et qu'à la période de l'organisation succédait la période de l'anarchie.

CHAPITRE II

LA RÉPUBLIQUE LIGURIENNE

Gênes et la décadence de l'aristocratie. — Politique de neutralité désarmée. — Violations de territoire. — Affaire de la *Modeste*. — Mission de Bonaparte à Gênes en 1794. — Intrigues de Girola et de Drake. — Affaire des fiefs impériaux. — Les Barbets. — Sac d'Arquata. — Affaire de Santa Margarita. — Ménagements calculés de Bonaparte. — Les démocrates et les aristocrates. — Émeute du 23 mai 1797. — Écrasement des démocrates. — La mission de Lavalette. — Le traité de Mombello. — Les excès des démagogues. — Révolte du 4 septembre. — Batailles d'Albaro et de San Benigno. — Création de la République Ligurienne.

En 1796, lorsque les Français descendirent en Italie, ils y trouvèrent deux républiques, jadis puissantes et glorieuses, mais dont la décadence était alors irrémédiable.

Venise et Gênes, unies dans la bonne, comme dans la mauvaise fortune, n'avaient plus que les apparences de la force et ne se soutenaient que par leur antique réputation. De ces deux républiques, nos généraux détruisirent et partagèrent la première. C'est un des épisodes les plus douloureux de notre histoire contemporaine. Sous prétexte de transformer la seconde, ils ne lui laissèrent qu'une ombre d'indépendance. C'est un des chapitres les moins glorieux de l'histoire de la domination française en Italie.

Gênes était devenue de bonne heure un centre important de commerce. Bâtie au fond du golfe qui porte son nom, à l'endroit où les Apennins s'infléchissent brusquement dans la direction du sud-est pour former l'Italie péninsulaire, à mi-chemin, par conséquent, entre l'Italie du Nord et l'Italie du Sud, Gènes s'élève en amphithéâtre sur les gradins arides et brûlés des premières sommités de l'Apennin, entre les deux petites vallées de la Polcevera et du Bisagno. Sa grande prospérité commence avec les croisades. Elle profite alors des routes nouvelles ouvertes au commerce par les guerres saintes et étend sa domination en Italie sur cette longue et étroite bande de terrain, resserrée entre les Alpes Maritimes et les Apennins d'un côté, la Méditerranée de l'autre, qu'on est convenu d'appeler la rivière de Gènes. En Orient, comme elle aide les empereurs de Constantinople dans leurs entreprises, elle est récompensée par d'importants privilèges. Les faubourgs de Pera et Galata à Constantinople lui appartiennent. Sur tous les points de l'Archipel, elle se fait céder des stations avantageuses : Scio, Mételin, Ténédos, Smyrne. Les rois de Chypre lui paient tribut. Au fond de la mer Noire, elle s'empare de Caffa et d'Azow, et accapare le commerce de l'Inde par la mer Caspienne. Ce qu'on a nommé depuis les échelles du Levant lui appartient. Quelques-uns de ses hardis capitaines s'engagent même dans l'Océan Atlantique et arborent le pavillon de Saint-Georges sur quelques îles et certains points de la côte africaine. Cette prospérité se soutint du XIe au XIVe siècle. Gènes humilie ses rivales ; elle comble le port de Pise ; elle menace Venise jusque dans ses lagunes ; elle occupe la Corse ; elle envoie ses négociants s'emparer des Canaries ; en un mot, elle devient la puissance prépondérante en Italie et presque dans la Méditerranée. Mais, au lieu de continuer à diriger vers la mer et vers le commerce l'exubérante activité et l'ardeur intelligente de ses citoyens, Gènes s'abîme dans les discordes intestines. Lorsque la découverte de l'Amérique, en transportant de la Méditerranée à l'Océan le commerce du monde, les frappa d'un coup terrible ; lorsque les Turcs, en s'emparant de Constantinople, leur enlevèrent leurs comptoirs orientaux ; les Génois, au lieu de se tourner dans une autre direction, ne surent plus que s'entretuer dans les rues de leur capitale, et à la glorieuse période des conquêtes d'outre-mer et des grandes guerres contre les puissances rivales succéda la triste et lamentable période des dissensions municipales et des guerres civiles.

Nous ne pouvons entrer ici dans le détail de ces luttes séculaires. Il nous suffira de rappeler que deux partis, les démocrates et les aristocrates, se disputèrent longtemps le pouvoir à Gênes. A la tête des démocrates étaient les Fregosi et les Adorni. Les chefs de l'aristocratie se nommaient les Doria, Spinola, Grimaldi, Fieschi, etc. Ce furent les aristocrates qui l'emportèrent définitivement. Ils réussirent à fonder un gouvernement qui leur assurait la perpétuité du pouvoir. Quatre cent trente-sept familles de noblesse dite nouvelle et vingt-huit familles de noblesse dite ancienne, c'est-à-dire quatre cent soixante-cinq familles, étaient inscrites au livre d'or, et se partageaient entre elles le pouvoir et les honneurs, à l'exclusion absolue des bourgeois et du peuple. Un grand conseil composé de quatre cents membres et un petit conseil de cent membres, le petit conseil ou Sénat élu par le Grand Conseil, délibéraient en commun sur les lois, les impôts et les douanes. Huit Gobernatori ou gouverneurs choisis parmi les Sénateurs étaient investis du pouvoir exécutif ; enfin un Doge choisi parmi les huit Gobernatori représentait la Nation. Ses pouvoirs étaient bisannuels, ainsi que ceux des Gobernatori ; mais il pouvait être réélu.

Pendant que l'aristocratie génoise, dans son maladroit égoïsme, ne songeait qu'à maintenir sa domination, peu à peu tombaient les derniers débris de l'empire colonial. Réduite au rôle honteux de cliente de l'Espagne, Gênes, qui, jadis, était surnommée la Superbe, subissait humiliations sur humiliations. En 1684, Louis XIV la faisait bombarder et forçait le Doge à lui présenter en personne les excuses de la République. En 1746, les Autrichiens s'en emparaient et la traitaient en ville conquise. En 1768, la Corse se soulevait, et Gênes, qui ne pouvait même plus la dompter, était forcée de la vendre à la France. Ainsi s'affaiblissent et disparaissent les États que les préoccupations de la politique intérieure et les déchirements de la guerre civile absorbent au point qu'ils négligent leurs intérêts extérieurs.

Une faute plus grave encore, commise par les Génois, fut de se désintéresser des brûlantes questions politiques qui agitèrent l'Europe à la fin du XVIIIe siècle. Placés entre la France qui cherchait à répandre au loin son influence, le Piémont qui ne demandait qu'à annexer leur territoire afin de devenir du jour au lendemain puissance maritime et l'Autriche, devenue leur voisine directe par le Milanais et indirecte par la Toscane, les Génois auraient dû, pour assurer leur indépendance, équiper une armée ou tout au moins une flotte qui leur aurait permis de faire respecter leur pavillon. Ainsi que les Vénitiens, ils s'imaginèrent, bien à tort, que leur position leur imposait la nécessité de garder la neutralité et la neutralité désarmée. Certes, à ne considérer que les apparences, ils ne pouvaient que gagner à cette politique, puisque les Français, les Autrichiens et les Piémontais allaient les employer forcément comme intermédiaires pour toutes leurs transactions, et que les négociants génois, en devenant les fournisseurs attitrés des belligérants, réaliseraient des gains énormes. Au point de vue strictement commercial, leurs calculs étaient fondés ; mais il n'y a pas en ce monde que sa bourse à ménager : l'honneur national et l'indépendance territoriale ne sont pas des mots vides de sens. Les Génois en feront bientôt la dure expérience ! Il était évident que si les négociants génois allaient profiter, pour s'enrichir, de la guerre entre la France et l'Autriche, ces deux puissances se réserveraient d'agir à leur guise ou pour ou contre Gênes. Que si au contraire, dès le début des opérations, les Génois avaient prouvé par d'imposantes manifestations qu'ils étaient résolus à maintenir l'indépendance et l'intégrité de leur territoire, non seulement ils auraient à leur aise continué leur commerce avec les belligérants, mais encore la France ou l'Autriche auraient cherché à se procurer leur alliance, même au prix des plus lourds sacrifices. Ils ne le firent pas. Les préoccupations mercantiles les aveuglèrent. Ils allaient expier leur politique insensée, d'abord par une série d'humiliations, et, en second lieu, par la perte de leur indépendance.

Dans les premières années de la guerre, de 1792 à 1796, Gênes crut d'abord n'avoir qu'à se féliciter de ne pas sortir de la neutralité. Elle fournissait également aux besoins des Français et des Austro-Piémontais, et s'enrichissait par le commerce ; mais, peu à peu, les belligérants se rapprochèrent. Les Français étaient déjà à Nice et à Monaco, les Piémontais menaçaient Gavi, et les Autrichiens occupaient les principaux défilés des montagnes. Le territoire avait été souvent violé. A la première occasion, les belligérants, sans se soucier de Gênes, n'hésiteraient pas à occuper tous les points à leur convenance.

Dès le 8 mars 1793, Tilly, chargé d'affaires de la France à Gênes, recevait de la Convention les instructions suivantes : « Il est vraisemblable que nous serons forcés d'emprunter le « territoire de Gênes pour envoyer des troupes en Piémont. « La république de Gênes, dont les frontières sont couvertes « de troupes sardes et autres à la solde du roi de Sardaigne, « serait sans doute fondée à requérir notre assistance pour « opposer à ces troupes des forces suffisantes pour se garantir « d'une action présumée, etc. »

Notre consul à Gênes, La Cheize, partageait cette manière de voir. Le 25 août 1793, il demandait au Comité de Salut public d'envahir la Lombardie en passant par le territoire génois[1]. Un officier de l'armée du Rhin émettait le même avis. Les Autrichiens et les Sardes, de leur côté, passaient continuellement sur le territoire, et les Anglais croisaient avec leur flotte tout le long de la Rivière, et n'attendaient qu'une occasion pour s'emparer d'un des ports de la côte, peut-être même de la capitale. C'était le cas ou jamais pour Gênes de mettre sous les armes la vaillante population de

(1) Mémoire servant d'instructions pour le citoyen Tilly. — Projet d'une diversion imprévue en Italie et en Allemagne. Ces deux mémoires, conservés aux Archives nationales, ont été analysés par Iung : *Bonaparte et son temps*, t. I, p. 419.

ses côtes et de faire garder par ses braves montagnards les défilés impraticables des Apennins qui lui appartenaient encore ; mais d'immenses capitaux génois circulaient en France ou en Autriche. On hésitait à prendre une détermination virile. Ces hésitations et cet égoïsme allaient être sévèrement châtiés.

Une frégate française, *la Modeste*, et deux tartanes, sorties de Toulon et poursuivies par l'escadre anglaise qui observait les côtes de Provence, avaient réussi à s'esquiver et avaient trouvé un refuge dans le port de Gênes. Trois vaisseaux anglais, commandés par le capitaine Man de Bedfort, sans tenir compte de la neutralité génoise, entrèrent à leur suite dans le port, et, malgré les protestations officielles des commandants génois, les prirent et regagnèrent la haute mer avec leur capture. C'était un insolent défi ! Au temps des Doria, les forts auraient ouvert un feu destructeur contre les Anglais, ou du moins les vaisseaux génois auraient à tout prix essayé de reprendre la frégate et les tartanes. Mais le temps était passé des actes héroïques. Les Génois ne surent que s'incliner devant le fait accompli. A la première nouvelle de cet acte inqualifiable, Tilly avait protesté : « Le « chargé d'affaires de la République française apprend qu'il « vient de se commettre une atrocité contre ceux de sa « nation. Il demande si la République de Gênes continue de « vouloir la paix ou commence la guerre avec celle de « France, en souffrant que les propriétés soient envahies et « les Français égorgés dans son port et sous ses yeux. » Robespierre jeune et Ricord, les deux Commissaires de la Convention à l'armée d'Italie, envoyaient un ultimatum à Gênes, dès le 13 octobre, et donnaient l'ordre à nos régiments de s'apprêter à une marche en avant[1]. « Vous jugerez probablement, écrivait Robespierre jeune au Comité de Salut « public, que nous ne devons plus négocier longuement et « tortueusement avec la finesse italienne. Mettez tout votre

(1) Iuxo, ouv. cit., t. I, p. 416.

« zèle et vos lumières à conduire les affaires génoises à un « terme heureux et prompt. Vous presserez le ministre de la « guerre pour qu'il tourne toute son attention de ce côté. Si « nous avions dix mille hommes, nous serions à Turin ou à « Gênes en moins de trois semaines. »

Ce qui augmentait encore les griefs de la France contre Gênes, c'est que le gouvernement oligarchique nous était notoirement hostile. Ainsi que l'observait Tilly, « nous « sommes hors d'état de rien offrir aux oligarques qui puisse « les disposer favorablement pour nous, puisqu'ils n'ambi- « tionnent que l'accroissement de la richesse et du pouvoir, « et que notre pénurie et nos principes ne nous permettent « de satisfaire ni à leur cupidité ni à leur ambition. Nous ne « devons, par conséquent, pas espérer obtenir la majorité, « ni dans le Sénat, ni dans les Collèges composés d'hommes « riches, cupides et ambitieux ». Gênes était même devenu un foyer d'intrigues antifrançaises. Quelques émigrés remuants, Cazalès, de Nailhac, de Marignan, avaient même réuni un corps de douze à quinze cents déserteurs et promettaient leur concours armé à l'agent anglais Drake, qui agissait en maître de la situation. Il paraîtrait même que le chargé d'affaires de Gênes à Paris, Mazzucone, profitait de sa situation pour envoyer des renseignements secrets qui permettaient aux coalisés de combiner leurs opérations et d'inquiéter nos agents en Italie. Tous ces griefs exigeaient une réparation. Robespierre jeune était donc parfaitement fondé à envoyer un ultimatum à Gênes.

A nos légitimes réclamations, les Génois n'avaient qu'à répondre par une déclaration de guerre. On s'y attendait à la Convention. On s'y attendait d'autant plus que Drake, l'agent anglais, menait grand bruit à Gênes et annonçait [1] l'entrée de la flotte anglaise dans le port pour concourir à la

(1) « Il s'agit de savoir si la République de Gênes veut ou ne veut point « renvoyer de ses Etats le nommé Tilly et tous les autres agents ou suppôts « de la Convention soi-disant nationale... et la remise des propriétés de « la France à Gênes... sinon le blocus aura lieu, et la destruction du com- « merce de Gênes sera complète. » Cité par Iung, t. I, 417.

défense ou une attaque immédiate en cas d'accommodement avec la France.

Ces menaces intempestives servirent nos intérêts. Les Génois entamèrent une négociation pour nous payer une indemnité. Ils ordonnèrent à Drake et à ses vaisseaux de quitter le port (11 novembre), expulsèrent les déserteurs et quelques émigrés, entre autres Cazalès, et remplacèrent, à Paris, Mazzucone par Boccardi. Cinq semaines plus tard[1], le 22 décembre 1793, un traité de neutralité était signé entre les deux Républiques. La satisfaction était donc aussi complète que possible ; mais cette humiliation ne devait pas être la seule. Gênes avait livré le secret de sa faiblesse. On en abusa bientôt, et elle apprit à ses dépens ce qu'il en coûte à un état d'abdiquer sa dignité et de sacrifier son honneur à ses intérêts.

Le général Bonaparte, alors attaché à l'armée d'Italie, fut chargé, en juillet 1794, d'infliger à Gênes une de ces humiliations qui allaient constituer son histoire pour ainsi dire quotidienne. Gênes, malgré la paix signée avec la France, continuait à ne pas cacher ses mauvaises dispositions. Elle était comme le rendez-vous de nos déserteurs. En outre, on y avait établi un dépôt de ces faux assignats qu'on fabriquait avec si peu de scrupules en Angleterre. Enfin les Autrichiens ne demandaient même plus l'autorisation de passer sur son territoire, et, pour faciliter leurs opérations militaires, ils faisaient construire un grand chemin de Céva à Savone, sous le couvert de quelques négociants génois. Robespierre, qui détenait encore le pouvoir, était au courant de la situation.

(1) C'est sans doute à ce moment et probablement dans les bureaux de Tilly que fut composée, à Gênes, une chanson contre les Anglais, dont M. Boccardi, le savant professeur de l'Université de Gênes, cite le couplet suivant dans ses *Imbreviature di Giovanni Scriba* :

Les Génois avaient dit entre eux :
Les Anglais sont de f... gueux ;
Ne dansons désormais
Aucun pas anglais ;
Dansons la Carmagnole,
Vive le son, vive le son !
Vive le son du canon !

Le 14 juin 1794, il écrivait à un certain Buchot[1] : « Le gou-« vernement génois déploie les moyens les plus perfides pour « nuire à la République française. Il est nécessaire de mon-« trer du caractère avec ce gouvernement. Il ne peut nous « être favorable que par la crainte. Il faut donc, loin de cher-« cher à le flatter ou à le gagner, exiger de lui des marques « éclatantes d'estime pour la République et pour ses « armées. » Ce fut sans doute pour exiger ces « marques éclatantes d'estime » que Robespierre jeune et Ricord[2] chargèrent Bonaparte d'une mission militaire pour Gênes. Le général devait se plaindre de la construction de la grande route de Céva à Savone. « Il dira à ce gouvernement que la « République française n'a pas pu voir indifféremment le « passage accordé sur le territoire de la République de Gênes « à des hordes de brigands non enrégimentés, que les monta-« gnards de la Rivière eussent repoussés, si l'on n'eût para-« lysé leur bonne volonté. »

Bonaparte quitta Nice le 11 juillet. Il était accompagné par son frère Louis, par Marmont, Junot et Songis. Arrivé à Gênes dans la nuit du 15 au 16, il voyait Tilly et lui remettait la note destinée au secrétaire d'Etat. Le Doge ne résista que pour la forme. Il donna toutes les satisfactions désirables, promit qu'on cesserait de travailler à la route de Céva à Savone et s'engagea à observer la plus stricte neutralité. Le 3 septembre, il publiait même l'ordonnance suivante : « Tou-« jours ferme dans le système salutaire que nous avons « adopté d'une parfaite neutralité dans la guerre actuelle, « nous croyons que, en conséquence de ce même système, « tous les habitants de l'est de la Sérénissime république « doivent s'abstenir de prendre aucune part dans les opéra-« tions des puissances belligérantes ou de leurs armées. « Nous défendons par conséquent à qui que ce soit de servir, « travailler ou assister, sur la réquisition des commandants

(1) Lettre citée par IUNG, t. I, 433.

(2) Instructions de Ricord à Bonaparte (IUNG, t. I, 437).

« ou officiers d'aucune de ces armées, pour le transport « d'armes, artillerie, munitions, réparation de chemins ou « pour la construction de fortifications, sous peine de l'in- « dignation publique. » Il était difficile d'obtempérer avec moins dedignité à des injonctions plus raides, mais Gênes n'en était plus à compter avec les blessures d'amour-propre, et ces ménagements lamentables ne devaient pourtant pas la sauver.

Lorsque Bonaparte revint en Italie, en 1796, mais cette fois en qualité de général en chef, il n'avait pas encore, à l'égard de Gênes, d'idée politique bien arrêtée. Tantôt il penchait vers la modération, et demandait instamment qu'on renouvelât les traités de neutralité; tantôt il conseillait l'intervention directe et au besoin l'annexion. « Notre position avec Gênes est critique, écrivait-il au Directoire, le 28 mars 1796[1]... le gouvernement de Gênes a plus de tenue et de force qu'on ne croit. Il n'y a que deux partis avec lui : prendre Gênes par un coup de main prompt, mais cela est contraire à vos intentions et au droit des gens; ou bien vivre en bonne amitié, et ne pas chercher à leur tirer leur argent, qui est la seule chose qu'ils estiment. » Mais dès qu'il eut remporté ses premières victoires, le jeune vainqueur changea de ton et prit une autre attitude. Sans hésitation, il écrivit[2] à notre représentant à Gênes pour lui recommander la plus grande fermeté : « Dites bien au gouvernement génois que la République française protégera Gênes et la mettra à l'abri des entreprises de ses ennemis, mais que malheur aux hommes perfides, puissants dans ce gouvernement, qui cherchent depuis longtemps à altérer l'union des deux nations et à se coaliser. S'ils manquent à ce qu'ils doivent au premier

(1) *Correspondance*, I, 110.

(2) *Id.*, 10 avril 1796, I, 120. Cf. lettre du 26 avril au Directoire (I, 180) : « Quant à Gênes, vous serez le maître de prescrire ce que vous voulez qu'on fasse. Il serait bon, pour l'exemple, que vous exigiez de ces messieurs quelques millions. Ils se sont conduits d'une manière horrible à notre égard. » — *Id.*, 29 avril, t. II, 207.

peuple du monde, bientôt ses ennemis ne seront plus, et je dirigerai mon armée selon la conduite qu'on aura tenue. »

Ces menaces épouvantèrent les Génois. Il y avait alors à Gênes, comme dans presque toutes les cités italiennes, deux partis opposés : les démocrates, qui s'appuyaient sur la France, et les aristocrates, qui comptaient sur l'Autriche et sur l'Angleterre. Les premiers appartenaient à la bourgeoisie ; ils n'avaient aucune part au gouvernement, et n'en désiraient que davantage les victoires de la France, qui auraient été comme le prélude de l'introduction des principes français et par conséquent de leur participation aux affaires publiques. Les seconds étaient à la tête des affaires et ne cherchaient qu'à s'y maintenir : aussi ne désiraient-ils que les victoires des alliés, qui les confirmeraient dans la possession de leurs privilèges héréditaires. Pendant toute l'année 1796, selon que la fortune des armes sembla vacillante ou que la victoire au contraire se déclara en notre faveur, il y eut déplacement d'influence entre les deux partis. Les ambassadeurs des puissances belligérantes essayaient de faire pencher l'opinion de leur côté. A Tilly, révoqué le 4 septembre 1794, avaient succédé Villars, puis Faypoult de Maisoncelle. Ce dernier avait fait ses études à l'école militaire de Mézières, d'où il était sorti avec le grade de lieutenant du génie. De bonne heure il se prononça pour les opinions nouvelles. Ses qualités solides et son caractère conciliant lui valurent de nombreuses amitiés. Roland le nomma chef de division au ministère de l'intérieur et Garat lui confia plus tard les délicates fonctions de secrétaire général à ce même ministère. Faypoult s'était toujours strictement renfermé dans les devoirs de sa place. Frappé par le décret qui proscrivait tous les nobles, il dut chercher en province un asile ignoré et ne sortit de sa retraite qu'après le 9 thermidor. Nommé ministre plénipotentiaire à Gênes, il y joua bientôt un rôle prépondérant, et devint le chef avoué des démocrates. Bonaparte le tenait en haute estime. Plusieurs des lettres de la Correspondance lui sont adressées[1]. En toute occasion, il s'ouvre à lui de ses projets, et lui confie ses plus secrets desseins. Faypoult en effet allait devenir entre ses mains un merveilleux instrument de désorganisation.

Les ambassadeurs de l'Autriche et de l'Angleterre se nommaient Girola et Drake. L'un et l'autre haïssaient la France de toute l'ardeur de leurs convictions, et ils mettaient au service de leur haine une énergie incomparable et une activité inouïe. Drake est ce même ministre anglais qui plus tard se rendit célèbre par les machinations et les complots perpétuels qu'il trama contre le premier consul. Son collègue Girola et lui s'efforçaient de donner du cœur aux aristocrates. Ils les engageaient à sortir de la neutralité, et leur promettaient, en cas de déclaration de guerre contre la France, les secours immédiats de leurs gouvernements respectifs. Comme l'aristocratie génoise, effrayée par les victoires répétées de Bonaparte, n'osait se prononcer ouvertement contre la France, ils essayèrent de lui forcer la main. Drake inventa et colporta de fausses nouvelles. A l'entendre, tantôt les Français avaient été anéantis par Wurmser ou par Allvintzy, il venait d'en recevoir la nouvelle officielle; tantôt au contraire ils étaient victorieux, et marchaient sur Gênes, disposés à s'en emparer. Tout d'abord on ajouta foi à ces mensonges intéressés; mais Drake en fut bientôt pour ses frais d'imagination, et, à l'exception de quelques nobles qui ne demandaient qu'à se laisser convaincre, il ne réussit qu'à exciter des sourires d'incrédulité. Il voulut alors parler de haut, et menaça Gênes de la bloquer, si elle persistait dans la neutralité. Ces menaces étaient sérieuses, car la flotte de Nelson croisait dans la rivière de Gênes, et, au premier signal de l'ambassadeur, pouvait arriver devant la ville; mais Gênes était en état de repousser une attaque de vive force. Depuis l'affaire de *la Modeste*, les forts qui l'entouraient avaient été mis en état de défense, des mercenaires avaient été enrôlés, et les

(1) Ces lettres sont remarquables par le ton de confiance et d'intimité qui y règne. Voir notamment lettre du 1er avril 1797. *Correspondance*, t. I, p. 120.

milices bourgeoises avaient reçu des armes. Les menaces de Drake ne firent pas plus d'impression que ses mensonges, et les Génois continuèrent à rester neutres.

L'ambassadeur d'Autriche, Girola, procéda avec plus d'habileté. Ses intrigues, adroitement conduites, faillirent jeter Gênes dans les bras de l'Autriche. Il existait à cette époque, enclavés dans le territoire de la République, un certain nombre de cantons, qu'on appelait les fiefs impériaux, véritables principautés qui étaient censées dépendre directement de l'Autriche, et sur lesquelles par conséquent Girola avait pleine et entière autorité. Les principaux de ces fiefs[1] impériaux étaient Arquata, Tortone, Massa, Carrare et la Lunigiane. Girola voulut en faire des centres de résistance à l'influence française, et, couvert qu'il était par la neutralité génoise, non seulement il y appela tous les mécontents, mais aussi y réunit des soldats autrichiens, surtout les prisonniers qui parvenaient à s'échapper, leur envoya des armes, de l'argent, et organisa sur les derrières de l'armée française un ardent foyer de réaction. Un noble génois, le marquis de Spinola, possédait d'importantes propriétés dans l'un de ces fiefs, à Arquata. Gagné par Girola qui lui promettait monts et merveilles en cas de réussite, il souleva plusieurs milliers de paysans, et fit de sa seigneurie d'Arquata le centre de l'insurrection[2]. Ce mouvement pouvait, en s'étendant, devenir dangereux. Déjà tous nos traînards étaient assassinés, nos courriers arrêtés et maltraités, les petits détachements qui rejoignaient l'armée insultés et menacés. Quatre à cinq mille

(1) Deux de ces fiefs repoussèrent toutes les ouvertures de Girola. Pour les récompenser, Bonaparte leur accorda une sorte d'immunité. « Il n'y sera frappé aucune réquisition, à moins d'ordres particuliers. Défense sera faite par le général en chef de l'armée d'Italie, aux différents employés de la République française, de donner aucune espèce d'ordre dans ces susdits fiefs. » Tortone, 13 juin 1796. *Correspondance*, t. I, p. 307.

(2) Lettre de Bonaparte au Directoire, le 11 juin 1796. *Corresp.*, I, 415. « Les grands chemins de Gênes à Novi ont été couverts de nos courriers et de nos soldats assassinés. Les assassins, protégés dans la République, se vantaient publiquement... du nombre d'hommes qu'ils avaient assassinés. On espérait que tant de raisons d'inquiétude ralentiraient notre marche et nous obligeraient à affaiblir notre corps d'armée. »

paysans bloquaient même dans le Montferrat quelques-unes de nos garnisons. Le général d'artillerie Dujard venait d'être tué, et les assassins, protégés par la connivence du Sénat de Gênes, se vantaient publiquement, à Novi et dans d'autres localités, du nombre de leurs victimes[1].

Aussi bien il est bon de rappeler que, de tout temps, dans les montagnes de la Ligurie, se sont maintenues des bandes armées, véritables brigands comme il s'en rencontre encore dans quelques cantons de Grèce ou de Sicile, qui pillaient amis ou ennemis, et, sûrs de l'impunité à cause de la faiblesse ou de l'apathie de Gênes ou du Piémont, étaient arrivés à se constituer régulièrement. On les nommait les *Barbets*. Profitant des circonstances pour couvrir du beau nom de zèle politique leurs vols éhontés, les Barbets s'étaient posés comme les défenseurs de l'indépendance nationale. Deux de leurs chefs, Ferronne et Contino, prétendus champions de la cause patriotique, mais en réalité simples mercenaires soudoyés par Girola, s'étaient joints aux bandes insurgées dans les fiefs impériaux, et rendaient difficiles les communications de Bonaparte avec la France. A plusieurs reprises, Faypoult s'était plaint au Sénat de Gênes de l'appui secret qu'il prêtait à ces insurgés et à ces bandits. On lui avait promis justice, mais les déprédations continuaient. Bonaparte résolut d'en finir ; il avait eu un instant l'intention de faire arrêter Girola en pleine ville de Gênes[2], mais il ne se crut pas encore assez fort pour braver aussi ouvertement la République, et préféra user de son droit et disperser les Barbets et leurs singuliers

(1) Voir dans la *Correspondance* un rapport en date de Tortone, 13 juin 1796 : « Le général en chef porte plainte à la commission militaire contre le seigneur d'Arquata, M. Augustin Spinola, comme étant le chef de la rébellion qui a eu lieu à Arquata, où il a été assassiné plusieurs soldats, déchiré la cocarde tricolore, pillé les effets de la République, et arboré l'étendard impérial... Il demande que la commission militaire le juge conformément aux lois militaires... »

(2) Lettre de Bonaparte à Faypoult (7 juin 1796). *Correspondance*, t. I, p. 375 : « ... Je suis instruit que le ministre de l'Empereur à Gênes excite les paysans à la révolte et leur fait passer de la poudre et de l'argent. Si cela est, mon intention est de le faire arrêter dans Gênes même. »

alliés. Le général Garnier, qui était à Nice, se mit à la tête d'une colonne mobile, tomba à l'improviste sur les Barbets, et tua leurs deux chefs, Ferrone et Contino ; mais leur entière destruction était impossible dans ce pays accidenté et qu'ils connaissaient admirablement. Néanmoins leurs bandes furent désorganisées, et le brigandage réduit à des attaques isolées.

Restaient les fiefs impériaux. Bonaparte chargea le général Lannes de les réduire. Un ordre du jour impitoyable fut rédigé. Toutes les communes qui n'amèneraient pas immédiatement à Tortone trois députés avec les procès-verbaux de prestation d'obéissance à la France, seraient traitées en ennemies ; tous les seigneurs qui, dans les cinq jours, ne se rendraient pas de leurs personnes à Tortone pour y prêter serment, auraient leurs propriétés confisquées. Tous ceux qu'on trouverait nantis d'armes et de munitions seraient fusillés. « Toutes les cloches qui auront servi à sonner le tocsin seront descendues du clocher et brisées ; vingt-quatre heures après le reçu du présent ordre, ceux qui ne l'auront pas fait, seront réputés rebelles et le feu sera mis à leur village[1]. » Lannes exécuta sans rémission ces ordres draconiens. Il enferma tous les conseillers municipaux des sept à huit villages compromis, et leur annonça froidement qu'ils allaient être fusillés, si, dans un quart d'heure, ils ne donnaient pas la liste des assassins de leur village. Cette liste fut donnée. Une colonne mobile était aussitôt formée, les assassins saisis, et, sans autre forme de procès, fusillés devant leurs maisons. Arquata osa résister. Lannes s'en empara, et passa tous les révoltés au fil de l'épée. Quant au village, il fut brûlé.

Pendant ce temps, Murat se présentait de la part de Bonaparte au Sénat de Gênes. Il était chargé par lui de donner des

(1) Ordre du jour du 14 juin 1796. *Corresp.*, I, 101. On peut rapprocher de cet ordre du jour la lettre du 16 juin (*Correspondance*, I, 110) adressée au gouverneur de Novi : « Vous donnez refuge aux brigands, les assassins sont protégés sur votre territoire ; il y en a aujourd'hui dans tous les villages. Je vous requiers de faire arrêter tous les habitants des fiefs impériaux qui se trouvent aujourd'hui sur votre territoire. Vous me répondrez de l'exécution de la présente réquisition. Je ferai brûler les villes et les maisons qui donneront refuge aux assassins ou ne les arrêteront pas. »

explications sur l'exécution d'Arquata. Le choix du négociateur était prémédité. Bonaparte avait pris la précaution de s'expliquer sur ce point avec Faypoult : « Si vous présentiez ma lettre, lui avait-il écrit, il faudrait quinze jours pour avoir réponse, et il est nécessaire d'établir une communication plus prompte, qui électrise davantage ces messieurs. » Or, le bouillant et impétueux Murat était fort capable d'*électriser* les sénateurs génois. Il entra à Gênes comme dans une ville conquise, annonça qu'une commission militaire avait fait justice des principaux insurgés, et demanda, en outre, que le Sénat expulsât immédiatement l'ambassadeur Girola, punît Spinola de sa coupable conduite en confisquant ses biens et en prononçant son exil, enfin changeât les gouverneurs dont les sentiments étaient notoirement hostiles à la France. Si le Sénat éprouvait quelque velléité de résistance, Murat avait reçu l'ordre de menacer les Génois d'une punition exemplaire. Voici, du reste, les quelques passages de la lettre de Bonaparte qu'il était chargé de leur lire[1] : « Pour l'avenir, je vous demande une explication catégorique. Pouvez-vous, ou non, purger le territoire de la République des assassins qui le remplissent ? Si vous ne prenez pas des mesures, j'en prendrai. Je ferai brûler les villes et les villages où sera commis l'assassinat d'un seul Français et les maisons qui donneraient asile aux assassins. Je punirai le magistrat négligent qui aura transgressé le premier les principes de la neutralité en accordant asile aux brigands. »

Pour mieux appuyer ces menaces, Bonaparte écrivait en même temps à Faypoult[2] en lui annonçant sa prochaine arrivée à la tête des régiments victorieux de l'Autriche. Certes, l'aristocratie génoise aurait eu le droit de repousser

(1) *Correspondance*, 10 juin 1796, I, 405.

(2) *Correspondance*, t. I, p. 453. Roverbella, 5 juillet 1796 : « Si la République de Gênes continue de se conduire comme elle aurait dû ne jamais cesser de le faire, elle évitera les malheurs qui sont prêts à tomber sur elle. Il nous faut quinze millions d'indemnité pour les bâtiments que, depuis cinq ans, elle laisse prendre sur sa côte... Mes troupes sont en marche. Avant cinq jours j'aurai 18,000 hommes sous Gênes. »

de pareilles prétentions ; mais elle eut peur d'engager avec le jeune conquérant une lutte dont l'issue n'était que trop facile à prévoir. Elle se soumit à toutes ses exigences. Non seulement la commission militaire française fonctionna librement sur le territoire génois, mais encore Spinola reçut un ordre d'exil, et l'ambassadeur d'Autriche Girola fut prié de sortir immédiatement de Gênes et de la République génoise.

Girola ne renonça pas à la lutte. Il s'était réfugié dans la vallée de la Scrivia, au château de Santa Margarita et continuait à y ourdir de nouvelles intrigues contre la France. Peu à peu, les débris des Barbets et des bandes d'Arquata se groupèrent autour de lui (juin-juillet 1796). Wurmser, informé de ce rassemblement, et comptant sur une diversion, lui fit passer des armes et des officiers instructeurs. Santa Margarita fut comme le rendez-vous des déserteurs et des prisonniers de guerre évadés. Un prêtre, Coirazza, excitait jusqu'au fanatisme ces bandes inexpérimentées ; Malaspina, le seigneur du château, leur prêtait l'appui de son nom et de ses richesses. Enfin le résident anglais à Gênes, Drake, vint les rejoindre à la suite d'une affaire assez étrange. Les Anglais, renouvelant leur triste exploit de *la Modeste*, venaient de s'emparer d'une tartane française dans la rade génoise de San Pietro d'Arena. Les Génois avaient essayé cette fois de défendre leur neutralité en tirant contre les vaisseaux anglais quelques coups de canon. Nelson avait aussitôt demandé satisfaction, et, comme il ne l'avait pas obtenue, comme au contraire les Génois avaient provisoirement fermé tous leurs ports aux Anglais, il s'en vengea en occupant l'île génoise de Capraja. Aussitôt Drake reçut l'ordre de quitter le territoire. Il n'obéit qu'à moitié, car il rejoignit Girola à Santa Margarita (septembre). Cette fois, Bonaparte, qui était au courant de toutes ces menées, résolut d'agir. Le commandant français de Tortone cerna le château, mais des souterrains existaient, dont on n'avait pas connaissance, et par lesquels s'enfuirent Girola, Drake, Coirazza,

Malaspina, en un mot tous ceux qu'on avait espéré surprendre, et le brigandage continua.

Bonaparte ne se faisait pas illusion sur les sentiments de l'aristocratie génoise à l'égard de la France. Vainqueur il était assuré de sa docilité; vaincu, il se savait à l'avance dévoué aux rancunes patriciennes. Or, comme il avait l'intention bien arrêtée de négliger tous les sujets de mécontentement que lui fourniraient les États secondaires, il ne voulut pas brusquer la situation. Tant que le duel engagé avec l'Autriche ne serait pas terminé à son avantage [1], il entendait avoir toutes ses forces en main, et, par conséquent ne pas en distraire une partie contre Gènes, Rome ou Naples, non pas qu'il ne fût à l'avance persuadé de l'issue de la lutte, mais il se proposait d'agir suivant les occasions, sauf à faire naître ces occasions. Sa correspondance avec Faypoult est très instructive à cet égard. Il ne lui dissimule pas son mépris [2] pour l'aristocratie génoise, et lui fait part à plusieurs reprises de son projet de la renverser; mais, comme il ne sent pas encore le terrain solide, il ne veut s'engager qu'en toute sécurité. Il prescrit donc au ministre de France d'entretenir avec le Sénat génois une querelle toujours ouverte, de telle sorte qu'on puisse ou l'assoupir ou en faire un *casus belli*, suivant les circonstances. « Je connais trop bien l'esprit du perfide gouvernement de Gênes [3], lui écrivait-il de Bologne le 22 juin 1796, pour ne pas avoir prévu la réponse qu'il

(1) Voir *Correspondance* de Bonaparte, II, 33 (2 octobre 1796) : « Il est une autre négociation qui devient indispensable : c'est un traité d'alliance avec Gênes. » *Id.*, II, 42 — (8 octobre) : « Environné de peuples qui fermentent, la prudence veut qu'on se concilie celui de Gênes jusqu'à nouvel ordre. » — *Id.*, II, 46 — (11 octobre) : « Je reviens à mon principe en vous engageant à traiter avant un mois avec Gênes. »

(2) Curieuse lettre du 15 juin 1796, adressée par Bonaparte à Faypoult : « Nous avons établi beaucoup de batteries sur la rivière de Gênes. Il en faudrait vendre aujourd'hui les canons et les munitions aux Génois, afin de ne pas avoir à les garder, et de pouvoir cependant les trouver en cas de besoin. » Est-il possible de traiter avec plus de désinvolture un gouvernement étranger!

(3) *Correspondance*, t. I, p. 421. Consulter, à propos de ces ménagements calculés, le très intéressant article de M. Ludovic Sciout : *la République française et la République de Gênes*. (Revue des Questions historiques, janvier 1880.)

aurait faite. Voilà donc deux sujets de plainte. Tenez querelle ouverte sur l'un et l'autre sujet. » La lettre[1] du 11 juillet 1796 est plus explicite encore : « Le temps de Gênes n'est pas encore venu, pour deux raisons : 1° parce que les Autrichiens se renforcent et que bientôt j'aurai une bataille; vainqueur, j'aurai Mantoue, et alors une simple estafette à Gênes vaudra la présence d'une armée ; 2° les idées du Directoire exécutif sur Gênes ne me paraissent pas encore fixées. Il m'a bien ordonné d'exiger la contribution, mais il ne m'a prescrit aucune opération politique. Je lui ai expédié un courrier extraordinaire avec votre lettre, et je lui ai demandé des ordres, que j'aurai à la première décade du mois prochain. « D'ici ce temps-là, oubliez tous les sujets de plainte que nous avons contre Gênes. Faites-leur entendre que vous et moi nous ne nous en mêlons plus, puisqu'ils ont envoyé M. de Spinola à Paris... N'oubliez aucune circonstance pour faire renaître l'espérance dans le cœur du Sénat de Gênes, et l'endormir jusqu'au moment du réveil... Enfin, citoyen ministre, faites en sorte que nous gagnions quinze jours, et que l'espoir renaisse ainsi que la confiance entre vous et le gouvernement génois, afin que, si nous étions battus, nous le trouvions ami[2]. »

Un autre motif engageait encore Bonaparte à ménager Gênes pour le moment. Cette ville était en effet devenue le grand marché d'approvisionnement de nos troupes. De plus, les banquiers génois étaient nos complaisants intermédiaires pour toutes les gigantesques opérations financières[3]

(1) *Correspondance*, t. I, p. 472.

(2) Malgré ces protestations intéressées, Bonaparte avait déjà sa résolution arrêtée au sujet de Gênes. Voici, en effet, ce qu'il écrivait à Faypoult, dès le 20 juillet 1796, au sujet d'un incident vulgaire, d'une bataille des rues (*Correspondance*, t. I, p. 487) : « Je suis aussi indigné qu'il est possible de la conduite insolente et ridicule de la populace de Gênes. Je ne m'attendais certes pas à un événement aussi extravagant; cela hâtera le moment... Au reste, peut-être n'est-il pas mauvais que ces gens-là se donnent des torts : ils les paieront tous à la fois. »

(3) *Correspondance*. Lettre à Faypoult, du 11 juillet 1796 (t. I, p. 472) : « Faites passer promptement à Tortone tout ce qui se trouve chez M. Balbi.

qui étaient la conséquence de l'invasion française. Enfin les fournisseurs et les agioteurs qui avaient eu confiance en Bonaparte, et lui avaient donné les moyens d'entrer en campagne, avaient à Gênes des intérêts considérables engagés. Haller, Cerfbeer, Collaud, Flachat et plusieurs autres, avaient besoin d'une ville neutre pour y préparer et y brasser leurs affaires. Le gouvernement, lui-même, avait besoin d'un marché financier à l'abri de toute surprise. C'est à Gênes par exemple que se concentrait l'argent des contributions de guerre, et c'est de Gênes que partait l'argent nécessaire pour l'entretien de nos armées. Gênes était, en outre, devenue comme le quartier général de ceux de nos agents ou de nos officiers que Bonaparte avait chargés de reprendre la Corse aux Anglais. C'est de Gênes que partait le chef d'escadron Bonnelles[1] avec des armes et de l'argent pour nos partisans en Corse; à Gênes encore que résidaient les citoyens Broccini et Paravicini, chargés de se ménager une correspondance avec les patriotes corses; c'est un banquier génois, Balbi, qui fournissait les fonds pour l'achat des armes et l'entretien des espions. Pour tous ces motifs divers, et jusqu'à nouvel ordre, la neutralité génoise devait donc être et fut respectée. Lorsque nos victoires répétées sur l'Autriche eurent jeté l'Italie tout entière aux bras de Bonaparte, lorsque le signataire des préliminaires de Leoben se fut installé dans sa fastueuse résidence de Mombello pour y régler à son aise les affaires de la péninsule, tout changea de face. Il n'y avait plus alors besoin de dissimulation ou de ménagements. Dès le 6 juillet 1796[2], au plus

L'intention du Directoire est de réunir tout à Paris pour faire une grande opération financière. J'y ferai passer trente millions. » Cf. lettres du 22 juin 1796 (t. I, p. 421). — Du 17 juin 1796, au général Meynier (t. I, p. 412).

(1) *Correspondance*. Milan, 21 mai 1796. I, 310. *Id.*, I, 311. — *Id.*

(2) *Correspondance*. Lettre du 6 juillet 1796, datée de Roverbella : « Je pense, comme le ministre Faypoult, qu'il faudrait chasser de Gênes une vingtaine de familles qui, par la constitution même du pays, n'ont pas le droit d'y être, vu qu'elles sont feudataires de l'Empereur ou du roi de Naples; obliger le Sénat à rapporter le décret qui bannit de Gênes huit ou dix familles nobles; ce sont celles qui sont attachées à la France et qui ont, il y

fort de la lutte contre l'Autriche, Bonaparte avait écrit au Directoire, et au confident de ses secrets desseins, à Carnot, pour leur soumettre un projet de reconstitution de la République génoise. Il s'agissait d'expulser un certain nombre de familles suspectes de sympathies autrichiennes, et de confier le pouvoir aux amis de la France. « Si vous approuvez ce projet-là, ajoutait-il en forme de conclusion, vous n'avez qu'à m'en donner l'ordre, et je me charge des moyens pour en assurer l'exécution. » Or le moment semblait venu d'exécuter ce projet, et les Génois, par un inexplicable aveuglement, vinrent, pour ainsi dire, au-devant de Bonaparte, et lui fournirent l'occasion que d'ailleurs il eût fait naître.

On sait que deux partis se divisaient la ville, les démocrates soutenus par la France, et les aristocrates encouragés par l'Autriche. Les victoires de la France, la chute de l'aristocratique Venise, les réformes radicales accomplies par Bonaparte d'abord dans la Cispadane, puis dans la Cisalpine, avaient comme exaspéré les espérances et les convoitises des démocrates. Ils avaient pour chef le pharmacien Morando, républicain de l'école jacobine, sincèrement convaincu de la nécessité d'une révolution pour obtenir la liberté, dont il s'était créé un idéal fantastique, d'ailleurs, honnête et loyal, admirable instrument d'anarchie que maniaient à leur guise un certain Philippe Doria, qui n'avait que le nom de commun avec la famille patricienne des Doria, et surtout un Napolitain réfugié, Vitaliani, éloquent, aimable, persuasif, et qui tramait sous le couvert de l'ambassade française la ruine de l'état, qui lui donnait l'hospitalité. Parmi les plus zélés jacobins génois figuraient aussi Jean-Baptiste Serra[1] et son frère

a trois ans, empêché la République de Gênes de se coaliser. Par ce moyen-là, le gouvernement de Gênes serait composé de nos amis, et nous pourrions d'autant plus y compter que les nouvelles familles bannies se retireraient chez les coalisés, et dès lors les nouveaux gouvernants de Gênes les craindraient comme nous craignons chez nous le retour des émigrés. »

(1) MARCELLIN PELLET. La Révolution de Gênes en 1797. — Cf. ACH. NERI. *Un giornalista della rivoluzione genovese* (*Illustrazione Italiana*, fév. 1887). — BELGRANO, *Imbreviature di Giovanni Scriba* (1882).

Jean-Charles. Jean-Baptiste s'était rendu à Paris dans l'été de 1792 et y était devenu l'ami de Robespierre. Au *Moniteur* du 17 octobre 1792 on peut lire une longue lettre rédigée par lui où il dénonce l'existence à Gênes d'un comité autrichien et ne cache pas ses sympathies pour la France. Un de leurs amis, Gaspare Sauli, avait également voyagé en France, s'y était lié avec le frère de Robespierre, et avait, à diverses reprises, essayé de prêcher à Gênes les nouveaux principes français. Arrêtés une première fois en 1793 par les inquisiteurs d'état, et durement traités par eux, Serra et Sauli avaient été relâchés grâce au ministre de France ; mais ils n'avaient pas oublié leur captivité, et avaient juré de se venger. Aussi bien ils avaient trouvé de puissants protecteurs. Faypoult leur était tout dévoué. Saliceti, commissaire civil du Directoire, était venu tout exprès s'installer à Gênes, et passait tout son temps avec eux. La boutique de Morando, une arrière-salle du Grand Café sur la piazza des Bianchi, et le palais de l'ambassade française étaient devenus les lieux de réunion habituels des démocrates. Ils y conspiraient au grand jour, et, plus le terme approchait, plus ils se croyaient sûrs du succès, et agissaient presque à découvert. Un soulèvement populaire était imminent, d'autant plus dangereux que les conjurés se sentaient soutenus par la France. L'aristocratie génoise, de son côté, ne voulut pas succomber sans essayer de lutter. A la propagande démocratique elle répondit par la propagande réactionnaire. Les riverains de la Polcevera et du Bisagno reçurent des armes. Les montagnards des Apennins promirent de les seconder. A Gênes, les deux puissantes corporations des charbonniers et des portefaix, menacées par les démocrates dans l'exercice de leurs privilèges, jurèrent de les maintenir en exterminant leurs ennemis. Des deux côtés en un mot on s'apprêtait à la lutte. L'aristocratie se crut même assez forte pour prendre les devants. Elle créa des inquisiteurs d'état avec des pouvoirs très étendus, et ces derniers ordonnèrent l'arrestation de Vitaliani. Aussitôt Faypoult le réclame comme couvert par l'immunité de l'ambassade, et le gouvernement génois a l'insigne faiblesse de le relâcher. Il eut honte pourtant de cette incroyable condescendance, et ordonna l'arrestation de deux autres démocrates connus par l'exaltation de leurs sentiments. Ce fut comme l'étincelle qui mit le feu aux poudres.

Le 21 mai 1797, plusieurs centaines de démocrates marchèrent sur le palais Ducal en hurlant la *Marseillaise*. Ils réclamaient la mise en liberté des deux dét[illegible]. Chemin faisant leur nombre augmenta; mais les Sénateurs leur répondirent avec fermeté que justice serait faite. Comme une garde imposante les défendait ; comme d'un autre côté les démocrates ne se sentaient ni assez forts ni assez bien armés pour engager tout de suite les hostilités, ils feignirent d'agréer les explications des Sénateurs, et se rendirent ensuite au palais de France. Le rôle de Faypoult était tout indiqué. Il aurait dû se renfermer dans son caractère officiel, et engager les démocrates à se disperser; mais il avait semé la discorde depuis trop longtemps pour ne pas récolter la révolte. Il répondit donc aux démocrates qu'il appuierait leurs réclamations auprès du Sénat, et, en effet, quand deux sénateurs, Durrazzo et Catanco, vinrent le prier de déclarer qu'il ne protégeait pas les démocrates, il les exhorta à modifier leur constitution et à rendre la liberté aux détenus. Le ministre de France avouait donc qu'il prenait une part effective à la conspiration, et la France, en sa personne, travaillait au renversement de l'antique constitution.

Faypoult se croyait, plus encore qu'il ne l'était, le maître de la situation. Il s'imaginait pouvoir exciter et retenir à son gré le parti démocratique. « Toujours est-il, écrivait-il à Bonaparte[1], qu'en voilà assez pour créer un fil avec lequel il sera facile de mener les conseils, les collèges, et la réformation inévitable de Gènes, avec l'accélération ou le retardement de vitesse qui nous conviendra... pour qu'il soit notoire que la France, étrangère à l'organisation politique

(1) Lettre citée par Botta, t. II, p. 151.

d'un peuple ami et indépendant, ne s'en sera mêlée que comme protectrice de la tranquillité de ce peuple. » Il se trompait : les fureurs populaires étaient déchaînées, et la révolution allait commencer.

Certains du succès depuis que l'ambassadeur de France s'était compromis en leur promettant officiellement son concours, les démocrates passèrent la nuit du 21 au 22 dans le délire de la joie, et dans l'attente de prochains désordres. Un certain nombre de Cisalpins et quelques Français se joignirent à eux. Les uns et les autres portaient la cocarde tricolore. Aux cris de vive le peuple ! vive la liberté ! ils se portèrent au palais de France, pendant que quelques-uns d'entre eux s'emparaient de la Darse, de l'Arsenal, du pont Royal, du fort de la Lanterne, et des portes Saint-Thomas et Saint-Bénigne. Ils eurent le tort de se porter aux prisons de la Malpaga, réceptacle immonde de débiteurs et de faillis, délivrèrent les prisonniers, leur donnèrent des armes, et les associèrent à leur entreprise. Les condamnés du bagne furent aussi déchaînés, et c'est avec cette escorte de voleurs et d'assassins qu'ils publièrent à grand bruit le renversement de l'aristocratie, la liberté de Gênes, l'abolition des taxes pour les pauvres, la déchéance des anciens magistrats et la nomination de leurs successeurs.

Le Sénat, surpris par cette brusque attaque, ne savait quel parti prendre. Les citoyens fidèles au gouvernement légitime restaient inactifs. Effarés, hors d'état de prendre une détermination, ils députèrent deux d'entre eux à Faypoult, en le priant de s'interposer. Faypoult ne demandait pas mieux. Il trouvait déjà que ses amis les démocrates allaient trop loin, et il avait appris avec peine la délivrance des faillis et des forçats. Il engagea donc les sénateurs à se résigner aux événements, et à réformer la Constitution dans un sens démocratique. Quatre d'entre eux furent aussitôt désignés pour s'entendre avec un nombre pareil de délégués du peuple sur les changements à opérer ; mais il était déjà trop tard !

Les démocrates, surexcités par leur premier succès, ne

voulaient plus d'un accommodement. Ils réclamaient l'abolition complète de tous les privilèges et la chute absolue de l'aristocratie. Déjà même ils entouraient en armes le palais du Gouvernement et s'apprêtaient à en enfoncer les portes à coups de canon, et à imposer de la sorte leurs volontés aux sénateurs. Mais la populace d'une grande ville est toujours assez nombreuse pour que chaque parti y recrute à sa guise des adhérents. L'aristocratie comptait parmi le peuple de nombreux partisans, surtout parmi les charbonniers et les portefaix ; les premiers, rudes montagnards habitués aux privations dans leurs ventes de l'Apennin ; les autres, robustes compagnons vivant au grand air sur les quais de Gênes. Excités par le clergé qui avait ordonné des prières de quarante heures, et moitié par haine pour les novateurs, moitié par amour de la religion qu'ils croyaient outragée, les deux corporations coururent aux armes au cris de vive Marie ! vive la religion ! Ceux des membres de l'aristocratie qui n'avaient pas encore perdu tout courage, descendent aussitôt dans la rue, et prennent le commandement de ces bandes improvisées, qu'ils conduisent au combat. La mêlée fut atroce dans ces rues étroites, surchauffées par un soleil ardent, surtout à l'Arsenal et au pont Royal, où Doria se battit avec une vaillance digne d'une cause meilleure. Les démocrates furent enfin battus, et la réaction commença. Le cadavre de Doria, frappé à la tête des siens, fut longtemps l'objet des outrages de ces furieux. Faypoult, qui avait essayé d'arrêter le massacre, fut couché en joue, et il eût été tué sans une garde de cent hommes, que lui envoya le Doge. La maison du consul de France, La Cheise, fut pillée, et quelques Français mis à mort, entre autres Ménard, commissaire de la marine. Ce qui exalta la fureur du parti victorieux, c'est qu'on trouva dans la boutique de Morando des listes de proscription préparées à l'avance d'après les règles des conspirations classiques, et des lettres, beaucoup plus compromettantes, qui prouvaient les rapports des révolutionnaires avec l'ambassade de France.

Une scène burlesque marqua cette triste journée du 23 mai.

Les démocrates avaient donné la liberté à un Turc esclave, et lui avaient appris à crier vive le peuple ! Ce Turc tombe entre les mains d'une troupe de charbonniers qui, l'entendant crier vive le peuple ! le maltraitent horriblement et le forcent à crier vive Marie ! Ramené, dans la confusion du combat, au milieu des démocrates, ce partisan improvisé de la Vierge est aussitôt par eux roué de coups. Le malheureux, meurtri, effaré, ne comprenant plus rien aux événements, disait que les chrétiens étaient devenus fous, et il avait raison !

Force était donc restée à la loi, au gouvernement établi, et les démocrates, malgré l'appui secret de la France et leurs premiers succès, étaient réduits à fuir la vengeance des patriciens : mais l'incertitude où se trouvait le Sénat sur la manière dont Bonaparte recevrait ces nouvelles le jetait dans une grande perplexité. Le Doge lui écrivit une lettre pleine de soumissions et d'excuses au sujet du meurtre des Français. Bonaparte avait été déjà informé par Faypoult de ces graves événements, et il lui avait répondu[1] sur-le-champ en lui enjoignant de quitter Gênes dans les vingt-quatre heures, si le Gouvernement ne lui accordait pas toutes les satisfactions qu'il exigeait. Il envoya en même temps son aide de camp Lavalette, avec une lettre insolente adressée au Doge,

(1) *Correspondance*, t. III, p. 75. Mombello, 27 mai 1797 : « Les puissances de l'Italie se joueront-elles donc toujours de notre sang? Je vous requiers, si, vingt-quatre heures après que mon aide de camp aura lu la présente lettre au Doge, les conditions n'en sont pas remplies dans tous ses détails, de sortir sur-le-champ de Gênes et de vous rendre à Tortone. Je crois qu'il est nécessaire de prévenir les Français établis à Gênes, qui auraient des craintes, qu'ils cherchent à se mettre en sûreté. Puisque l'aristocratie veut nous faire la guerre, il vaut mieux qu'elle se déclare actuellement que dans toute autre circonstance. Elle ne vivra pas dix jours. » — Cf. nouvelle lettre à Faypoult, du 29 mai 1797 (*Corresp.*, III, 80). — Cf. la lettre écrite au Directoire, de Mombello, le 30 mai 1797, pour le mettre au courant de l'émeute du 21-23 mai, et lui annoncer une sévère répression. T. III, p. 81 : « Les petites puissances d'Italie sont accoutumées depuis sept ans à vilipender les Français, à les laisser assassiner dans les rues et à n'avoir pour eux aucune espèce de considération ni de justice. Ce ne sera que par des exemples sévères, que par une attention soutenue du Gouvernement français pour faire punir les hommes qui, dans les différents Etats, prêchent la populace contre nous, que l'on parviendra à revêtir les citoyens français des mêmes égards que l'on a eus pour les sujets des autres puissances. » LAVALETTE. *Mémoires*.

et qu'il devait lire en plein Sénat. Quand Lavalette se présenta à Faypoult pour lui faire part de sa mission, ce dernier lui objecta que jamais étranger n'avait paru devant le Sénat présidé par le Doge. « Il serait bien plus étrange, répondit l'aide de camp, qu'un ordre du général Bonaparte ne fût pas exécuté. Je me rendrai dans une heure au palais, et j'entrerai au Sénat sans m'occuper des formes de l'étiquette. » En effet, une demi-heure après, Lavalette était introduit, et, le sabre au côté, le poing sur la hanche, il donnait lecture de la lettre suivante, qui mérite d'être citée dans son intégralité, comme donnant la note exacte de la jactance française et de la faiblesse italienne, aux temps troublés dont nous avons essayé de retracer l'histoire [1].

« Sérénissime Doge, j'ai reçu la lettre que votre Sérénité s'est donné la peine de m'écrire. J'ai tardé à y répondre jusqu'à ce que j'aie reçu les renseignements sur ce qui s'était passé à Gênes, et dont votre Sérénité m'a donné la première nouvelle. Je suis affligé et sensiblement affecté des malheurs qui ont menacé et menacent encore la République de Gênes. Indifférente à vos discussions intérieures, la République française ne peut pas l'être aux assassinats, aux voies de fait de toute espèce qui viennent de se commettre dans vos murs contre les Français. La ville de Gênes intéresse sur tant de points la République française et l'armée d'Italie, que je me trouve obligé de prendre des mesures promptes et efficaces pour y maintenir la tranquillité, y protéger les propriétés, y conserver les communications, et assurer les nombreux magasins qu'elle contient. Une populace effrénée et suscitée par les mêmes hommes qui ont fait brûler la *Modeste*, aveuglée par un délire qui serait inconcevable, si l'on ne savait que l'orgueil et les préjugés ne raisonnent pas, après s'être assouvie du sang français, continue encore à mal-

(1) *Correspondance*, t. III, p. 75. Mombello, 27 mai 1797. — Cf. t. III, p. 84. Lettre du 1er juin 1797, adressée au Directoire pour lui annoncer qu'il va « faire peur » au Gouvernement génois, et lettre du 3 juin (t. III, p. 90) où il rend compte de la mission de Lavalette.

traiter tous les citoyens français portant la cocarde tricolore.

« Si, vingt-quatre heures après la réception de la présente lettre, que je vous envoie par un de mes aides de camp, vous n'avez pas mis à la disposition du ministre de France tous les Français qui sont dans vos prisons ; si vous n'avez pas fait arrêter les hommes qui excitent le peuple de Gênes contre les Français ; si enfin vous ne désarmez pas cette populace, qui sera la première à se tourner contre vous lorsqu'elle comprendra les conséquences terribles de l'égarement où vous l'avez entraînée ; le ministre de la République française sortira de Gênes et l'aristocratie aura existé.

« Les têtes des sénateurs me répondront de la sûreté de tous les Français qui sont à Gênes, comme les États entiers de la République me répondront de leurs propriétés.

« Je vous prie, du reste, de croire aux sentiments d'estime et à la considération distinguée que j'ai pour la personne de votre Sérénité. »

Tel était le langage superbe et injurieux de Bonaparte à un gouvernement respectable par son antiquité, et au chef d'un peuple brave et généreux. Il y eut un moment de fureur, mais trop court, dans l'assemblée. Les vieux souvenirs des temps héroïques se réveillèrent. *Ci batteremo.* Eh bien ! nous nous battrons ! s'écria un sénateur : mais cet appel aux nobles passions du cœur humain resta sans écho. Au contraire, on eût dit que les sénateurs génois avaient peur du courage de l'un d'entre eux, car ils ne songèrent plus qu'à obéir. Lavalette alla lui-même délivrer les prisonniers français qui s'attendaient à être massacrés, et les fit conduire par des officiers génois jusqu'à l'hôtel de l'ambassade, à travers les rangs pressés d'une foule qui commençait à trembler de son audace. Il demanda et obtint l'élargissement des prisonniers cisalpins, qui, pourtant, étaient venus tout exprès à Gênes pour y renverser le gouvernement, et avaient été pris les armes à la main. Enfin, il fit procéder au désarmement général. Le Sénat se prêta sans résistance à cette dernière mesure, car il craignait de se trouver à la merci d'un soulèvement populaire. Il promit même une gratification de deux livres à tous ceux qui reporteraient leurs armes au dépôt militaire; mais, quand il fallut livrer à la vengeance de Bonaparte Grimaldi et Spinola, les inquisiteurs d'État qui pourtant n'avaient fait que leur devoir en essayant de soutenir le gouvernement établi; quand il fallut se résigner à la honte d'abandonner Catanco, le sénateur qui s'était mis à la tête des charbonniers et des portefaix, l'humiliation fut profonde, et les regrets amers. Il est vrai que tout le monde avait le sentiment de l'impuissance absolue de la République. Deux divisions françaises[1] étaient déjà en marche contre Gênes. Le temps était passé de la résistance. Les patriciens génois s'inclinèrent devant la force brutale, et acceptèrent toutes les exigences de ce vainqueur sans combat.

Aussi bien le but principal de ces menaces n'était pas la libération de quelques détenus ou l'emprisonnement de trois magistrats. Dans la pensée de Bonaparte, ce n'étaient là que les côtés secondaires de la question. Ce qu'il voulait surtout, c'était un changement de gouvernement, c'était la substitution de la démocratie à l'aristocratie. Ses agents, Faypoult surtout, insistaient auprès du Sénat génois et l'engageaient à faire des concessions démocratiques, et à ouvrir une porte aux idées de réforme, s'ils ne voulaient être entraînés par elles. Ces exhortations, vivement présentées, produisirent un effet immédiat. A la vérité, le plus grand nombre des Sénateurs redoutaient ces concessions, qui ne leur rapporteraient que mépris et persécutions; l'exemple de Venise les terrifiait. Quelques-uns d'entre eux pensaient au contraire qu'une réforme était indispensable, et ils l'aimaient mieux rédigée par Bonaparte qu'imposée par la faction démocratique. Le Sénat restait donc indécis, et il se complaisait dans cette incertitude, suivant l'habitude de tous les gouvernements séniles

(1) Lettre de Bonaparte au Directoire. Mombello, 1er juin 1797 (*Corresp.*, t. III, p. 81): « Aujourd'hui arrivent à Tortone 3 à 4,000 hommes que j'y ai envoyés. Je les ferai soutenir au besoin par les 8,000 Piémontais qui sont à Novare, comme nous en sommes convenus avec l'envoyé du roi de Sardaigne. »

qui s'attachent à tout prix au *statu quo*. Mais les divisions françaises de Rusca et de Serrurier s'approchaient de Gênes. D'autres troupes s'ébranlaient de Crémone pour les appuyer en cas de besoin. Les démocrates [1], encouragés par la présence de nos troupes, relevaient la tête, et déjà reprenaient confiance. A Finale, à Savone, à Porto-Maurizio, ils avaient déjà planté des arbres de liberté, en sorte que, menacés par un parti puissant, entourés de soldats étrangers, harcelés par les agents du Directoire ou les lieutenants de Bonaparte, les sénateurs génois n'avaient même plus la liberté de délibérer. Ils se résignèrent donc à envoyer à Bonaparte trois d'entre eux, Cambiaso, Carbonara et Serra, trois patriotes éclairés et fort estimés. En même temps, ils expédièrent à Paris Rivarola, en lui recommandant, puisqu'il fallait se plier à la nécessité, de faire en sorte que l'ancienne forme de gouvernement subît le moins d'altération possible, et surtout de sauvegarder l'intégrité du territoire.

C'était à Mombello, plus encore qu'à Paris, que devaient être fixées les destinées de la République génoise. Les négociations ne traînèrent pas en longueur, car les idées de Bonaparte se trouvèrent en harmonie avec celles des négociateurs génois. Bonaparte acceptait la démocratie, mais la démagogie lui répugnait. Homme de guerre et de discipline, il cherchait avant tout à maintenir l'ordre : aussi penchait-il vers les idées modérées et confiait-il volontiers la direction des affaires à ceux qui, par raison plutôt que par sympathie, acceptaient les réformes et raisonnaient leur adhésion. Le 5 juin fut signé un traité provisoire [2]. Le gouvernement devait appartenir dorénavant au peuple tout entier, et non plus seulement aux

(1) Lettre de Bonaparte au Directoire. Mombello, 3 juin 1797 (*Correspondance*, t. III, p. 90) : « Mon aide de camp Lavalette a trouvé le peuple de Gênes extrêmement divisé. Les charbonniers et les portefaix ameutés, payés et armés par le Sénat, paraissent animés au dernier point contre les Français ; le reste du peuple, spécialement les négociants et les marchands, extrêmement bien disposés pour la République française, dont ils espèrent quelques modifications dans leur gouvernement. »

(2) Les conditions en sont énumérées dans la *Correspondance*, t. III, p. 91.

nobles, c'est-à-dire que le dogme de la souveraineté nationale était proclamé. Le pouvoir législatif était confié à deux Chambres de 300 et de 500 membres; le pouvoir exécutif à 12 sénateurs présidés par un Doge. A partir du 14 juin [1], un gouvernement provisoire de 22 membres, sous la présidence du Doge, serait institué pour ménager la transition, et une commission spéciale réglerait les détails de la nouvelle Constitution. Des articles spéciaux garantissaient le libre exercice de la religion catholique, la franchise du port de Gênes, la dette publique et la banque de Saint-Georges. La France accordait en outre le respect du territoire, et, sauf indemnité pour les Français insultés ou lésés dans les journées du 22 et du 23 mai, amnistie pleine et entière. Certes, ces modifications étaient de tous points excellentes, car le principe de l'égalité devant la loi était admis, les privilèges surannés disparaissaient, mais le principe de l'autorité était respecté et la licence comprimée. Pourtant les exaltés du parti démocratique ne se contentèrent pas de ces réformes.

La nouvelle du traité de Mombello ne fut connue à Gênes que le 14 juin. Les rues et les places publiques sont aussitôt encombrées par la foule, qui pousse des cris de joie en apprenant la chute de l'aristocratie. Des arbres de liberté sont dressés sur les places publiques [2]. Les cocardes tricolores sont également arborées. Quelques dames avaient préparé des bonnets à trois couleurs, qu'elles appelaient bonnets de

(1) Lettre du 7 juin 1797 adressée au Doge pour l'avertir que la convention est signée et lui communiquer la liste du gouvernement provisoire de vingt-deux membres (*Correspondance*, t. III, p. 100). Même date, lettre à Faypoult (III, 102).

(2) Voir la relation adressée par un certain Poggi, dans le style emphatique de l'époque, à la Société d'instruction populaire de Milan : « Le peuple entier nageait dans les douceurs réservées aux purs républicains, si l'on en excepte le brutal oligarque qui, accroupi dans un coin secret, mordait peut-être la poussière restée veuve de son or fatal, semé mal à propos. Tout à coup la voix sonore de la Renommée annonce que, dans le quartier du Pré, le peuple dans l'ivresse a planté le premier arbre de liberté. Ce fut une voix créatrice. Dans un instant on vit des arbres se dresser sur chaque place. Gênes parut un bois, car plus de cent furent plantés dans un jour. » Ce morceau ridicule est cité par CANTU : *Histoire des Italiens*, t. XI, p. 98.

liberté : elles les distribuèrent aux démocrates, qui s'en parèrent avec bonheur. Morando ne se sentait plus d'aise. Vitaliani haranguait la multitude, et l'excitait à crier vive la liberté ! Bientôt commencèrent les excès, car l'imitation servile des tragi-comédies jacobines prévalut. La foule, guidée par Morando et Vitaliani, se porta au palais Ducal, afin de brûler le livre d'or, soigneusement déposé dans une chambre d'où il ne sortait que pour recevoir l'inscription d'une famille récemment anoblie. Ce n'était à vrai dire qu'une sorte d'almanach de la noblesse. On s'en empara après avoir brisé toutes les portes, et on le brûla sur la place d'Acqua Verde. On descendit même jusqu'à la puérilité ; car on perça à coups de baïonnette ou de sabre cet emblème innocent. En même temps le peuple brûla la chaise à porteur du Doge, l'urne au scrutin du Sénat, et quelques instruments à l'usage des patriciens. On croyait ainsi tuer l'aristocratie[1].

Une action autrement blâmable fut de renverser et de briser, dans la cour du palais Ducal, la statue d'André Doria, élevée par la reconnaissance des anciens Génois à la mémoire et aux vertus de ce citoyen éminent. On en suspendit la tête et les bras à l'arbre de la liberté, et les autres morceaux furent jetés dans les égouts[2]. Que présageaient aux vivants les outrages dirigés contre les morts illustres, et l'oubli des services éminents rendus à la patrie ? Bonaparte, et cet acte l'honore, rougit de cette lâcheté et rappela les Génois au sentiment de la pudeur en leur adressant la lettre suivante : « Citoyens, j'apprends avec le plus grand déplaisir que, dans un moment de chaleur, l'on a renversé la statue d'André Doria. André Doria fut grand marin, et homme d'État. L'aristocratie était la

(1) Poggi, cité par Cantu (*ut supra*, p. 60), raconte ainsi, dans son absurde phraséologie, cette cérémonie d'expiation : « Les cendres furent livrées au vent, qui les emporta sur la mer Tyrrhénienne pour les confondre avec celles du livre d'or naguère brûlé sur les lagunes Adriatiques, et là, sur les ailes d'autres vents, elles furent transportées au gouffre profond de l'Achéron ! »

(2) *Correspondance*, t. III, p. 134. Mombello, 10 juin 1797. Au gouvernement provisoire de Gênes. — Cf. *Giornale Ligustico*, an XIV, fas. 3-4 1887. A. N. *La statue et une médaille d'André Doria.*

liberté de son temps. L'Europe entière envie à votre ville le précieux avantage d'avoir donné le jour à cet homme célèbre. Vous vous empresserez, je n'en doute pas, à relever sa statue. Je vous prie de vouloir m'inscrire pour supporter une partie des frais que cela occasionnera, et que je désire partager avec les citoyens les plus zélés pour la gloire et pour le bonheur de votre patrie[1]. »

Aussi bien Bonaparte s'inquiétait de l'opinion publique et prenait à son égard des ménagements infinis. Il écrivait[2] à Faypoult, en le priant d'engager Poussielgue, qui maniait facilement la plume, à composer une relation de la révolution de Gênes : « Ce n'est que parce que les patriotes et les gens sages n'écrivent jamais, ajoutait-il, que l'on livre l'opinion à un tas de misérables stipendiés qui la pervertissent et tuent l'esprit public. » Une pareille invitation était un ordre auquel se conforma Poussielgue. Il composa donc la relation de la révolution de Gênes, et en envoya un exemplaire à Bonaparte qui le remercia de son attention, et écrivit tout de suite à Faypoult en le priant d'acheter pour son compte cinq cents exemplaires, non pas tant pour encourager l'auteur que pour répandre un écrit qui expliquait et justifiait son intervention à Gênes. Ingénieux et précis dans ses instructions, il recommandait en même temps à Faypoult de distribuer ces cinq cents exemplaires de façon à contenter tout le monde : « Vous m'en enverrez directement cent, lui disait-il[3], et cent autres au citoyen Girardin, libraire au Palais-Royal, sans aucune espèce de lettre d'envoi. Je vous prie d'envoyer les trois cents autres à tous nos ministres en Europe, à tous les ministres des affaires étrangères des gouvernements italiens, aux membres les plus marquants de tous les partis du conseil des Cinq Cents, des Deux Cent Cinquante, au Congrès des

(1) Cf. La curieuse lettre du 16 juin 1797, adressée au gouvernement provisoire, et renfermant, avec un appel à la concorde, des conseils de modération et de prudence (t. III, p. 131).

(2) *Correspondance*, t. III, p. 276. 9 septembre 1797.

(3) *Correspondance*, t. III, p. 227.

Grisons, aux principaux cantons de la Suisse, et à nos principaux consuls en Espagne. »

La liberté était donc proclamée à Gênes. Il fallait maintenant en régler l'exercice. Les vingt-deux membres du gouvernement provisoire avaient été choisis avec soin par Bonaparte parmi les hommes les plus connus pour leurs opinions modérées, et les plus estimés pour leurs talents. Serra, Cambiaso Pareto, Corvetto, Maglione et Ruzzo en étaient les membres les plus influents. Ils publièrent un manifeste adroit, où, tout en remerciant Bonaparte de sa bienveillance et les nobles génois de leurs généreux sacrifices, ils exhortaient les citoyens à la concorde, et leur annonçaient d'importantes améliorations.

Les principales villes du littoral s'associèrent volontiers au mouvement démocratique, et envoyèrent des adresses de félicitations. Les anciens fiefs impériaux renoncèrent même à leur précaire indépendance [1], et demandèrent à faire partie intégrante de la République. Peu à peu les esprits s'apaisaient. Tout semblait indiquer, après cette première effervescence populaire, une ère de paix et de liberté sous le patronage de la France. Les conseils municipaux s'organisèrent et on travailla à rédiger la Constitution ; mais la bonne union ne dura pas longtemps, et de nouveaux troubles éclatèrent à propos de cette Constitution.

Un des vingt-deux membres du gouvernement provisoire, l'évêque de Noli, Solari, était un des plus ardents disciples du fameux réformateur toscan, Ricci. Il fit décider que l'autorisation du gouvernement serait nécessaire pour conférer les ordres sacrés, et pour recevoir, dans les couvents, des moines

(1) Lettre de Bonaparte à Faypoult, datée de Mombello, 27 juin 1797 (t. III, p. 152), à propos de la réunion des fiefs imperiaux. L'article 11 du traité secret de Campo-Formio confirme l'annexion des fiefs impériaux : « Sa Majesté l'Empereur ne s'oppose pas à ce que la République française a fait des fiefs impériaux en faveur de la République Ligurienne. Sa Majesté réunira ses bons offices à ceux de la République française pour que l'Empire germanique renonce aux droits de suzeraineté qu'il pourrait avoir en Italie, et spécialement sur les pays qui font partie des Républiques Cisalpine et Ligurienne, ainsi que sur les fiefs impériaux. »

ou des religieuses : mesures très sages assurément, mais qui portaient un coup à la domination du clergé. De plus, Serra fit décréter que des missionnaires, envoyés par le gouvernement, prêcheraient, pendant ou après le service divin, la démocratie au peuple. Or, le clergé génois tenait à ses privilèges et son influence. Menacé par les réformes de l'évêque Solari, choqué par les innovations à tout le moins étranges de Serra, il se prononça résolument contre la nouvelle République, et, comme il était encore très puissant, surtout dans les campagnes, le nombre des ennemis de la démocratie s'accrut encore dans de fortes proportions.

Quant aux nobles, ils n'avaient pas attendu les réformes de la Commission des vingt-deux pour se prononcer énergiquement. Contenus, il est vrai, par le voisinage de l'armée française, ils n'osaient entrer en lutte ouverte, mais les principaux d'entre eux, les Spinola, Durazzo, Doria et Grimaldi, n'attendaient qu'une occasion favorable pour recouvrer leurs privilèges. Comme ils conservaient encore une nombreuse clientèle, ils entretenaient l'incertitude dans les esprits et la haine contre le nouvel ordre de choses.

A cette opposition latente, mais sérieuse, du clergé et de la noblesse, se joignait le mécontentement des gros négociants, inquiétés dans leur commerce par les rapines des Barbaresques, rapines d'autant plus fâcheuses que la France avait garanti la marine génoise contre leurs attaques. Enfin et surtout, la présence des troupes et des généraux français contribuait à aigrir les esprits, car elle démontrait ou bien que l'indépendance génoise n'était qu'un vain mot, ou bien que Bonaparte se défiait des Génois. Aussi les ennemis du nouveau régime se prévalaient-ils de la présence d'une armée française pour proclamer la ruine et la servitude de la patrie. Ils annonçaient que les forteresses de Savone et de San Remo, les seuls remparts de l'indépendance génoise du côté de la France, allaient être détruites. Ils faisaient remarquer qu'on dégarnissait l'arsenal. La noblesse, le clergé et leurs nombreux partisans fomentaient ces dispositions ennemies. Tout semblait indiquer un prochain soulèvement.

En effet la révolte éclata le 4 septembre, à la nouvelle de l'arrestation, par ordre du gouvernement provisoire, de quelques nobles, notoirement connus par leur opposition. Les paysans s'armèrent, et, pleins de fureur, marchèrent contre Gênes. Le général Duphot [1], à la tête d'une division française et des démocrates génois, se présenta au-devant des insurgés. Une bataille sanglante s'engagea dans le faubourg d'Albaro. Les paysans, fanatisés par le moine Pezzuolo et un certain Marc Antoine, résistèrent avec énergie ; mais la discipline et la science militaire triomphèrent du nombre et du fanatisme. Les révoltés s'enfuirent à la débandade.

A peine la sédition du Bisagno était-elle apaisée, que de nouveaux bruits de guerre se firent entendre dans la Polcevera. Une multitude armée, beaucoup plus nombreuse que dans le Bisagno, s'empara par surprise du fort de l'Eperon qui domine Gênes, et occupa la seconde enceinte de murailles, à l'exception de la batterie de San Benigno. L'effroi s'empara du gouvernement. La garnison était faible, des signes de rébellion commençaient à se manifester à l'intérieur, et la reddition de la ville semblait inévitable.

Duphot, qui revenait du Bisagno, ranima tous les courages, et conduisit ses soldats à une nouvelle bataille. Le combat dura quatre heures et fut vivement disputé. Chassés de leurs positions, les paysans de la Polcevera prirent la fuite, poursuivis par les démocrates, qui leur tuèrent beaucoup de monde et entassèrent dans les prisons de Gênes plusieurs centaines de captifs.

La double victoire d'Albaro et de San Benigno suffit pour arrêter toute explosion nouvelle. Tout rentra dans le repos, mais c'était un calme menaçant, celui de la terreur et nullement celui de la fidélité. La vengeance en effet suivit de près la victoire. Un conseil de guerre condamna à mort une douzaine

(1) Duphot était à Gênes depuis le 12 août. Voir lettres de Bonaparte à Faypoult (*Correspondance*, t. III, p. 232) et à Berthier (III, 231).

de paysans, d'autres furent envoyés aux galères. Quant à Bonaparte, comme ces troubles, sans l'inquiéter, l'irritaient, il résolut de sévir, et envoya le général Lannes à Gênes pour l'occuper militairement. « J'ai été très étonné, écrivait-il à Faypoult [1], d'apprendre le soulèvement des paysans de la montagne. J'ai bien reconnu là le caractère italien, dont il faut toujours se méfier. Le gouvernement provisoire est un peu jeune. Il est trop confiant. J'ai envoyé hier des ordres pour que le général-Lannes, avec une colonne mobile, se rendit à Tortone, où il sera à votre disposition. J'ai envoyé également le général Casabianca avec des sous-officiers d'artillerie et ce que demandait le général de Gênes. Qu'on punisse sévèrement les auteurs de cette insurrection, sans quoi on recommencera toujours, et vous sentez combien, surtout pour une ville de commerce, cela fait mauvais effet. Au reste, j'espère qu'au moyen de précautions [2] qu'on prendra, et de l'esprit de défiance qu'on montrera, de pareils événements ne se renouvelleront plus. »

Lannes exécuta strictement les ordres qu'ils avait reçus. La ville et les forts furent occupés par de fortes garnisons françaises, et on attendit les événements, l'arme au pied. Les Génois étaient alors dans l'épouvante. Ils venaient d'apprendre

(1) *Correspondance*, t. III, p. 276. — Passariano, 9 septembre 1797. — Cf. Lettre à Faypoult, du 10 septembre (t. III, p. 281) pour se plaindre de la faiblesse du gouvernement provisoire génois, et demander l'envoi d'otages à Milan. — Lettre au gouvernement de Gênes (10 sept.). — *Corresp.*, III, p. 285) : « Agissez avec force; faites désarmer les villages rebelles; faites arrêter les principaux coupables; faites remplacer les mauvais prêtres, chassez les curés, ces scélérats qui ont ameuté le peuple et armé le bon paysan contre sa propre cause, etc. »

(2) Voir, dans la *Correspondance* (t. III, p. 284. Passariano, 10 septembre 1797), la curieuse lettre adressée par Bonaparte à l'archevêque de Gênes, pour le remercier d'une pastorale pacifique : « J'ai cru entendre un des « douze apôtres. C'est ainsi que parlait saint Paul. Que la religion est res- « pectable lorsqu'elle a des ministres comme vous! Véritable apôtre de « l'Evangile, vous inspirez le respect, vous obligez vos ennemis à vous esti- « mer et à vous admirer; vous convertissez même l'incrédule. Pourquoi faut-il « qu'une Eglise qui a un chef comme vous ait de misérables subalternes qui « ne sont pas animés par l'esprit de charité, de paix? » et les conseils de modération qu'il adressa quelques jours plus tard (Passariano, 6 octobre, t. III, p. 366) au gouvernement provisoire.

la chute et le partage de Venise, et redoutaient pour eux un sort semblable. En face de la France menaçante, de Bonaparte impénétrable, de ses lieutenants gardant un silence de commande, les anciens partis tremblaient de peur. Ils oublièrent momentanément leurs divisions intestines pour ne songer qu'au salut commun, et supplièrent Bonaparte de les tirer d'incertitude en leur faisant connaître ses volontés et surtout en arrêtant la rédaction définitive de la Constitution.

Bonaparte se contenta d'abord de donner des conseils, et ils étaient forts sages : « J'apprends avec peine que vous êtes divisés entre vous, et que par là vous donnez un champ libre à la malveillance et aux ennemis de la liberté. Etouffez toutes vos haines et réunissez tous vos efforts, si vous voulez éviter de grands malheurs à votre patrie et à votre famille. » Il leur recommandait encore de ménager les susceptibilités religieuses, et de supprimer résolument toutes les commissions extraordinaires : « Vous ne devez pas vous gouverner par des excès, comme vous ne devez pas vous laisser périr par la faiblesse[1]. »

A ces conseils, qui risquaient de demeurer platoniques, Bonaparte, en homme pratique, joignit un projet de Constitution. La République génoise serait maintenue ; elle prendrait seulement le nom de République Ligurienne, car c'était alors la mode de ressusciter les noms antiques. Le pouvoir exécutif serait confié à un Directoire de cinq membres, et le pouvoir législatif appartiendrait à un conseil des anciens de trente membres, et à un conseil des jeunes de soixante membres. Le peuple serait convoqué dans ses comices et prononcerait, en dernier ressort, sur l'acceptation ou le rejet de la nouvelle Constitution. Bonaparte, avec une hauteur de vues et une impartialité dont on ne saurait trop le louer,

(1) Lettre de Bonaparte au président du gouvernement provisoire, 6 octobre 1797. *Correspondance*, III, 366. — Cf. lettre du 26 septembre (*Corresp.*, III, 344) au comité des relations extérieures de la République Ligurienne : « Etouffez tous les ferments de haine qui commencent à diviser votre gouvernement. Prenez garde de vous désunir. La liberté a déjà assez d'ennemis dans votre pays, sans en accroître le nombre par une défiance mal placée... »

engageait les Génois à ne pas exclure les nobles des fonctions publiques. « Ce serait une injustice révoltante, ajoutait-il[1]. Vous feriez ce qu'ils ont fait. » Il terminait par un sage appel à la concorde. « Méfiez-vous de tout homme qui veut exclusivement concentrer l'amour de la patrie dans ceux de sa coterie ; si son langage a l'air de défendre le peuple, c'est pour l'exaspérer, le diviser........ Dans un moment où vous allez vous constituer en un gouvernement stable, ralliez-vous. Faites trêve à vos méfiances ; oubliez les raisons que vous croirez avoir pour vous désunir, et, tous d'accord, organisez et consolidez votre gouvernement. »

Aussi bien Bonaparte désirait terminer cette importante affaire, avant de rentrer en France. Il ne se dissimulait pas que l'Autriche n'avait déposé les armes que momentanément, et n'attendait qu'une occasion pour revendiquer ses droits et intervenir de nouveau en Italie. Aussi s'emportait-il contre les maladroits ou les fanatiques qui, par leurs excès de zèle, compromettaient l'œuvre du gouvernement provisoire génois. Il en voulait surtout à quelques réfugiés napolitains dont les furibondes déclamations contre la religion entretenaient dans les esprits une incurable défiance. Il pressait Faypoult de leur imposer silence, et de conclure au plus vite. « Il est bien important que tout soit libre sur nos derrières, lui écrivait-il, car nous aurons besoin de toutes nos forces pour donner un vigoureux coup de collier. »

On n'osait déjà plus ne pas exécuter les ordres de Bonaparte. Faypoult comprit que le moment était passé des hésitations, et se chargea de le faire comprendre au gouvernement provisoire.

Les Génois se résignèrent. Ils étaient entre les mains de la France : mieux valait faire contre mauvaise fortune bon cœur, et accepter ce qu'on ne pouvait plus éviter. Le peuple fut donc convoqué dans ses comices le 19 janvier 1798. Malgré la pression des baïonnettes françaises, 17,000 citoyens eurent

(1) Lettre du 11 novembre 1797. *Corresp.*, t. III, p. 420.

le courage de déposer un vote négatif, mais 100,000 suffrages affirmatifs consacrèrent la ruine de l'antique indépendance. Les cinq nouveaux directeurs, Corvetto, Littardi, Maglione, Molfino et Costa furent aussitôt élus, les membres des conseils nommés, et de plates adresses de remercîment furent envoyées au Directoire.

Ainsi périt, ou du moins fut transformée, la République génoise ; mais fière, courageuse, et après avoir versé du sang pour sa défense, non pas humblement docile comme l'avait été la République Cisalpine, non pas gémissante comme le fut la République Vénitienne. Ce fut une consolation dans son infortune ; ce sera son honneur aux yeux de la postérité.

CHAPITRE III

CHUTE ET PARTAGE DE LA RÉPUBLIQUE VÉNITIENNE (1796-1797)

Grandeur et décadence de la République vénitienne. — La politique de neutralité désarmée. — Le comte de Lille est expulsé de Vérone. — Violations du territoire vénitien. — Entrée des Français à Vérone. — Le podestat Ottolini. — Ménagements calculés de Bonaparte. — Négociations d'alliance. — Les exigences de Bonaparte. — Préparatifs de guerre. — Les démocrates soulèvent Bergame, Brescia, Salo, mais ils sont écrasés. — Manifeste de Battaglia. — Les préliminaires de Leoben. — Mission de Junot à Venise. — Les Pâques véronaises. — L'assassinat de Laugier. — Mission Dona et Giustiniani. — Punition de Vérone. — Transformation de la République aristocratique en République démocratique. — Traité de Milan. — Les convoitises autrichiennes. — Mission Querini. — Motion Dumolard. — Désorganisation de la nouvelle République. — Pillages. — Négociations de Campo-Formio. — Les instructions du Directoire et les résolutions de Bonaparte. — Traité de Campo-Formio. — Comment est accueillie la nouvelle. — Les scrupules de Villetard. — Les dépouilles de Venise. — Prise de possession par les Autrichiens.

Que Bonaparte ait été l'auteur de la chute et du partage de la République vénitienne en 1797 [1], tout le monde est d'accord sur ce point : mais qu'il soit entré en Italie avec l'intention bien arrêtée de détruire Venise, et qu'il ait subordonné toute sa politique à cette arrière-pensée, nous ne le croyons pas.

(1) Consulter Daru, *Histoire de Venise*, édition 1819, t. V, et surtout t. VII, avec les pièces justificatives; -- Napoléon Ier, *Correspondance*, t. I, II, III; — Tintori, *Raccolta chronologica raggionata di documenti inediti che formano la storia diplomatica della rivoluzione e caduta della Republica di Venezia;* — Cantu, *Histoire des Italiens*, trad. Lacombe, t. XI; -- Barral, *Chute d'une république, Venise*, 1885; — Sybel, *l'Europe pendant la révolution*, trad. Dosquet, t. IV; — Botta, *Histoire d'Italie de 1789 à 1814*, t. I, II, III.

L'examen attentif des documents contemporains nous prouvera au contraire que ce furent les événements et nullement Bonaparte qui précipitèrent la chute de cette ville infortunée. Il est vrai que le général en chef de l'armée d'Italie profita de ces événements sans le moindre scrupule, et ne fit rien pour prévenir cette ruine lamentable. Il est certes bien coupable d'avoir agi de la sorte, mais il n'est pas le seul coupable. C'est ce que nous allons essayer de démontrer en instruisant à nouveau ce grand procès historique.

I

En 452 après Jésus-Christ, quelques pêcheurs, à l'approche des Huns et de leur terrible chef Attila, s'enfuirent dans les lagunes qui bordent la côte septentrionale de l'Adriatique et y bâtirent un misérable village, Venise, qui grandit peu à peu, car tous les exilés attirés en ces lieux par la facilité de la défense s'y donnèrent comme rendez-vous et grossirent la population primitive. En 697 les chefs des diverses îles se réunirent pour élire un chef unique, à vie, auquel ils donnèrent le nom de duc ou doge. Menacés par les pirates de l'Istrie, ils les repoussèrent et étendirent leur domination sur l'Illyrie. Maîtres de l'Adriatique, les Vénitiens portèrent au loin leur commerce. Les croisades augmentèrent leur prospérité en leur ouvrant le chemin de l'Orient. Venise entre alors dans la période des conquêtes ; elle couvre de ses colonies les deux rives de l'Adriatique; elle vend ses services aux croisés en obtenant le privilège de posséder dans chaque ville d'Orient un quartier à elle; elle s'empare des îles de l'Archipel et des côtes du Péloponèse. Une république rivale, Gênes, lui disputait l'empire de la Méditerranée. Elle engage avec elle un siècle de guerre, et finit par lui arracher la suprématie maritime. Elle tourne alors ses forces vers l'Italie, et conquiert successivement ce qu'on nomma depuis les états de terre ferme : Trévise, Vicence, Venise, Padoue, Brescia, Bergame, etc. Au XVe siècle Venise était une des premières puissances de l'Europe. Elle s'intitulait la *Dominante*, et cette domination elle la devait moins à ses conquêtes qu'à son prodigieux commerce. Sur toutes les côtes de la Méditerranée, elle avait des comptoirs : ses matelots étaient les meilleurs de l'Europe, ses capitaines les plus instruits, ses vaisseaux les mieux équipés. L'industrie était florissante, les beaux-arts étaient cultivés avec amour. Au XVIe siècle la décadence commence. La découverte de l'Amérique et du Cap de Bonne-Espérance la frappe d'un coup mortel, en transportant de la Méditerranée à l'Atlantique le commerce du monde. Occupée à se défendre contre les Turcs, qui lui enlèvent ses possessions de l'Archipel et de la Morée, elle laisse les Français, les Espagnols et les Allemands dominer tour à tour en Italie. A la Venise guerrière succède une Venise somptueuse et galante, ville d'intrigues et de plaisirs, et non plus d'activité et d'avenir. Dès lors elle ne vécut que par la tolérance de ses puissants voisins. Venise s'endormait. Le réveil fut terrible pour elle.

Il est vrai que les Vénitiens avaient confiance en leur gouvernement, et que ce gouvernement jouissait en Europe d'une réputation qui fut longtemps méritée. La République Vénitienne était essentiellement aristocratique. Tous les nobles formaient une assemblée nommé le Grand-Conseil. A partir de 1315 l'entrée de ce Grand-Conseil était devenue héréditaire par la création du livre d'or, registre sur lequel n'étaient inscrits que les descendants des familles qui avaient fait partie du Grand-Conseil avant cette même année. Ces patriciens inscrits au livre d'or choisissaient dix d'entre eux, le fameux Conseil des Dix, véritable ministère investi d'attributions très étendues. Ce conseil disposait arbitrairement du trésor public comme des biens et de la vie des citoyens. Pour augmenter ses pouvoirs, il choisit dans son sein, à partir de 1454, le terrible tribunal des trois inquisiteurs d'État, magistrats soupçonneux et défiants, qui avaient érigé la dénonciation en méthode gouvernementale. Les dénonciations étaient reçues dans la gueule des lions qui décoraient la place Saint-Marc. La procédure était mystérieuse, les sentences rendues et exécutées en secret. Au-dessus des inquisiteurs d'État était le Doge, personnage de représentation, chef officiel de la République, mais qui n'avait en réalité d'autres pouvoirs que ceux que lui abandonnaient les inquisiteurs d'État. Pendant plusieurs siècles ces patriciens se montrèrent dignes de la haute position qu'ils occupaient. Les noms de Cornaro, Zeno, Dandolo, Barberini, Pisani, etc., sont restés célèbres. La diplomatie vénitienne était admirablement informée; les rapports adressés à Venise par ses ambassadeurs constituent même une des principales sources de l'histoire moderne; mais bientôt les descendants dégénérés des grandes familles d'autrefois ne surent plus que se maintenir par la terreur, et jouir des énormes richesses amassées par leurs ancêtres. Peu à peu un nouvel esprit se fit jour. La bourgeoisie, systématiquement repoussée du livre d'or, et la noblesse des provinces, jalouse des privilèges que s'arrogeaient les patriciens de la capitale, unirent leurs ressentiments et leurs convoitises. On commença à parler de réformes, et de changements à introduire dans la Constitution. Ces demandes ne furent pas accueillies, mais une opposition se forma, et grandit. Il est vrai que les classes populaires, traitées avec ménagement, avec douceur même, et retenues dans une ignorance absolue, soutenaient les patriciens. L'aristocratie vénitienne avait donc pour elle l'immense majorité de la population, et l'autorité de la tradition.

Passé glorieux, gouvernement respecté, Venise, malgré sa décadence, malgré les partis qui commençaient à la déchirer, était une puissance avec laquelle il fallait encore compter. Son pavillon flottait avec honneur sur la Méditerranée Elle possédait l'Adriatique. Les îles Ioniennes lui assuraient le commerce des mers grecques. Sur les côtes d'Illyrie et de Dalmatie, des montagnards braves et énergiques et des matelots habitués à la difficile navigation de ses côtes lui fournissaient des soldats pour ses régiments et des marins pour ses équipages. Elle avait une flotte de guerre considérable, et, à Venise même, un arsenal fameux regorgeait de richesses de tout genre. Sur la terre ferme une ceinture de places fortes, Brescia, Bergame, Peschiera, Vérone, Legnano du côté de l'Italie; Palmanova, Gradisca, Udine du côté de l'Autriche, assuraient la sécurité de ses frontières continentales. Elle pouvait mettre sur pied, bien qu'elle n'eût pas fait la guerre depuis soixante et dix ans, au moins cinquante mille hommes. Les revenus, près de neuf millions de ducats, étaient bien équilibrés et suffisants pour tous les besoins. Le gouvernement vénitien faisait donc en Europe honorable figure, et personne ne se doutait encore qu'une catastrophe le menaçât.

Par malheur la politique des Vénitiens manquait de franchise. Dans le grand mouvement d'opinion qui marqua en Europe les dernières années du XVIIIe siècle, ils auraient dû prendre un parti et se prononcer ou pour ou contre la France. La France était leur alliée naturelle, puisqu'il n'existait, entre elle et Venise, aucun motif de rivalité ou de guerre, et l'Autriche était au contraire leur ennemie héréditaire [1], puisqu'elle convoitait la possession de leurs provinces continentales. Leur intérêt les poussait vers la France, mais leurs préjugés les jetaient dans les bras de l'Autriche. Les patriciens de Venise détestaient en effet l'esprit démocratique de la France et ne redoutaient rien autant que la contagion de ces principes démocratiques, en sorte que, par intérêt, ils penchaient vers l'alliance française, mais, par tempérament, redoutaient la République française. Inquiétés par la démocratie, ils se défiaient du despotisme. Dans cette incertitude, ils prirent le plus déplorable des partis, celui de la neutralité.

Les avertissements ne leur firent pas défaut. Querini, l'ambassadeur de la République à Paris, Grimani, l'ambassadeur à Vienne, San Fermo, le plénipotentiaire qu'ils envoyèrent

(1) Rapport des agents français au Directoire en 1796 et 1797. Cf. SYBEL, *Histoire de l'Europe pendant la révolution française*, t. IV, p. 190.

au congrès de Bâle, ne cessaient, dans leurs dépêches, de démontrer aux inquisiteurs d'Etat la nécessité de se prononcer. Ils leur annonçaient, pour ainsi dire jour par jour, les projets de la France contre l'Italie et spécialement contre Venise à qui elle réservait le sort de la Hollande. Ils lui dénonçaient les sourdes menées[1] des agents secrets envoyés pour disposer les esprits à la révolution. Ils les avertissaient des préparatifs de l'invasion. Le gouvernement fermait les yeux et persistait à s'endormir dans la neutralité.

Si du moins les Vénitiens s'étaient mis en mesure de faire respecter cette neutralité, c'est-à-dire de repousser toute pression extérieure et de se comporter avec la plus grande impartialité envers tous les belligérants : mais ils s'imaginèrent, très à tort, qu'en ménageant tout le monde, ils seraient eux-mêmes respectés. Quelques patriciens mieux avisés étaient partisans de ce qu'on pourrait appeler la neutralité armée. Ils voulaient que Venise se mît en état de résister aux prétentions des belligérants et de repousser au besoin ces prétentions par la force. Dès le 14 juillet 1788, l'ambassadeur de Venise à Paris, Antonio Capello, prévoyant la Révolution prochaine, et redoutant pour sa patrie les conséquences du système politique de la paix à tout prix, écrivait[2] : « La crise imprévue de la France a fait naître un nouvel ordre de choses dans le système politique général. Aujourd'hui, il faut tenir pour certain que Venise peut être très troublée dans son système de neutralité qui ne lui procurera peut-être que des embarras. Peut-il convenir à notre sécurité de rester ainsi isolés de toutes les puissances? *Se convenga alla nostra sicurezza starsene isolati da tutti gli altri?* » Ces prophétiques avertissements ne furent pas négligés. Un parti se forma; il avait pour chefs Foscarini, Barbarigo, Giustiniani, Zeno et surtout les deux procurateurs Morozini et Pezaro, qui voulaient ne pas être surpris par les événements et demandaient avec instance

(1) SYBEL. *Europe pendant la révolution française*, t. IV, p. 191.

(2) BOTTA, ouv. cit., liv. IV, p. 218.

que Venise se décidât à sortir de sa torpeur. Mais ces patriciens ne formaient qu'une imperceptible minorité. Tous les indifférents, c'est-à-dire la majorité, tous les indolents et les partisans encore rares des idées françaises, et à leur tête se trouvaient des patriciens, Georges Pisani, Valaresso, Ruzzini, Giuliani, Battaglia, Premieri, prétendaient au contraire que Venise n'avait qu'à gagner à conserver la neutralité, même désarmée, et à prouver ainsi son désir de ménager à titre égal Français et Autrichiens.

Lorsque la situation s'aggrava et que la France vit se former contre elle la première coalition, Venise conserva son attitude expectante. En 1793, le procurateur Pesaro demanda formellement la levée des milices et l'armement des lagunes. Il aurait même voulu l'alliance autrichienne. Valaresso l'emporta sur lui et rien ne fut modifié. L'année suivante, Pesaro renouvela sa demande et réunit dans le conseil 119 voix contre 67 : mais Valaresso, Battaglia, Zeno et les autres patriciens, qui venaient d'être mis en minorité, firent en sorte que les armements décidés fussent conduits avec une lenteur désespérante. Sept mille hommes furent donc, à grand'peine, réunis en quelques mois, et encore, dès l'année suivante (1795), les partisans de la neutralité désarmée prenaient leur revanche en rejetant les conseils guerriers que leur donnait l'ambassadeur anglais, le chevalier Worsley[1]. En outre ils recevaient à Venise, comme représentant de la République française, Lallement, et envoyaient à Paris, comme ambassadeur extraordinaire, Alvise Querini. Ce dernier fut reçu avec de grandes démonstrations d'amitié. On l'admit aux honneurs de la séance à la Convention Nationale, et Larévellière-Lépeaux, qui présidait, lui adressa une de ces harangues déclamatoires dont il avait le secret : « Lorsque la guerre n'avait pas encore

(1) Le chevalier Worsley, résident d'Angleterre à Venise, n'avait pas cessé de prêcher l'intervention directe. Toutes les fois qu'un courrier ou qu'un ambassadeur français passait par Venise pour se rendre en Orient, il protestait. Il aurait voulu entraîner tout de suite la République dans la coalition contre la France.

prononcé, la généreuse Venise a reçu avec éclat l'ambassadeur de la République française. La France rendra générosité pour générosité. Son alliée n'a pas hésité à saluer sa fortune incertaine; elle jouira en paix de sa fortune consolidée. La France républicaine sera plus reconnaissante que la France des rois. Venise aura pour son alliée la plus sincère la nation française. »

Les Vénitiens prirent-ils au sérieux ces déclarations emphatiques, ou s'aveuglèrent-ils de parti pris sur les dangers de l'indécision en matière politique, toujours est-il que, dans leur optimisme, non seulement ils persistèrent dans la neutralité désarmée, mais encore se firent les apôtres de cette doctrine. Ce furent eux qui, par exemple, engagèrent le grand-duc de Toscane à les imiter en reconnaissant la République Française et en signant avec elle un traité de neutralité. Ils ne devaient gagner à ces ménagements que le mépris de la France et les hostilités mal déguisées de l'Autriche, et, grâce à ce système déplorable dans lequel ils s'obstinèrent, ils ressentirent le contre-coup de tous les événements extérieurs. Ils étaient destinés à passer d'anxiétés en anxiétés, et cela dès que les belligérants se rapprochèrent de leur territoire.

En effet, tant que la guerre eut pour théâtre le Rhin, les Alpes ou les Pyrénées, c'est-à-dire de 1792 à 1796, Venise crut n'avoir qu'à se féliciter d'avoir jusqu'alors traité la Révolution française comme un objet de police et le voisinage des armées autrichiennes comme un épouvantail sans conséquences; mais ses illusions se dissipèrent dès que les Français descendirent en Italie pour y vider leur querelle comme en un champ clos. Elle ne tarda pas à comprendre non seulement que sa tranquillité était compromise, mais même que son existence était discutée. Lors des conférences de Bâle, elle avait déjà été singulièrement inquiétée par la théorie des compensations territoriales qui y avait été discutée et admise : non pas qu'elle redoutât encore une compensation donnée à ses dépens, mais elle ne pouvait se dissimuler tous les dangers de ce nouveau droit des gens, surtout pour les puissances secondaires, et peut-être se repentait-elle de ne pas s'être mise en mesure de résister aux exigences possibles de la France ou aux revendications hautaines de l'Autriche.

Bonaparte n'avait pas encore ouvert les hostilités que déjà le Directoire agissait contre Venise, comme si la République était à ses pieds. Le 1er mars 1796, Delacroix, ministre des relations extérieures, écrivait à l'ambassadeur de Venise à Paris, Querini, pour se plaindre du séjour à Vérone du comte de Lille[1], celui qui s'intitulait Louis XVIII, et exiger son renvoi immédiat. Pour donner plus de poids à sa demande, il faisait remarquer que la neutralité de Venise n'était qu'un mot vide de sens, puisque les troupes autrichiennes avaient à plusieurs reprises traversé le territoire vénitien pour se rendre dans leurs cantonnements du Milanais et dans le Piémont. Le Grand Conseil fut convoqué. Pesaro, qui penchait toujours pour la résistance, aurait voulu que le comte de Lille fût entouré des mêmes égards que par le passé. Son discours entraîna quarante-sept de ses collègues, mais cent cinquante-six se prononcèrent contre lui. On fit donc savoir au Directoire que le comte de Lille serait prié de quitter Vérone; quant au passage des troupes autrichiennes sur le territoire de la République, il était autorisé par des conventions antérieures. Le Directoire se contenta de cette demi-satisfaction, mais il exigea le départ immédiat de Louis XVIII. Lallement reçut l'ordre d'insister. Le Grand Conseil dut s'exécuter. Il le fit même avec une certaine rudesse. Délégués par les inquisiteurs d'État, Gradenigo et Carletto avertirent le prince de l'arrêté d'expulsion. Le comte de Lille obéit à la brutale nécessité qui lui imposait un nouvel exil, et quitta Vérone (21 avril), mais en exigeant qu'on effaçât le nom de sa famille du livre d'or,

(1) Le comte de Lille pourtant n'avait pas fait acte de souverain. Il vivait très retiré dans une maison de campagne appartenant au comte Gazzola. Il avait même poussé le scrupule jusqu'à ne pas faire imprimer à Vérone, ni dater de cette ville, le manifeste qu'il adressa aux Français, lors de son avènement.

et qu'on lui rendit l'armure dont Henri IV avait fait présent à la République[1].

Ce n'était que la première des exigences qui allaient être imposées à Venise. Sa faiblesse et ses complaisances les autorisaient. Bonaparte venait d'entrer en Italie et d'inaugurer cette série d'éclatantes victoires qui le conduisirent bientôt aux portes de Vienne. On a prétendu qu'il avait dès lors l'intention bien arrêtée de signer la paix aux dépens de la République Vénitienne, et qu'il n'était que l'instrument des secrets desseins du Directoire contre Venise. Il suffit pourtant de parcourir la correspondance échangée entre le gouvernement français et le général victorieux pour être convaincu que, ni d'un côté ni de l'autre, il n'y avait d'entente préalable. Bonaparte n'avait pas reçu l'ordre d'agir contre Venise, et lui-même ne nourrissait aucune prévention particulière contre l'aristocratie vénitienne ; seulement, dès qu'il se fut rendu compte de sa faiblesse et de sa décadence, il en abusa sans le moindre scrupule ; et, du jour où il pressentit qu'en sacrifiant Venise à l'Autriche il obtiendrait plus aisément la paix, il adopta contre elle une politique sans pitié, et, suivant une expression célèbre, se montra plus inexorable à son égard qu'Attila lui-même. Quant au gouvernement français, qui répugnait d'abord à l'idée de ce triste arrangement, il se laissa forcer la main, mais sans trop protester.

II

Le Piémont et le Milanais étaient conquis. Beaulieu avait été rejeté par la bataille de Borghetto jusque sous les murs de Mantoue. Ce fut à ce moment critique que le Directoire demanda à Venise une somme de douze millions, qui serait

(1) C'est à ce moment que la Russie, mécontente de cette expulsion, et dans l'espoir de susciter de nouvelles difficultés, attacha à son ambassade à Venise le principal agitateur de l'émigration française, le comte d'Antraigues.

reportée sur le passif de la République Batave qui devait pareille somme. Il réclama encore la mise sous séquestre des capitaux déposés dans les banques vénitiennes par les puissances ennemies de la France, et la confiscation de tous ceux de leurs navires qui stationnaient dans les eaux vénitiennes [1]. Sans même attendre sa réponse, qui ne pouvait être que négative, à moins que Venise ne fût décidée à se jeter dans les bras de la France, Bonaparte, poursuivant le cours de ses opérations militaires, viola le territoire vénitien.

Le général autrichien Kerpen, après la bataille de Lodi, avait traversé Brescia et entraîné une colonne française à sa poursuite. Il avait ainsi fourni à Bonaparte le prétexte dont il avait besoin pour occuper la province. En effet, dès le 29 mai, Bonaparte occupait Brescia. Il est vrai qu'il protestait de l'amitié qui unissait les deux Républiques, et annonçait [2] que ses soldats agiraient toujours en amis dévoués. « C'est pour délivrer la plus belle contrée de l'Europe du joug de fer de l'orgueilleuse maison d'Autriche que l'armée française a bravé les obstacles les plus difficiles à surmonter. La victoire d'accord avec la justice, a couronné ses efforts. Les débris de l'armée autrichienne se sont retirés au delà du Mincio. L'armée passe, pour les poursuivre, sur le territoire de Venise, mais elle n'oubliera pas qu'une longue amitié unit les deux Républiques. La religion, le gouvernement, les usages, les propriétés seront respectés. Que les peuples soient sans inquiétude ; la plus sévère discipline sera maintenue ; tout ce qui sera fourni à l'armée sera exactement payé en argent. Le général en chef engage les officiers de la République de Venise, les magistrats et les prêtres, à faire connaître ces sentiments au peuple afin que la confiance cimente l'amitié qui depuis longtemps unit les deux nations. Fidèle dans le chemin de l'honneur comme dans celui de la victoire, le soldat

(1) D'après BOTTA (liv. VI, p. 445) : « Le Directoire ne désirait-il pas à cet égard un refus plutôt qu'un consentement ? Je le croirais volontiers, si je ne savais d'ailleurs que la docilité même de Venise n'eût pas assuré son salut. »

(2) Proclamation de Brescia, 29 mai 1796. *Correspondance*, t. I, p. 332.

français n'est terrible que pour l'ennemi de sa liberté et de son gouvernement. »

Ce n'étaient là que de banales protestations. En réalité Bonaparte agissait comme en pays ennemi. Deux jours après l'occupation de Bergame, il entrait à Peschiera [1], autre place vénitienne, que les Autrichiens avaient déjà à maintes reprises traversée et même qu'ils venaient d'occuper, et ordonnait à Masséna de pousser sur Vérone, et de s'emparer des ponts de cette ville, afin de dominer le cours de l'Adige. A Vérone se trouvait alors, en qualité de provéditeur général des provinces de terre ferme, Nicolo Foscarini, ancien ambassadeur de Venise à Constantinople. Sommé par Bonaparte de venir le trouver à son quartier général de Peschiera, il n'obéit qu'en tremblant. Il se considérait presque comme une victime expiatoire. « Je pars, écrivait-il [2] au grand conseil, que Dieu daigne bénir mes efforts et me recevoir en holocauste! » et dans une autre lettre : « J'ai rempli mon devoir de citoyen. Je suis allé à Peschiera; je me suis trouvé entre les mains des Français; j'ai traversé les longues colonnes de ces farouches soldats. J'ai vu le général Bonaparte. » Ce dernier comprit tout de suite le parti qu'il pouvait tirer de l'épouvante du provéditeur. Il affecta une grande colère [3], et annonça qu'il avait reçu l'ordre de brûler Vérone, si on ne lui en ouvrait aussitôt les portes. Éperdu, Foscarini offrit de recevoir les Français. Il ne se crut en sûreté que lorsqu'il se fut retiré. Bonaparte se serait bien gardé de le retenir. Foscarini en effet communiqua aux Véronais la terreur qui le paralysait. A peine eut-il annoncé que les Français arrivaient que les patriciens et les riches bourgeois émigrèrent en toute

(1) *Correspondance*, t. I, p. 311. Lettre à Masséna.

(2) Lettres de Foscarini du 31 mai et du 1er juin 1796, citées par DARU, t. V, p. 214.

(3) Lettre de Bonaparte au Directoire, Peschiera, 1er juin 1796 (*Correspondance*, t. I, p. 316) : « Je me suis fort brouillé avec M. le provéditeur général sur ce que la République a laissé occuper par les Impériaux Peschiera, qui est une place forte, mais, grâce à la victoire de Borghetto, nous nous en sommes emparés, et je vous écris aujourd'hui de cette ville. »

hâte[1]. Les routes qui conduisaient à Venise furent en un instant encombrées. Les barques et les radeaux descendirent l'Adige chargés de passagers de toute condition qui se redisaient avec effroi que le général avait promis de brûler la ville[2], pour la punir d'avoir donné asile à Louis XVIII. Pendant ce temps les troupes de Masséna prénaient possession de cette citadelle (1er juin), qui aurait pu si longtemps les retenir, et complétaient leur mouvement offensif en occupant quelques jours plus tard Legnano et la Chiusa.

Le gouvernement vénitien fut effrayé par la rapidité de cette prise de possession, mais il ne pardonna pas à Bonaparte de l'avoir réveillé de sa torpeur[3], et, dès ce moment, le considéra comme le pire de ses ennemis. Aussi bien, on comprend que ces patriciens, fiers à l'excès et jaloux de leurs privilèges, n'avaient accepté qu'à contre-cœur les humiliations dont on les abreuvait. Ils détestaient déjà les principes français, mais quand une armée française, enorgueillie par vingt victoires, commandée par d'incomparables généraux, se fut établie à demeure sur leur territoire, vivant à leurs dépens, réquisitionnant effets de subsistance, approvisionnements et munitions, imposant ses volontés à tous les fonctionnaires ; lorsque surtout la noblesse provinciale et la bourgeoisie, déjà mécontentes et aspirant à des réformes, furent ouvertement encouragées par la présence de nos troupes à renouveler ces demandes de réforme ; les patriciens de Venise eurent alors peine à contenir l'expression de leur fureur. Ils auraient dû avoir la franchise de leurs opinions, se jeter dans les bras de l'Autriche et nous déclarer la guerre. C'est ce que voulaient quelques-uns d'entre eux, en qui semblait revivre l'ardeur de

(1) Botta, liv. VII, p. 10.

(2) Id., Vérone, 3 juin (*Correspondance*, t. I, p. 350) : « Je n'ai pas caché aux habitants que, si le roi de France n'eût évacué la ville avant mon passage du Pô, j'aurais mis le feu à une ville assez audacieuse pour se croire la capitale de l'Empire français. »

(3) Dès le 2 juillet le doge écrivait à Querini à Paris pour se plaindre de la brutalité de nos soldats, de leurs réquisitions incessantes et surtout « *della continua dilatazione di truppe in nuovi puncti dello stato nostro* ».

leurs ancêtres. Ainsi, le podestat de Bergame, Ottolini[1], écrivait qu'on pouvait compter sur environ dix-huit mille montagnards, bien armés, mais à qui manquaient des officiers pour les conduire au feu. Les inquisiteurs d'État, de leur côté, transmettaient au gouvernement la communication suivante[2] : « Si Venise n'arme pas avec énergie, elle sera foulée aux pieds comme les autres. Il est vrai qu'il est tard ; il serait possible que, s'ils remarquaient des préparatifs considérables, les Français voulussent en connaître l'objet, mais en les faisant dans l'intérieur du Dogado, ils seront moins facilement aperçus. D'ailleurs, on pourra dire qu'on prend des précautions pour contenir le peuple mécontent et pour repousser les Autrichiens. Cette réponse leur donnera à réfléchir. Aux armes donc ! Aux armes ! et qu'il n'y ait pas moins de quarante mille Esclavons et de quatre mille cavaliers, si l'on ne veut pas être mis sous le joug. » Ces exhortations produisirent leur effet. Les milices furent levées, de nombreux mercenaires enrôlés, tous les vaisseaux reçurent l'ordre de rentrer à Venise, l'arsenal redoubla d'activité, des impositions extraordinaires furent votées et les dons patriotiques acceptés. Tout annonçait la guerre, et le gouvernement paraissait décidé à la soutenir avec énergie.

Ces préparatifs hostiles n'avaient échappé ni à Bonaparte ni à ses lieutenants. L'un d'entre eux, brave soldat plutôt que bon observateur, Augereau, les avait pourtant signalés à son chef[3] : « Je m'aperçois, général, lui écrivait-il, et je suis même certain que les Vénitiens, bien loin de vouloir observer la neutralité à notre égard, préparent et fomentent sourdement des actes d'hostilité contre nous. Je ne puis en douter, puisque les hostilités commencent déjà. Une de mes patrouilles ne saurait aller à une lieue de son camp sans être accueillie et fusillée par les paysans qui se rassemblent en

(1) Rapport du podestat Ottolini (15 juin 1796).

(2) Cité par Daru, V, 222.

(3) Lettre d'Augereau à Bonaparte (Vérone, 31 août 1796), citée par Daru, VII, p. 260.

armes au son du tocsin. Plusieurs volontaires ont déjà été assassinés sans que j'aie pu découvrir les coupables et avoir justice. Ce matin, à deux heures, mon avant-poste de cavalerie a été attaqué par une avant-garde de hussards ennemis. D'après des renseignements certains, cette troupe était guidée par des nobles du pays... Il en est un surtout dont j'ai le nom, qui promet de se défaire des généraux, en leur faisant tendre des embuscades... Il est donc temps de voir les intentions du gouvernement de Venise, qu'il nous dise si nous sommes en guerre ou en paix avec lui. »

C'était justement la réponse que Venise ne voulait donner à aucun prix. Il était dans les traditions de la République de dissimuler jusqu'au dernier moment. Cette politique fausse et tortueuse ne convenait plus aux circonstances. L'aristocratie vénitienne ne comprit pas que le temps était passé des réserves diplomatiques et des finesses d'autrefois. Elle affecta de garder la plus stricte neutralité; au moment même où elle annonçait au podestat [1] de Bergame l'envoi d'un général, Noveller, pour commander ses bandes improvisées, elle lui ordonnait de ne rien précipiter, et surtout de garder le secret le plus absolu. A l'heure précise où de tous les côtés ses soldats couraient aux armes, elle envoyait deux députés [2] à Bonaparte pour endormir ses défiances. Elle était, en un mot, décidée à la guerre, mais elle se réservait de choisir et son jour et son heure.

Malheureusement pour Venise, Bonaparte avait beaucoup trop de pénétration pour ne pas percer à jour cette politique

(1) Dépêche citée par la *Raccolta chronologica*, etc. « Dans l'impossibilité de déterminer toutes les circonstances et de donner cours dès à présent à une chose si délicate, nous nous bornons à vous charger de manifester aux députés des divers cantons l'approbation du Sénat et la nôtre. Ils en verront un témoignage dans le soin qu'on a pris de leur envoyer le sergent général Noveller, homme de beaucoup d'expérience, qui, de vive voix, fera part à Votre Seigneurie de ses instructions... Il faut surtout éviter tout mouvement prématuré qui serait dangereux, et peut-être même fatal. »

(2) Ils se nommaient Battaglia et Erizzo. Le rapport des deux envoyés, daté de Vérone le 5 juin 1796, a été inséré dans le *Raccolta chronologica*. Il est conforme à la dépêche adressée par Bonaparte au Directoire le 7 juin.

sénile. Il savait que les Vénitiens tomberaient sur lui au premier échec, mais d'un autre côté il n'ignorait pas qu'ils attendraient jusqu'au dernier moment pour se jeter sur son flanc. Il accueillit donc les députés de Venise, et feignit même d'agréer leurs excuses : mais il accumula les griefs, et eut grand soin de tenir ce qu'il appelait une querelle ouverte. Il ne désirait pas, en effet, se brouiller du jour au lendemain avec Venise, et lui aussi voulait se réserver pour l'heure favorable. A trompeur trompeur et demi. Aussi bien la dépêche qu'il adressa à ce propos au Directoire ne laisse aucun doute sur ses intentions [1] : « Le Sénat de Venise vient de m'envoyer deux sages du Conseil pour s'assurer définitivement où en étaient les choses. Je leur ai renouvelé mes griefs, je leur ai aussi parlé de l'accueil fait à Monsieur, je leur ai dit que, du reste, je vous avais rendu compte de tout, et que j'ignorais la manière dont vous prendriez cela ; que, lorsque je suis parti de Paris, vous croyiez trouver dans la République de Venise une alliée fidèle au principe, que ce n'était qu'avec regret que leur conduite à l'égard de Peschiera m'avait engagé à penser autrement ; que du reste je croyais que ce serait un orage qu'il serait possible à l'envoyé du Sénat de conjurer. En attendant ils se prêtent de la meilleure façon à me fournir ce qui peut être nécessaire à l'armée. Si votre projet est de tirer cinq ou six millions de Venise, je vous ai ménagé exprès cette espèce de rupture... Si vous avez des intentions plus prononcées, je crois qu'il faudrait continuer ce sujet de brouillerie, m'instruire de ce que vous voulez faire, et attendre le moment favorable que je saisirai suivant les circonstances, car il ne faut pas avoir affaire à tout le monde à la fois. »

De cette dépêche ressort la preuve de la non préméditation des desseins de Bonaparte contre Venise. Ni lui ni le Direc-

(1) Milan, 7 juin 1769 (*Correspondance*, t. I, p. 372). Cf. dépêche de Roverbella (4 juin) adressée à Lallement (*Correspondance*, t. I, p. 362) : « Il ne faut pas cependant nous brouiller avec une République, dont l'alliance nous est utile. »

toire n'avaient encore résolu, comme on l'a écrit et répété à tort, de partager la République vénitienne.

Le jour même où l'armée française franchissait le Pô, le 7 mai 1796, voici en quels termes le Directoire traçait à Bonaparte le plan de la conduite à tenir avec Venise [1]. « Venise sera traitée comme une puissance neutre, mais elle ne doit pas s'attendre à l'être comme une puissance amie; elle n'a rien fait pour mériter nos égards. » Huit jours plus tard, le 18 mai [2], les prétentions du Directoire augmentaient déjà : « La République de Venise pourra peut-être nous fournir de l'argent; vous pourrez même lever un emprunt à Venise. » Le 11 juin [3], nouvelles exigences. Il s'agit cette fois de confisquer les vaisseaux et les propriétés appartenant aux ennemis de la France et qui sont dans les ports de la République : « On pourra en outre lui emprunter cinq millions. » Le 18 juin [4], la somme a grossi. L'emprunt sera de douze millions. A vrai dire, le Directoire n'avait aucun plan suivi à l'égard de Venise. Il se réservait, suivant les circonstances, ou de l'imposer fortement, ou d'occuper son territoire, ou de la démembrer [5]. Dans tous les cas, il voulait exploiter la situation à son profit et contre les Vénitiens. Dès lors, sans se brouiller avec eux, il n'avait qu'à les tenir en haleine pour ainsi dire, les harceler par des plaintes ou des demandes continuelles, mais attendre pour se prononcer définitivement. Comme d'un autre côté les Vénitiens se sentaient trop faibles pour rompre avec la France, et qu'ils attendaient pour le faire une occasion favorable, leur politique était également, comme celle des Français, une politique d'expectative. C'est ainsi que s'expliquent les tiraillements, les hésitations, les demi-mesures

(1) Dépêche du Directoire à Bonaparte, DARU, VII, 253.

(2) *Correspondance*, t. I, p. 302.

(3) *Id.*, p. 255.

(4) *Id.*, p. 256.

(5) Dépêche du 1er août (DARU, VII, 259). « Le Directoire vous autorise à prendre toutes les mesures que vous vous êtes proposées, en attendant que les événements militaires, dont nous attendons l'heureuse issue, déterminent, d'une manière positive, notre conduite à l'égard de cette puissance. »

et les tromperies réciproques, qu'il nous faudra enregistrer, jusqu'à l'heure de l'explosion.

La tactique de Bonaparte, disions-nous, consistait à inquiéter les Vénitiens par des reproches incessants, afin de leur faire perdre toute présence d'esprit et mettre tous les torts de leur côté, s'il était réduit à la nécessité de les frapper avant l'heure marquée par lui. Ainsi le 7 juillet [1], il écrit au provéditeur général Foscarini pour se plaindre des assassinats commis contre des soldats français par des habitants de Ponte San Marco et réclamer une punition exemplaire. Le 8 juillet [2], nouvelle plainte au même Foscarini contre les mauvaises dispositions des Esclavons et ordre de les faire sortir de Vérone. C'est maintenant au provéditeur de Brescia qu'il s'adresse, et avec une raideur impertinente, pour lui intimer l'ordre de faire cesser les assassinats et de prendre soin des blessés dans les hôpitaux [3] : « Votre prédécesseur, ajoute-t-il, se conduisait favorablement aux Français; c'est sans doute la raison pour laquelle on l'a disgracié. Je vous prie de me faire connaître sur quoi je dois compter. Vous ne souffrirez pas que nos frères d'armes meurent sans secours

(1) Roverbella, 7 juillet 1796. (*Correspondance*, t. I, p. 472) : « Je reçois plusieurs rapports des assassinats qui ont été commis par les habitants de Ponte San Marco contre les Français. Je ne doute pas que vous n'y mettiez ordre le plus tôt possible; sans quoi ces villages se trouveraient exposés au juste ressentiment de l'armée et je ferai sur eux un exemple terrible. Je me flatte que vous ferez arrêter les coupables, et que vous placerez de nouveaux détachements de troupes dans cette ville pour assurer la communication. »

(2) Vérone, 8 juillet. (*Correspondance*, t. I, p. 463). « Il y a entre les troupes françaises et les Esclavons une animosité que les malveillants se plaisent sans doute à cimenter. Il est indispensable, pour éviter de plus grands malheurs, aussi fâcheux que contraires aux intérêts des deux Républiques, que vous fassiez sortir demain de Vérone, sous les prétextes les plus spécieux, les bataillons d'Esclavons que vous avez dans cette ville. »

(3) Castiglione, 21 juillet (*Correspondance*, t. I, p. 489). Cette question des hôpitaux de Brescia préoccupait Bonaparte. Voir lettres du 28 juillet au provéditeur (*Corresp.*, t. I, p. 499), du 12 août (I, 538), aux représentants de la ville de Brescia, et du 12 août (I, 538) au provéditeur, où il impose des réquisitions et finit par dire : « Il est indispensable que ces fournitures soient faites dans la journée. A défaut de quoi je taxerai la contribution de la ville de Brescia à trois millions, et je serai obligé de faire prendre moi-même ce que vous ne fournirez pas. »

dans les murs de Brescia, ou assassinés sur les grands chemins. Si vous êtes insuffisant pour faire la police de votre pays et pour faire fournir par la ville de Brescia ce qu'elle doit pour l'établissement des hôpitaux et les besoins de l'armée, je prendrai des mesures plus efficaces. » Parfois encore Bonaparte ne se contente pas de menacer : il agit, comme le jour par exemple où il fait couronner [1] d'artillerie française les remparts de Vérone et confisque tous les bateaux vénitiens qui sont dans le lac de Garde [2] ; ou bien encore quand il fait saisir « avec toutes les mesures de prévoyance et d'égards que l'on doit à la neutralité » soixante-cinq caisses d'effets divers, dont trois d'argenterie, appartenant au grand-duc Ferdinand [3] ; ou bien quand il ordonne aux habitants de Vérone, après la bataille de Castiglione, de déclarer à la police militaire les soldats autrichiens qui ont trouvé refuge dans les maisons de la ville ou y ont déposé des armes et des effets.

S'il ménageait si peu les Vénitiens, c'est qu'il n'attendait pour agir contre eux qu'une occasion favorable, mais, avec sa prudence ordinaire, il ne pouvait se dissimuler tous les inconvénients d'une déclaration formelle de guerre, tant que les Autrichiens ne seraient pas expulsés définitivement de la Péninsule. Aussi, dans les rapports qu'il adresse au Directoire, a-t-il grand soin de faire remarquer que le moment n'est pas encore venu, mais qu'il faut toujours se réserver un ou plusieurs prétextes d'intervention. A cet égard les trois dépêches du 12 juillet, du 20 juillet et du 26 août sont fort curieuses. « Peut-être, écrit-il dans la première [4], jugerez-

(1) Lettre au provéditeur Foscarini, 9 juillet (*Correspondance*, t. I, p. 465).

(2) Ordre au général Guillaume, Brescia, 30 août (*Correspondance*, t. I, p. 577), « de ramasser dans le lac tous les bâtiments appartenant aux Vénitiens, afin de pouvoir embarquer 3,500 hommes ».

(3) Lettre au gouverneur de Vérone, 8 août (*Correspondance*, t. I, p. 532). Ordre du 13 juillet, à l'adjudant général Vial (*Correspondance*, I, 473). Cf. lettre curieuse d'Ottolini au doge à propos de cette saisie. Il compare Bonaparte à Cromwell et à Robespierre, et parle avec indignation de ses soldats, *questi moderni vandali*.

(4) Vérone, 12 juillet. *Correspondance*, t. I, p. 413.

vous à propos de commencer dès à présent une petite querelle au ministre de Venise à Paris, pour que, après la prise de Mantoue, et lorsque j'aurai chassé les Autrichiens de la Brenta, je puisse trouver plus de facilité pour la demande que vous avez l'intention que je leur fasse de quelques millions. » « Messieurs du Sénat de Venise, écrit-il dans la seconde[1], voulaient nous faire comme ils firent à Charles VIII. Ils calculaient que, comme lui, nous nous enfermerions dans le fond de l'Italie, et nous attendaient paisiblement au retour... aujourd'hui je suis obligé de me fâcher avec le provéditeur, d'exagérer les assassinats qui se commettent contre nos troupes, de me plaindre amèrement de l'armement qu'on n'a pas fait du temps que les Impériaux étaient les plus forts, mais, par là, je les obligerai à fournir, pour m'apaiser, tout ce qu'on voudra. Voilà comme il faut traiter avec ces gens-ci. Ils continueront à me fournir, moitié gré, moitié force jusqu'à la prise de Mantoue, et alors je leur déclarerai ouvertement qu'il faut qu'ils me payent la contribution portée dans votre instruction, ce qui sera facilement exécuté. » Dans la troisième dépêche[2], écrite au moment où Bonaparte s'apprêtait à poursuivre dans le Tyrol les régiments de Wurmser, il est moins affirmatif. On voit qu'il n'est pas encore assuré de remporter la victoire : « J'ai commencé à entamer les négociations avec Venise, je leur ai demandé des vivres pour les besoins de l'armée... Dès l'instant que j'aurai balayé le Tyrol, on entamera une négociation conforme à vos instructions; dans ce moment-ci, cela ne réussirait pas. Ces gens-ci ont une marine puissante et sont à l'abri de toute insulte dans leur capitale. »

(1) Castiglione, 20 juillet. Id., t. I, p. 482. Les termes de cette lettre étaient peut-être exagérés, mais le fond était vrai. Voici comment le général Augereau rendait compte à Bonaparte des véritables sentiments qui animaient alors contre nous la majorité des Vénitiens : « Je m'aperçois et je suis même certain que les Vénitiens, bien loin de vouloir observer la neutralité à notre égard, préparent et fomentent sourdement des actes d'hostilité contre nous. Je ne puis en douter, puisque les hostilités commencent déjà. »

(2) Milan, 26 août. *Correspondance*, t. I, p. 567.

Non seulement le Directoire ne songeait pas alors à réduire Venise à l'extrémité de nous déclarer la guerre, mais encore il cherchait sérieusement à contracter une alliance avec la République. Les négociations avaient été engagées à Constantinople, dès la fin de 1795, entre notre ambassadeur Verninac et le baile vénitien Foscari. Il s'agissait d'une quadruple alliance à signer entre la France, Venise, la Turquie et l'Espagne [1]. Verninac faisait remarquer que « les circonstances les invitent à s'unir puisqu'elles leur donnent le même ennemi. Cet ennemi, qui n'est que trop connu du Sénat, c'est cette puissance inquiète qui a desséché les sources de la prospérité des provinces vénitiennes sur la terre ferme, qui, de jour en jour, fait décliner le port de Venise de son antique splendeur, qui n'aspire à rien moins qu'à dominer dans l'Adriatique après avoir envahi les importantes provinces de la côte orientale. Mais l'Autriche n'est pas le seul ennemi qui doive exciter l'inquiétude du Sénat. La Cour de Saint-Pétersbourg, qui marche aujourd'hui si ouvertement à la conquête de toute la Turquie européenne, a déjà jeté les fondements de son empire dans le cœur de la Grèce, et n'est pas moins dangereuse que la maison d'Autriche pour l'indépendance et la sûreté de la République de Venise. » L'ambassadeur de Venise à Constantinople, Foscari, et celui de Madrid, Gradenigo, appuyaient ces propositions, mais le Grand Conseil, qui ne croyait pas au succès définitif de la France, les repoussa dans la séance 27 mai 1796, et déclara qu'il persistait dans son système de neutralité. Le Directoire revint à la charge. A la fin de juillet 1796 notre ministre à Venise, Lallement, présentait au gouvernement vénitien une note fort étudiée où il était dit [2] : « Il est temps que la République de Venise sorte enfin de la longue inertie où elle croupit depuis la paix de Passarowitz, et qu'elle reprenne entre les puissances le rang qu'elle occupait avant 1718. La France lui en

(1) Note citée par Daru, t. V, p. 227. Cf. Sybel, ouv. cit., t. IV, p. 192.

(2) Daru, VII, p. 258.

offre aujourd'hui les moyens; Venise peut augmenter son territoire, acquérir des places qui consolident sa puissance et serviront à former, entre les deux républiques, un parti fédératif fondé sur leurs intérêts réciproques. » Ces avances furent inutiles. Les patriciens détestaient la révolution française. « Il n'est que trop vrai, écrivait[1] Lallement à Bonaparte, que la haine pour nous a été soigneusement fomentée, excitée, et que la plupart des têtes, même celles de plusieurs personnages importants, ont été échauffées, égarées par le fanatisme religieux. » Mais, d'un autre côté, les régiments français étaient tout près de Venise, menaçants, redoutables. Ils avaient à leur tête un général hardi, et que n'embarrassaient pas les scrupules diplomatiques. Les patriciens s'imaginèrent que l'unique moyen de tout concilier était de gagner du temps. Ils répondirent à Lallement qu'ils allaient étudier la question, et que, en attendant, ils persistaient dans leur système de neutralité.

Ni le Directoire qui croyait avoir besoin de Venise, ni Lallement qui mettait son amour-propre à obtenir cette alliance, ne se rebutèrent. Le 27 septembre notre ministre[2] présentait une nouvelle note au gouvernement vénitien, où il le mettait en garde contre l'ambition de l'Autriche, de la Russie et de l'Angleterre. Il déclarait même, et c'est la première trace certaine des projets de partage qui seront bientôt exécutés, « que l'Autriche, dans la perte éventuelle de ses possessions en Italie, entrevoyait dans les provinces vénitiennes de terre ferme le dédommagement le plus convenable du système de prépondérance dont elle ne se croyait pas encore obligée de se désister ». Lallement ajoutait ces paroles prophétiques : « Le droit public n'existe plus, et toute trace d'équilibre politique a disparu de l'Europe. Il ne reste plus de garantie aux États faibles, que celle qu'ils peuvent trouver dans la force fédérative » ; et il proposait formellement l'alliance française.

(1) Lettre de Lallement à Bonaparte, du 26 juillet 1796.

(2) DARU, V, p. 216.

« Autrement si, par égard pour ses ennemis naturels, qui méditent sa perte, elle continue de fermer les yeux sur ses véritables intérêts, elle aura laissé échapper le moment de se soustraire pour toujours à l'ambition autrichienne. Environnée de périls, privée du droit de réclamer un appui, elle aura à se reprocher d'avoir négligé les offres et repoussé l'amitié de la seule puissance de qui elle peut attendre une garantie. »

Certes ce langage était clair. Si Venise refusait notre alliance, on l'abandonnerait aux convoitises autrichiennes; on chercherait, même à ses dépens, une compensation territoriale. Ce n'était pas une menace, mais un avertissement officieux; un des directeurs, Rewbell, allait même jusqu'à prévenir l'ambassadeur de Venise à Paris que Venise pourrait bien être quelque jour occupée par l'armée française [1]. On se demande comment les patriciens de Venise se sont abusés sur leurs intérêts au point de ne pas comprendre que l'heure était venue de prendre une résolution. Leurs préjugés ou plutôt leurs haines antidémocratiques devaient être bien violents pour les aveugler ainsi! Peut-être encore restaient-ils persuadés de la vérité immuable de cette maxime politique que les Français ne peuvent longtemps rester les maîtres de l'Italie. Toujours est-il qu'ils reculèrent une fois encore devant la responsabilité d'une décision énergique, et répondirent à Lallement qu'ils étaient fort sensibles à cette proposition d'alliance, qu'ils l'en remerciaient, mais « qu'ils trouvaient, dans leurs principes de modération, de bonne intelligence et d'impartialité, la garantie de la paix et de la tranquillité de leur pays. Une conduite différente ne ferait que compromettre leur sûreté en les exposant à tomber dans le gouffre d'une guerre qui pèse sur toutes les nations, mais dont les sentiments paternels du gouvernement pour ses sujets lui rendent l'idée seule insupportable [2]. »

(1) Barral, ouv. cit. « Che non dovera dargli alcun ombra se il paviglione francese fu piantato sulle mure della Veneta citta. »

(2) Ce fut à ce moment que la Prusse, par l'intermédiaire de son représentant à Paris, baron de Sandoz-Rollin, offrit son alliance à Venise. Cette pro-

Les Vénitiens persistaient donc dans le système démodé et dangereux de la neutralité désarmée, et cela au moment où les Français et les Autrichiens s'apprêtaient à livrer sur le territoire même de la République la bataille qui allait décider du sort de l'Italie. Ils ne tardèrent pas à subir les conséquences de cette déplorable inertie. Tout d'abord, et malgré les espérances des patriciens, les Français furent encore vainqueurs, à Arcole, et à Rivoli. Bonaparte profita aussitôt de ces nouveaux succès pour redoubler d'exigences, et on dirait presque d'impertinences envers les fonctionnaires vénitiens. Voici par exemple comment il persifle le provéditeur Battaglia, qui lui avait adressé quelques observations sur la conduite de nos soldats [1] : « Je n'ai point reconnu dans la note que vous m'avez fait passer la conduite des troupes françaises sur le territoire de la République de Venise, mais bien celle des troupes de Sa Majesté l'Empereur, qui, partout où elles ont passé, se sont portées à des horreurs qui font frémir. Le style de cinq pages, sur les six pages que contient la note qu'on vous a envoyée de Vérone, est d'un mauvais écolier de rhétorique, auquel on a donné pour thèse de faire une amplification. Eh! bon Dieu, monsieur le Provéditeur, ces maux inséparables d'un pays qui est le théâtre de la guerre, produits par le choc des passions et des intérêts sont déjà si grands que ce n'est pas, je vous assure, la peine de les augmenter au centuple, et d'y broder des contes de fée, sinon rédigés avec malice, au moins extrêmement ridicules. » Puis passant tout à coup de l'ironie à la menace : « Il vous paraît, s'écrie-t-il, qu'on nous jette le gant. Êtes-vous, dans

position était intéressée. La Prusse cherchait à contre-balancer l'influence autrichienne et à prendre pied en Italie; mais l'alliance prussienne aurait sans doute sauvé Venise. Le Sénat, toujours par égard pour la neutralité, eu grand tort de la rejeter.

(1) Milan, 8 décembre 1796. *Correspondance*, t. II, p. 149. Cf. lettre analogue, du 10 décembre (t. II, p. 156), adressée au même Battaglia : « Je vous demande seulement que vous vouliez bien engager les gouverneurs qui sont sous vos ordres, lorsqu'ils auront des plaintes à me faire, qu'ils m'indiquent simplement ce qu'ils voudraient que l'on fît, sans le noyer dans un tas de fables. »

cette démarche, autorisé par votre gouvernement? La République de Venise veut-elle se déclarer aussi ouvertement contre nous? Déjà je sais que la plus tendre sollicitude l'a animée pour l'armée du général Allvintzy[1]... Malheur aux hommes perfides qui veulent nous susciter de nouveaux ennemis! Ceux qui voudraient méconnaître la puissance de la France, assassiner ses citoyens et menacer ses armées, seront dupes de leur perfidie et confondus par la même armée qui, jusqu'à cette heure et non encore renforcée, a triomphé des plus grands ennemis. »

Dans la bouche du vainqueur d'Arcole ce n'étaient pas de vaines menaces. Bonaparte éprouvait un réel mépris pour ces patriciens trop lâches pour avouer leur haine au grand jour, et dont la réputation d'habileté lui paraissait singulièrement usurpée. Il n'aurait pas mieux demandé que d'agir. Ce sont des ennemis, ne cessait-il d'écrire au Directoire. Ils ne sont retenus que par l'espoir de notre prochaine défaite. « La République de Venise a peur[2]. Elle traite avec le roi de Naples et le Pape. Elle se fortifie et se retranche dans Venise. De tous les peuples de l'Italie, le Vénitien est celui qui nous hait le plus. Ils sont tous armés, et il est des cantons dont les habitants sont braves. Leur ministre à Paris leur écrit que l'on s'arme. On ne fera rien de tous ces gens-là si Mantoue n'est pas pris. » Aussi Bonaparte les traitait-il avec un mépris extraordinaire. Il ne se contentait pas de vivre à leurs dépens, en épuisant leurs magasins, en consommant leurs munitions et en s'installant dans leurs hôpitaux, il s'emparait aussi de leurs places fortes. C'est ainsi qu'il ordonnait au général Baraguey d'Hilliers de prendre possession de la citadelle de Bergame[3] et annonçait cette nouvelle violation

(1) Confirmation de ce renseignement dans une lettre de Bonaparte au Directoire. Milan, 6 décembre 1796 (*Correspondance*, t. II, p. 141).

(2) Milan, 2 octobre 1796.

(3) Lettre au Directoire, Milan, 28 décembre (*Corresp.*, t. II, p. 204) : « Les Vénitiens ayant accablé de soins l'armée du général Allvintzy, j'ai cru devoir prendre une nouvelle précaution en m'emparant du château de Bergame, qui domine la ville de ce nom et empêcherait les partisans ennemis de venir gêner notre communication entre l'Adda et l'Adige. »

de la neutralité au provéditeur Battaglia sans même prendre la peine de s'excuser[1]. « Je vous avouerai que j'ai été bien aise de saisir cette circonstance pour chasser de cette ville la grande quantité d'émigrés qui s'y étaient réfugiés et punir un peu les libellistes qui sont en grand nombre dans cette ville, et qui, depuis le commencement de la campagne, ne cessent de prêcher l'assassinat contre les troupes de la République et qui ont jusqu'à un certain point produit un effet, puisqu'il est constant que les Bergamasques ont plus assassiné de Français que le reste de l'Italie ensemble. » On le voyait même faire acte de souveraineté, distribuer le blâme ou l'éloge aux fonctionnaires vénitiens[2], et menacer d'amende la municipalité d'une ville vénitienne, Iseo[3], qu'il accusait de favoriser la fuite des prisonniers autrichiens. Si les Vénitiens supportaient ces empiètements quotidiens, si Bonaparte de son côté affectait de croire encore à l'existence d'un gouvernement régulier, il était de plus en plus évident que la situation devenait intolérable et qu'une crise était imminente.

III

Le départ de Bonaparte pour les États héréditaires autrichiens conjura cette crise. Les Vénitiens espérèrent un instant qu'ils allaient être enfin débarrassés de cet impitoyable vainqueur, et que l'archiduc Charles, plus heureux que Wurmser et qu'Allvintzy, les vengerait de leurs humiliations. Quant à Bonaparte, qui avait besoin de toutes ses forces pour

(1) Lettre à Battaglia, du 1er janvier 1797 (t. II, p. 221).

(2) Même lettre : « Engagez le provéditeur à être un peu plus modeste, plus réservé et un peu moins fanfaron, lorsque les troupes françaises sont éloignées de lui. Engagez-le à être un peu moins pusillanime, à se laisser un peu moins dominer par la peur à la vue du premier peloton français. » Par contre, grands éloges à l'évêque de Bergame.

(3) Lettre à Battaglia, Vérone, 26 janvier 1797 (*Correspondance*, t. II, p. 281).

la campagne décisive qu'il entreprenait, et qui redoutait une diversion vénitienne sur les derrières de l'armée française, alors qu'elle serait engagée en Autriche, il résolut d'attendre encore, et de profiter jusqu'au dernier moment de cette neutralité désarmée, qui lui avait été jusqu'alors si utile. « Le moment d'exécuter vos ordres pour Venise n'est pas encore arrivé, écrivait-il au Directoire[1]. Il faut avant ôter toute incertitude sur le sort des combats que les deux armées vont avoir. » Et en effet, avant d'entrer en campagne il écrivait sur un ton singulièrement radouci à ce même Battaglia[2], que naguère il rappelait à l'ordre avec tant de sans-gêne. « Le Sénat de Venise ne peut avoir aucune espèce d'inquiétude, devant être bien persuadé de la loyauté du gouvernement français et du désir que nous avons de vivre en bonne amitié avec votre République; mais je ne voudrais pas que, sous prétexte de conspiration, l'on jetât sous les plombs du palais Saint-Marc tous ceux qui ne sont pas ennemis de l'armée française, et qui nous auraient, dans le cours de cette campagne, rendu quelques services. » Il poussait même les scrupules et les ménagements jusqu'à écrire au provéditeur d'Udine[3] pour excuser à l'avance les maux inséparables de la guerre, et lui promettre qu'il les réparerait dans la mesure du possible.

Pendant que Bonaparte, engagé au fond de l'Allemagne, et cherchant, comme il l'écrivait au Directoire[4], « à gagner du temps », affectait pour la République vénitienne une amitié toute nouvelle et des égards bien inattendus, le Sénat s'apprêtait à profiter des événements, et continuait avec activité ses armements. Il prescrivit un impôt extraordinaire de 400.000 ducats, qui fut immédiatement payé, avec un million

(1) Mantoue, 6 mars 1797 (*Corresp.*, t. II, p. 367). Cf. lettre du 24 mars (t. II, p. 415). Bonaparte, qui est alors engagé dans les défilés de l'Allemagne, ne cherche qu'à gagner du temps, et il le dit expressément.

(2) Bassano, 10 mars 1797 (*Corresp.*, t. II, p. 373).

(3) Goritz, 21 mars 1797 (*Corresp.*, t. II, p. 406).

(4) Lettre de Goritz, 24 mars 1797 (*Corresp.*, t. II, p. 415) : « Le grand point dans tout ceci est de gagner du temps. »

sous forme de contributions volontaires. Venise, toutes les places voisines et les lagunes recevaient de fortes garnisons. On mettait en état les batteries. Tous les navires de guerre étaient rentrés à l'arsenal. Dans les États de terre ferme les paysans, irrités par les excès de nos soldats, prenaient les armes, et, rien que dans la province de Bergame, le provéditeur Ottolini organisait dix-huit régiments de milice, qu'il armait en toute hâte, et dont il donnait le commandement à des officiers de l'armée régulière. Des rixes fréquentes éclataient entre les troupes françaises et les Esclavons. Il devenait dangereux pour nos compatriotes de se promener hors des villes, et même en petites troupes. Le nombre des assassinats augmentait de jour en jour. A Venise même le gouvernement ne prenait pour ainsi dire plus de précautions pour déguiser son hostilité. « Tout annonce des intentions perfides de la part du gouvernement vénitien, écrivait à Bonaparte, dès le 19 octobre 1796, le citoyen Aillaud [1]. Ses projets ne me paraissent plus un mystère. Il ne faudrait qu'un moment favorable pour les voir éclater. Nous devons avoir les yeux ouverts sur toutes ses démarches. Trop de sécurité pourrait être funeste aux armées de la République. Il y a dix-huit mois que je suis Venise. Il ne fallait qu'un coup d'œil pour voir que le Sénat était un ennemi irréconciliable de la République française. Mais dans ce moment, ce n'est plus l'aristocratie seule que nous avons à craindre, elle a monté le peuple à un tel degré d'effervescence qu'il n'attend qu'un signal pour se déchaîner contre nous. On a mis en jeu tous les ressorts du fanatisme religieux, et on l'a fait avec tant de succès qu'on entend des individus du peuple se plaindre de ce que le gouvernement ne leur permet pas de s'armer contre nous. »

Mais si nous avions des ennemis à Venise, nous y comptions aussi des amis. La preuve en est que les patriciens les surveillaient avec un soin jaloux, et, quand ils ne les jetaient pas en prison, les malmenaient ou même les forçaient à

(1) Lettre citée par DARU, t. VII, p. 267.

s'exiler. On sait que l'aristocratie vénitienne a de tout temps fait peser une véritable tyrannie sur ses sujets, surtout dans les provinces de terre ferme. Du jour où les Français descendirent en Italie en promettant à tous les peuples la liberté et l'indépendance, tous les mécontents vinrent à nous. On conspira au grand jour la chute du gouvernement vénitien, et il y eut bientôt presque dans toutes les villes un parti d'action, déterminé à se révolter pour secouer la tyrannie de Venise.

Les provéditeurs étaient au courant de cette propagande démocratique, et ils n'étaient pas tendres pour ses instigateurs. Dès le mois de juillet 1795 un Brescian était allé trouver Villars, ambassadeur français à Gênes, et le représentant du peuple Baffroi. Il leur avait annoncé qu'un complot s'était formé à Brescia contre Venise. Quelques familles nobles, les Lecchi, les Gambarra, devaient se mettre à la tête du mouvement et proclamer l'indépendance nationale. La Convention accueillit ce plan, mais elle en jugea l'exécution prématurée. Ce fut Bonaparte qui l'exécuta. En effet, au contact des Français, à l'expansion des idées libérales si longtemps comprimées, un long frémissement remua tous ceux qui s'intitulaient déjà les patriotes. Ils résolurent d'agir sans plus tarder, et de profiter de la présence des Français pour imiter leurs compatriotes de Milan, de Modène ou de Bologne.

La révolution commença à Bergame, dans cette province dont les patriciens de Venise se croyaient si sûrs, et où les paysans avaient déjà pris les armes pour courir contre les Français. Le provéditeur de Bergame, Ottolini, prévoyait cette révolution. Il accablait de ses dépêches[1] les trois inquisiteurs d'État, Barbarigo, Corner et Anzolo, et les suppliait de l'autoriser à sévir contre les perturbateurs : mais le gouvernement vénitien, craignant de se compromettre, engageait le provéditeur à patienter. Pendant ce temps les conspira-

(1) Voir le rapport d'un émissaire, Stephani, envoyé à Milan par Ottolini (10 mars 1797).

teurs, sous la protection du commandant français, prenaient tranquillement leurs dispositions. Dans la matinée du 12 mars, une pétition se couvrait de signatures pour demander la nomination d'une municipalité provisoire. Les habitants prenaient les armes, et ils votaient la réunion de Bergame à la future République italienne. Aussitôt l'étendard vénitien était renversé, et lorsque Ottolini protestait auprès du commandant de la place, Lefaivre, ce dernier le menaçait brutalement de la prison. Le provéditeur n'avait que le temps de s'enfuir à Brescia avec ses soldats, mais désarmés. La municipalité nouvelle couvrait les murs d'affiches, appelait aux armes les paysans, ordonnait l'érection dans toutes les communes d'arbres de la liberté, et, pour mieux échauffer l'enthousiasme, envoyait partout des émissaires, surtout des Cispadans et des Polonais, annoncer la bonne nouvelle.

Brescia se révoltait à son tour le 17 mars. Dans cette ville le gouvernement vénitien était représenté par le provéditeur Battaglia, investi du titre de vice-podestat. Battaglia avait à ses côtés comme commandant des troupes vénitiennes un homme fort énergique, Mocenigo, qui le poussait à la résistance. Il avait de plus été rejoint par Ottolini, qui lui apportait la liste des conspirateurs bresciens, lui indiquait le jour et l'heure du soulèvement projeté, et l'engageait à faire de ces renseignements l'usage que lui dicteraient les circonstances et le sentiment de ses devoirs. L'ambassadeur de Venise à Milan, Vincenti, l'avait également prévenu, en le conjurant de prendre des mesures sévères; mais Battaglia était comme frappé d'impuissance. Il avait peur des Français et surtout de leur général, qui ne lui avait épargné ni les récriminations ni les menaces. Il craignait d'assumer sur lui une trop lourde responsabilité en prévenant les menées révolutionnaires. Egaré par cet esprit de vertige, que nous avons déjà signalé parmi la majorité des patriciens, il voulut persister jusqu'au bout dans le système qui était celui de son gouvernement, la neutralité désarmée. Le 17 mars au soir quelques insurgés bresciens, conduits par des officiers cisalpins, prennent prétexte d'un passage de soldats vénitiens envoyés par Battaglia sur Chiari pour s'emparer du bourg de Ceccaglia. Le lendemain 18, ils surprennent une des portes de la ville et somment le vice-podestat d'avoir à se retirer. Au lieu de donner à la garnison vénitienne l'ordre de disperser le rassemblement, ainsi que le demandait Mocenigo, Battaglia parlemente avec les insurgés. L'un d'entre eux, Lecchi, lui déclare que Brescia ne rentrera jamais sous la domination vénitienne, et que les Français l'aideront à recouvrer son indépendance. En effet la garnison française restait immobile et le bruit courait que le général Kilmaine venait de faire braquer les canons de la citadelle contre la ville. Battaglia épouvanté ordonne à ses soldats de rentrer dans leurs quartiers, et se livre aux insurgés. A cette nouvelle ceux qui hésitaient encore se joignent à eux. Un ancien condamné aux plombs de Venise, qu'on gardait sans doute pour la circonstance, est exhibé. Sa vue enflamme le peuple. Le soulèvement devient général, et la réunion de Brescia à la future République italienne est votée d'enthousiasme. Pendant ce temps l'infortuné provéditeur croyait sa dernière heure venue. Il n'avait même pas le courage de rédiger son rapport au gouvernement et laissait ce soin à son lieutenant Mocenigo [1].

Le 24 mars, la petite ville de Salo sur le lac de Garde se révoltait à son tour. Deux jours plus tard, le 27 mars, un officier de cavalerie française se présentait à Crema et demandait à y être logé. Deux détachements de soldats survenaient à l'improviste, qui désarmaient la garnison vénitienne, s'emparaient de l'Hôtel de Ville et couchaient en joue le podestat. Aussitôt arrivaient des Milanais, et le peuple, excité par eux et par les patriciens de Crema, se soulevait, nommait une nouvelle municipalité, abattait le lion de Saint-Marc, et proclamait son union à la future République italienne.

Ce furent les seules conquêtes de la révolution. Partout ail-

(1) Ce rapport, qui a été conservé, est fort curieux. On y accuse Bonaparte d'une ambition effrénée : il aurait, paraît-il, « voler esse il Cromwell della Italia ».

leurs les villes et les campagnes restèrent fidèles au gouvernement. A Vérone, il y eut même comme une protestation indignée contre ces tentatives. Les Esclavons, secondés par les Véronais, voulaient marcher tout de suite contre les révoltés, et ils les auraient probablement réduits à la raison, car ces derniers n'avaient pas encore eu le temps de s'organiser, mais le Sénat, toujours prudent, et redoutant de trouver des Français derrière ses sujets rebelles, retint l'ardeur de ses soldats et des Véronais, et se contenta de protester auprès du ministre de France à Venise et de son ambassadeur à Paris. Ni Lallement, ni Querini n'avaient assez d'influence pour modifier la situation. Le maître de la situation était Bonaparte qui continuait, dans sa marche victorieuse sur Vienne, à balayer devant lui les régiments autrichiens et dont l'importance grandissait avec la fortune. Aussi le Sénat agit-il sagement en lui expédiant deux des siens, le procurateur Pesaro et Jean-Baptiste Cornaro. Les deux patriciens rejoignirent Bonaparte à Goritz le 25 mars 1797 [1]. Il les reçut fort bien et eut avec eux deux longues conférences. Il commença par leur dire qu'il n'était pas responsable des événements de Bergame et de Brescia, et qu'il ne voulait pas intervenir, sauf au cas où la République vénitienne le chargerait officiellement de rétablir l'ordre. Il refusa de rendre les citadelles occupées par ses troupes, et non seulement s'entêta dans sa résolution de vivre aux dépens de la République, mais encore finit par demander une contribution de six millions. Le Sénat délibéra sur le rapport de ses députés et eut l'insigne faiblesse de consentir par 116 voix contre 7 à cette exigence, que ne justifiaient ni les circonstances ni la conduite du gouvernement. C'était voter sa propre déchéance!

(1) Leurs dépêches au Sénat ont été publiées par DARU, t. V, p. 303-313. Cf. lettre de Bonaparte au Directoire (*Correspondance*, t. II, p. 415). « J'ai dit à M. Pesaro que le Directoire exécutif n'oubliait pas que la République de Venise était l'ancienne alliée de la France, que nous avions un désir bien formel de la protéger de tout notre pouvoir... que nous ne soutenions pas les insurgés; qu'au contraire je favoriserais les démarches que ferait le gouvernement. »

Pendant ces négociations les deux partis ennemis en étaient venus aux mains. Quelques milliers de paysans s'étaient rués sur la ville de Salo, y avaient surpris un détachement de 200 Polonais[1], et massacré quelques patriotes. Les montagnards des Vals Camonica, Trompia et Sabbia, conduits par le comte Fioravanti, couraient la campagne et assassinaient les traînards français qu'ils rencontraient. A Vérone se concentraient des forces imposantes sous le commandement de deux provéditeurs jeunes et dévoués, Giovanelli et Erizzo. Le Sénat avait donné pleins pouvoirs au comte Emilio des Emiles, et ce dernier levait des hommes, préparait des magasins et préparait ouvertement la contre-révolution. Le parti de la réaction comprenait la grande majorité de la population, les nobles par attachement héréditaire à la vieille République, qui avait fait la fortune de leurs maisons, les prêtres irrités par la spoliation des églises, et les paysans, accablés d'impôts et de réquisitions, brutalisés et obligés par un récent arrêté de payer la valeur des bagages pris sur nos soldats par les Autrichiens. D'ailleurs la vue du drapeau français sur les forteresses vénitiennes indignait tous ceux qui croyaient encore à la patrie vénitienne, et ils confondaient dans une haine égale et les usurpateurs étrangers et ceux de leurs compatriotes qui profitaient des malheurs du temps pour s'entendre avec les étrangers et se séparer avec éclat de la mère patrie. La guerre contre la France était donc imminente, mais la guerre civile avait déjà commencé.

Ce fut à ce moment, le 22 mars, que parut un manifeste retentissant, qu'on attribua au provéditeur Battaglia, mais dont ce dernier nia toujours la paternité, et qui paraît en effet avoir été composé par un réfugié italien, un certain Salvadou, qui ne cherchait qu'à brouiller encore la situation afin d'en profiter. Le voici : « Le délire fanatique de quelques brigands, ennemis de l'ordre et des lois, a excité les crédules Bergamasques à la rébellion contre leur souverain

(1) Rapport d'Antonio Turini, syndic du Val-Sabbia (4 avril 1797).

légitime. Ils ont dirigé une multitude de scélérats stipendiés sur les villes et les provinces pour les entraîner à la révolte. Nous exhortons les sujets restés fidèles à se lever en masse, à dissiper, à détruire ces ennemis de l'État sans faire quartier à aucun, se fût-il même rendu prisonnier. Qu'ils soient certains que le gouvernement s'empressera de leur fournir des secours d'argent et de troupes réglées. Déjà les Esclavons à la solde de la République sont prêts à marcher. Que personne ne doute du succès de l'entreprise; nous pouvons affirmer que l'armée autrichienne a enveloppé et battu complètement les Français dans le Tyrol et le Frioul. Elle poursuit le reste de ces hordes sanguinaires et impies, qui, sous le prétexte de combattre l'ennemi, ont dévasté les campagnes et pillé les sujets de la République, toujours sincères, toujours exacts à observer la neutralité. Les Français se trouvent donc dans l'impossibilité de porter secours aux rebelles. C'est à nous d'attendre le moment favorable pour leur couper la retraite devenue leur unique ressource. Nous invitons en outre les Bergamasques demeurés fidèles et les autres peuples à chasser les Français des villes et des forts dont ils se sont arbitrairement emparés, et à s'adresser à nos commissaires Zanchi et Locatelli pour recevoir les instructions nécessaires aussi bien que la paie de quatre livres par jour pendant la durée du service. »

Ce manifeste était un véritable appel aux armes qui détruisait la neutralité et autorisait toutes les représailles. Il est certain que ces excitations furibondes, ces mensonges intéressés, ces enrôlements constituaient une provocation ou pour mieux dire une déclaration de guerre : mais Battaglia était trop prudent pour s'être permis un pareil éclat. Ni par ses fonctions, ni par son caractère, il n'était homme à brusquer ainsi la situation. Il s'empressa de désavouer le manifeste qu'on lui attribuait, et le doge, sur sa prière, en fit autant[1] :

(1) Déclaration du Doge : « Le Sénat n'a pas appris sans surprise et sans indignation qu'un acte signé du nom du provéditeur Battaglia, essentiellement faux et contenant des principes en tout contraires à ceux que le gou-

Le grand Conseil, assemblé pour la circonstance, déclara de son côté que « le manifeste du 22 mars est opposé aux sentiments que n'a cessé de professer le gouvernement à l'égard d'une nation amie. Il ne peut, dans le cas qui se présente, que protester contre d'aussi odieuses perfidies, et il observe à ses fidèles sujets qu'ils ne doivent pas se laisser séduire par ces souillures. Les maximes du Sénat sont de vivre, comme précédemment, en parfaite harmonie et amitié avec la nation française ». En effet, tout semble indiquer que ce manifeste était fabriqué, mais il servait si bien les intérêts de la France et des révoltés vénitiens, qu'on feignit de croire à son authenticité. On le colporta, on l'imprima, on le répandit partout en le présentant comme la meilleure des preuves de la duplicité du gouvernement vénitien. Quant à Bonaparte, il allait s'en servir comme d'une arme terrible contre la République.

Bonaparte venait de remporter contre les Autrichiens une nouvelle série de victoires. Il était alors aux portes de Vienne. Rien ne l'empêchait d'entrer dans cette capitale; mais il se sentait bien isolé. Il se rendait compte de la résistance nationale dont il lui faudrait triompher, s'il réduisait ses adversaires aux dernières extrémités. D'ailleurs il désirait signer la paix, non seulement pour ne pas aventurer dans une partie suprême les résultats acquis, mais surtout pour ajouter à la gloire du conquérant celle du pacificateur. Peu à peu germa dans son esprit la pensée de faire cette paix aux dépens de Venise. Sans doute, nous n'étions pas en guerre avec Venise, mais les griefs s'accumulaient, et la théorie des compensations territoriales était si séduisante que Bonaparte avait grande envie d'en faire l'essai aux dépens d'un gouvernement peu sympathique. Les scrupules ne l'avaient jamais arrêté longtemps. Puisque l'occasion se présentait de signer une paix glorieuse, même en sacrifiant un État que liait à la

vernement vénitien professe pour le gouvernement français, était colporté partout. Il entendait le démentir et le proclamait une embûche opposée aux tendances continues de la Seigneurie. »

France une alliance plusieurs fois séculaire, il saurait faire litière de ses scrupules!

Seulement des prétextes étaient nécessaires. Bonaparte ne fut pas embarrassé pour en trouver. Dès le 5 avril [1], il écrivait au procurateur Pesaro pour se plaindre des placards affichés à Vérone contre la France, des assassinats commis contre les Français, d'une prétendue insulte à notre consul à Zante, du mauvais accueil fait à une de nos frégates, *la Brune*, et surtout des persécutions dirigées contre nos partisans. Il terminait par ces paroles menaçantes : « La République française ne se mêle pas des affaires intérieures de la République de Venise; mais la nécessité de veiller à la sûreté de l'armée me fait un devoir de prévenir les entreprises que l'on pourrait faire contre elle. » Bonaparte lui écrivait encore le même jour [2], pour le prévenir qu'il considérait le gouvernement vénitien comme responsable d'une somme de trente millions, déposée à Venise par le duc de Modène, et dont il venait de prononcer le séquestre. Enfin, et pour mieux accentuer son mécontentement, il annonçait aux municipalités provisoires de Brescia et de Bergame qu'il ne voulait pas intervenir en leur faveur, mais aussi qu'il empêcherait tout mouvement de troupes dirigé contre les révoltés, ce qui était en quelque sorte reconnaître la légalité de la révolte [3].

Le manifeste de Battaglia vint très à propos lui fournir le motif de rupture dont il avait besoin pour justifier l'acte inqualifiable qu'il venait de commettre. Il avait en effet signé, le 7 avril, l'armistice de Judenbourg, qui allait être bientôt suivi des préliminaires de Leoben, et ces préliminaires stipulaient expressément des compensations territoriales pour

(1) Lettre de Schelling, *Corresp.*, t. II, 458.

(2) Id., *id.*

(3) Id., *id.* « Mon intention est qu'il n'y ait aucune espèce de trouble ni de mouvements de guerre, et je prendrai toutes les mesures pour maintenir la tranquillité sur les derrières de l'armée. Les troupes françaises continueront de vivre avec le peuple dans le même esprit de neutralité et de bonne intelligence, et je désire, dans toutes les occasions, vous donner des preuves de l'estime que j'ai pour vous. »

l'Autriche aux dépens de Venise. Trois projets préliminaires avaient été soumis à l'Empereur[1]. Tous trois stipulaient la cession de la Belgique et de la rive gauche du Rhin à la France, et des compensations territoriales pour l'Autriche en Italie. Ils variaient pour ces compensations. Le troisième offrait la restitution de la Lombardie, le premier et le second sacrifiaient à l'Autriche tout ou partie des États vénitiens. L'Empereur n'hésita pas. C'était une bonne fortune inespérée que cette proposition. Il s'agissait d'échanger une province séparée des États héréditaires contre un territoire limitrophe. Aussi envoya-t-il à ses plénipotentiaires, Merfeldt et Gallo, les pouvoirs nécessaires, et, dès le 18 avril, étaient signés les préliminaires de Leoben.

Par ces préliminaires[2] l'Empereur renonçait en faveur de la France à la Belgique et à la Lombardie, ainsi qu'à la rive gauche du Rhin, mais il était dédommagé de ces sacrifices par l'abandon de l'Istrie, de la Dalmatie, et des provinces vénitiennes, situées entre l'Oglio, le Pô et l'Adriatique. Quant à Venise et aux autres États de terre ferme, ils devaient être réunis à la Lombardie et à la République Cispadane. Les parties contractantes se garantissaient l'une à l'autre les territoires cédés. Elles devaient en outre se concerter « pour lever tous les obstacles qui pourraient s'opposer à la prompte exécution des articles précédents, et nommer à cet effet des commissaires ou des plénipotentiaires qui seraient chargés de tous les arrangements convenables à prendre avec la République de Venise ». Enfin il était formellement stipulé que ces articles resteraient secrets jusqu'à la signature du traité de paix définitif. En autres termes, Bonaparte et les représentants de l'Empereur venaient de décider le partage de la République Vénitienne, c'est-à-dire d'un État neutre, que le droit des gens, à défaut d'engagements solennels, aurait dû

(1) Lettre de Bonaparte au Directoire, Leoben, 16 avril. *Corresp.*, t. II, p. 189.

(2) Articles secrets des préliminaires. *Id.*, II, 197. Lettre de Bonaparte au Directoire (II, 189).

protéger contre les convoitises autrichiennes et la trahison française. Le plus singulier c'est que le Directoire n'avait pas autorisé le général de l'armée d'Italie à sacrifier ainsi Venise, et Venise se doutait si peu de la catastrophe qui la menaçait qu'elle continuait son déplorable système de neutralité désarmée, et, par son inconcevable faiblesse, se mettait à la merci de ses vainqueurs sans combat.

Bonaparte se rendait très bien compte de l'acte inique qu'il commettait. Il n'ignorait pas non plus qu'il outrepassait ses instructions, en disposant ainsi du sort d'un peuple allié, ou du moins neutre. Aussi résolut-il de prendre les devants, d'abord en expliquant sa conduite au Directoire, puis en réduisant Venise à la nécessité de se défendre, afin d'avoir un prétexte pour la démembrer. Le jour même où il faisait part au Directoire de la signature des préliminaires, il cherchait à les justifier en accusant Venise : « Le gouvernement de Venise[1] est le plus absurde et le plus tyrannique des gouvernements. Il est d'ailleurs hors de doute qu'il voulait profiter du moment où nous étions dans le cœur de l'Allemagne pour nous assassiner. Notre République n'a pas d'ennemis plus acharnés, comme les émigrés et Louis XVIII d'amis qui leur soient plus véritablement dévoués. Son influence se trouve considérablement diminuée, et cela est tout à notre avantage. Cela d'ailleurs lie l'Empereur à la France, et obligera ce prince, pendant les premiers temps de notre paix, à faire tout ce qui pourra nous être agréable. » En même temps, et pour mieux excuser cette inqualifiable violation du droit des gens, il prenait la résolution de pousser à bout Venise, et de montrer par tous les moyens possibles qu'il avait le droit d'agir contre elle comme il le faisait.

Le 7 avril avait été signé l'armistice de Judenbourg. Dès le 9, étaient lancées de Judenbourg contre Venise diverses lettres qu'il nous faut analyser, car elles démontreront jusqu'à l'évidence que, dès cette époque, Venise était condamnée

(1) Lettre de Bonaparte au Directoire. Leoben, 10 avril 1797. *Corresp.*, t. II, p. 501.

dans l'esprit de Bonaparte. La première de ces[1] lettres est adressée au ministre de France à Venise, Lallement. Bonaparte le prévient qu'il vient d'envoyer à Venise un de ses aides de camp, Junot, porteur d'une lettre au Doge. Il lui adresse en même temps une note énumérant sept griefs[2] dont il exigera le redressement immédiat : « Vous demanderez au Sénat de Venise une explication catégorique dans douze heures, savoir si nous sommes en paix ou en guerre, et, dans le dernier cas, vous quitteriez sur-le-champ Venise. » Vient ensuite une proclamation[3] au peuple de terre ferme. Il plaint les Vénitiens du peu d'égards que leur ont témoigné les patriciens, et leur annonce une prompte vengeance : « Je sais que, n'ayant aucune part à son gouvernement, je dois vous distinguer dans les différents châtiments que je dois infliger aux coupables. L'armée française protégera votre religion, vos personnes et vos propriétés. Vous avez été vexés par ce petit nombre d'hommes qui se sont, depuis le temps de la barbarie, emparés du gouvernement. Si le Sénat de Venise a sur vous le droit de conquête, je vous en affranchirai. S'il a sur vous le droit d'usurpation, je vous restituerai vos droits. » Il prescrivait en même temps au général Kilmaine, auquel il avait laissé le commandement de toutes les forces laissées en arrière, de désarmer les garnisons vénitiennes de Padoue, Trévise, Bassano, Vérone, Brescia et Bergame, et d'installer partout des municipalités provisoires[4]. « Vous aurez bien soin de ne vous laisser arrêter par aucune espèce de considération. Si dans vingt-quatre heures la réponse n'est pas faite, que tout se mette en marche à la fois, et que sous vingt-quatre heures il n'existe pas un soldat vénitien sur le continent... Tout va fort bien ici, et, si l'affaire de Venise est bien menée, comme tout ce que vous faites, ces gaillards-là se

(1) *Correspondance*, t. II, p. 474.

(2) Id., id.

(3) Id., p. 477.

(4) Id., p. 476. — Cf. lettre du 11 avril au général Baraguey d'Hilliers (*Correspondance*, t. II, p. 470).

repentiront, mais trop tard, de leur perfidie. Le gouvernement de Venise, concentré dans sa petite île, ne serait pas, comme vous le pensez bien, de longue durée. »

Ultimatum menaçant adressé au Sénat sous la double forme d'une note remise par le ministre de France et d'une lettre lue au doge par un aide de camp, appel à la révolte des peuples restés soumis, mesures militaires destinées à prévenir toute résistance : comme on le voit, Bonaparte n'a pas ménagé Venise, et il prévoyait si peu une opposition quelconque à ses ordres, qu'il prenait soin, ce même jour 9 avril 1797, d'envoyer au Directoire copie des lettres précédentes[1], et il y ajoutait cet étrange commentaire : « Quand vous lirez cette lettre, nous serons maîtres de tous les États de terre ferme, ou bien tout sera rentré dans l'ordre et vos instructions exécutées. Si je n'avais pas pris une mesure aussi prompte et que j'eusse donné à tout cela le temps de se consolider, cela aurait pu être de la plus grande conséquence. »

Avant que la réponse du Directoire à ces diverses communications ne fût parvenue, Junot se rendit à Venise et y exécuta les ordres de son général[2]. Arrivé le 14 avril, il était, dès le lendemain, introduit au grand Conseil et donnait lecture de la lettre suivante[3] : « Toute la terre ferme de la sérénissime République de Venise est en armes; de toutes parts les paysans, que vous avez armés et soulevés, crient : mort aux Français! plusieurs centaines de soldats de l'armée d'Italie en ont déjà été victimes. C'est en vain que vous désarmerez des rassemblements que vous-mêmes vous avez organisés. Croyez-vous que, dans le moment où je me trouve au cœur de l'Allemagne, je ne puisse pas faire respecter le pre-

(1) *Correspondance*, II, p. 498. Cf. la curieuse lettre adressée par Bonaparte à Pesaro, le 11 avril (*Correspondance*, t. II, p. 583). « Il serait singulier que le Sénat de Venise nous obligeât à lui faire la guerre, dans le moment où nous sommes en paix avec tout le continent. »

(2) Rapport de Junot à Bonaparte, cité par DARU, t. VII, p. 302.

(3) *Corresp.*, t. II, p. 473.

mier peuple de l'univers? Le sénat de Venise a répondu par la perfidie la plus noire aux procédés généreux que nous avons toujours eus avec lui... La guerre ou la paix. Si vous ne prenez pas, sur-le-champ, les moyens de dissiper les rassemblements, si vous ne faites pas arrêter et livrer en mes mains les auteurs des assassinats qui viennent de se commettre, la guerre est déclarée. Le Turc n'est pas sur vos frontières. Aucun ennemi ne vous menace : cependant, de dessein prémédité, vous avez fait naître des prétextes pour avoir l'air de justifier un rassemblement dirigé contre l'armée. Il sera dissous dans vingt-quatre heures. Nous ne sommes plus au temps de Charles VIII. » A ces insultes qu'aggravait encore l'affectation de rudesse militaire avec laquelle Junot les jetait à la face du Sénat, il n'y avait qu'à répondre par la guerre immédiate, et, puisqu'on évoquait le souvenir des temps anciens, se rappeler que Venise avait jadis lutté contre le pape, les rois de France et d'Espagne et l'empereur d'Allemagne coalisés : mais on venait d'apprendre la terrible nouvelle des préliminaires de Leoben. On n'en connaissait pas le texte, mais on soupçonnait quelque trahison. D'ailleurs on n'ignorait pas que l'Autriche ne viendrait pas au secours de la ville menacée, et que le général vainqueur n'avait, pour ainsi dire, qu'à étendre la main pour exécuter ses menaces. La réponse du doge fut[1] donc humble, plus peut-être qu'il n'aurait convenu au chef d'une République autrefois si orgueilleuse. Il protestait de ses bonnes intentions, de « l'ingénuité de sa conduite », annonçait que satisfaction serait accordée sur tous les points et espérait que les bons rapports continueraient entre les deux Républiques. Quant au Sénat, il s'associa par un vote aux paroles de son chef et décréta, par cent cinquante-six suffrages, que deux députés, le censeur Francesco Dona et l'ancien ministre de la guerre, Leonardo Giustiniani, seraient envoyés à Bonaparte pour lui faire agréer les excuses de la République. Mais il était déjà trop

(1) La lettre du Doge a été donnée par DARU, t. V, p. 335-338.

tard. Deux événements survinrent à l'improviste qui renversèrent toutes leurs espérances et donnèrent à Bonaparte le prétexte qu'il cherchait et l'excuse dont il avait besoin.

Le général Kilmaine, au reçu de la dépêche du 9 avril, avait exécuté ses ordres. Nulle part il n'avait rencontré de résistance. Les garnisons vénitiennes avaient été partout désarmées, sauf à Vérone, car dans cette ville s'étaient concentrés plusieurs régiments d'Esclavons qui ne paraissaient nullement disposés à l'obéissance, et se sentaient soutenus par des bandes de paysans qui tenaient la campagne et par l'armée autrichienne de Laudon qui campait dans le voisinage, aux débouchés du Tyrol. Kilmaine se contenta d'augmenter la garnison française. Elle comprenait environ 1.900 hommes, sans parler des 300 à 400 malades ou employés d'administration épars dans la ville, sous le commandement d'un chef énergique, le général Balland, et campait dans les forts; mais, de part et d'autre, on était sur le qui-vive. Dès le 16 avril, des barques, chargées de vivres pour l'armée française, avaient été arrêtées et pillées à Pescentina par des paysans vénitiens. Le nombre des assassinats augmentait. C'était un véritable état de guerre. La moindre étincelle allait provoquer l'incendie.

Le 17 avril, lundi de Pâques, deux patrouilles vénitienne et française se rencontrèrent dans la ville et s'insultèrent[1]. Aussitôt les Vénitiens se jettent sur les Français répartis dans les différents quartiers de la ville et commencent à les égorger. Le général Balland fait battre le rappel et ordonne de tirer le canon des châteaux. La première volée enleva le faîte du palais des Scaliger. Enfiévrée par ces détonations inattendues, la populace sort des maisons, le couteau à la main, et égorge

(1) D'après le rapport du provéditeur et du podestat (daté de Vienne, 18 avril) : « il était à peu près quatre heures du soir lorsque, sans que rien nous en eût fait connaître la cause, on entendit partir du fort le plus élevé au-dessus de la ville, trois coups de canon à poudre qui paraissaient un signal. » D'après les relations françaises, Balland n'aurait ouvert le feu, qu'en apprenant les premiers assassinats. Les relations françaises ont été imprimées dans le recueil de pièces relatives aux affaires de Venise, du 22 floréal an V.

sans pitié tous les Français isolés qu'elle rencontre. Tous ceux qui ne parvinrent pas à se réfugier dans les forts, ou qui ne trouvèrent pas asile chez quelques Véronais, tels que les comtes Nogarola et Carlotti, assez généreux pour risquer leur vie en bravant les fureurs populaires, hommes, femmes et enfants furent massacrés, et souvent avec d'odieux raffinements. Nos blessés et nos malades ne furent pas respectés dans les hôpitaux. On les arrachait de leurs lits de souffrance et les cadavres étaient jetés dans l'Adige : « C'était, raconte l'historien Botta, c'était un spectacle à la fois déplorable et terrible que ces malades languissants, poursuivis par des assassins couverts de sang; que ces femmes épouvantées foulées aux pieds par des femmes en furie. J'ai vu un portique encore dégouttant du sang des Français, assommés plutôt qu'égorgés par le peuple exaspéré; j'ai vu retirer des puits et des égouts des uniformes ensanglantés; j'ai vu les assassins porter en triomphe les dépouilles de leurs victimes; mais c'était à l'hôpital qu'on remarquait le plus d'acharnement et de cruauté. Plusieurs malades furent tués, d'autres maltraités et dépouillés. Ni les supplications, ni l'état de faiblesse, ni l'aspect même de la mort ne pouvaient inspirer de la pitié à ces cruels qui n'avaient plus de l'homme que la forme. »

Le général Balland avait ouvert et continuait contre la ville un feu destructeur. Les magistrats vénitiens qui jusqu'alors avaient tout laissé faire, mais sans paraître, envoyèrent un parlementaire au général en le priant d'arrêter le désastre, ou sinon ils ne promettaient pas de faire respecter quelques malheureux Français qui avaient trouvé asile dans le palais du gouverneur. Balland pour les sauver consentit à traiter, mais on ne put s'entendre sur les conditions. Il exigeait avec raison le désarmement universel et des otages. Les insurgés, dont le nombre augmentait d'heure en heure, réclamaient l'évacuation des forts. La lutte continua. Les magistrats, incapables de maîtriser plus longtemps cette multitude furieuse, disparurent, et les massacres recommencèrent.

Pendant quelques jours la situation de Balland fut critique.

Les insurgés étaient nombreux et interceptaient les communications. Le comte Francesco des Emiles s'emparait de la porte San-Zeno. Les capitaines Nogarola et Caldgano prenaient les portes de l'évêque et Saint-Georges, et donnaient la main aux paysans insurgés. Les Esclavons pressaient le siège des châteaux. Le vieux fort adossé à la ville, et séparé d'elle seulement par un mauvais pont fermé par une grille en fer, était fort compromis. Le château de Saint-Félix était bombardé par des batteries établies à Pescentina. Enfin Laudon, prévenu par les insurgés, accourait à marches forcées. Balland pour se dégager essayait d'opérer des sorties, mais elles étaient toujours ramenées avec perte. Il n'avait d'autre ressource que de tirer sur la ville à boulets rouges afin d'allumer des incendies et d'obtenir de la sorte quelque répit, mais il n'était que temps pour lui et pour la petite garnison française de recevoir des secours.

Le 21 avril le général Chabran arriva le premier de Brescia avec 1200 hommes de renfort [1]; il passa sur le ventre à un corps nombreux de paysans, mais ne put opérer sa jonction avec Balland. Le 23 on apprenait la signature des préliminaires de Leoben et le général autrichien Laudon suspendait sa marche. Kilmaine, au contraire, précipitait la sienne [2]. Il arrivait avec la garnison de Mantoue. Celle de Bologne était annoncée. Victor accourait de P. doue avec une petite armée de 6.000 hommes. Les Véronais n'avaient plus qu'à se soumettre. Le chef des Esclavons, le général Fioraventi, voulut prévenir l'attaque des Français, mais il fut battu à Croce-Bianca et obligé de se rendre. Un nouveau combat, à Pescentina, nous permit enfin d'entrer dans la cité rebelle. Kilmaine la livra au pillage, fusilla les chefs de l'insurrection, et lança sur les routes sa cavalerie pour désarmer les paysans et sabrer ceux qui résisteraient. L'ordre fut donc rétabli, mais près de 400 Français avaient succombé dans cet affreux mas-

(1) Rapport du général Chabran daté de Croce-Bianca.

(2) Rapports adressés par Kilmaine à Bonaparte, Mantoue, 22 avril, et Vérone, 27 avril. Rapport du général Balland, Vérone, 27 avril.

sacre resté célèbre dans l'histoire sous le nom de Pâques Véronaises. Ce fut comme une manifestation spontanée de ressentiments dévorés en silence. On eût dit que la haine populaire, plus clairvoyante que la politique des hommes d'État, semblait avoir deviné qu'au moment même Bonaparte abandonnait à l'Autriche les dépouilles de Venise.

Certes nous ne chercherons pas à justifier un acte aussi odieux que les Pâques Véronaises. Les Vénitiens méritaient une punition exemplaire : mais l'histoire est si souvent faite de mensonges et de conventions que les erreurs s'accréditent, et qu'il devient difficile de les faire disparaître. Ainsi n'avons-nous pas lu et sans doute ne lirons-nous pas encore que ce fut pour se venger des Pâques Véronaises que Bonaparte abandonna Venise à l'Autriche? Un simple rapprochement de dates suffira pour démontrer que Venise était déjà sacrifiée. Les préliminaires de Leoben furent signés le 18 avril, et les plénipotentiaires en discutaient les conditions depuis le 7 avril, jour où fut signé l'armistice de Judenbourg. Quant aux Pâques Véronaises elles commencèrent le lundi 17 avril, à quatre heures de l'après-midi. Bonaparte ne pouvait évidemment deviner ce qui se passait à cent cinquante lieues derrière lui : ce n'est que plus tard, et pour se justifier, qu'il affecta de représenter la cession de Venise comme une vengeance du massacre de Vérone, et la postérité a eu le tort d'accepter, sans même le discuter, ce jugement erroné.

Aussi bien un acte plus odieux encore [1] allait fournir à Bonaparte de nouveaux griefs également sérieux. Le 29 avril, un lougre français de huit canons, monté par trente-quatre hommes d'équipage, et commandé par le capitaine Laugier, poursuivi dans le golfe de Venise par des frégates autrichiennes, s'était engagé dans la passe du Lido afin de trouver un refuge dans le port. Or d'antiques règlements défendaient

(1) Sur l'affaire de Laugier, voir la protestation du ministre Lallement. Elle a été insérée par Daru dans les pièces justificatives de son *Histoire de Venise*, t. VII, p. 309. Cf. lettre de Bonaparte au Directoire (Trieste, 30 avril. *Correspondance*, t. III, p. 12).

l'entrée du port à tout navire belligérant. Le capitaine Laugier reçut l'ordre d'appareiller. Il allait obéir, lorsque les forts vénitiens le criblèrent de boulets. Il fut tué avec quelques-uns de ses matelots, et les autres furent faits prisonniers et laissés toute la nuit sans vêtements sur le pont du navire [1]. Les Vénitiens ont prétendu plus tard que le lougre de Laugier était un corsaire, qu'il avait attaqué le premier les navires vénitiens ancrés dans le port, et qu'on n'avait fait qu'user de représailles à son endroit, mais est-il probable qu'un navire, déjà poursuivi par des forces supérieures, ait cherché à attaquer d'autres navires, défendus par des fortifications? Laugier demandait simplement un refuge, et il fut assassiné comme l'étaient au même moment ses compatriotes dans les rues de Vérone. Ce déplorable événement allait singulièrement aggraver les dangers de la République Vénitienne.

Les patriciens, surpris par la rapidité et par l'imprévu des événements, n'avaient encore pris aucune résolution : ils attendaient sans doute, pour se décider, l'issue des combats livrés dans Vérone. Ils apprirent en même temps et la défaite des insurgés et la signature des préliminaires de Leoben. Il fallait à tout prix désarmer Bonaparte! Le Doge commença, et ce désaveu [2] était une première punition, par protester de la pureté de ses intentions au sujet des Pâques Véronaises; puis il envoya un exprès aux deux députés qui n'avaient pas encore rejoint le quartier général, et leur donna pleins pouvoirs pour accorder toutes les satisfactions qu'on leur demanderait.

(1) Le rapport de l'officier vénitien a été cité par DARU, t. V, p. 356. Cf. la relation envoyée par le Sénat à son ambassadeur à Paris, le 26 avril 1797.

(2) « Lorsqu'une révolution aussi fatale qu'imprévue a éclaté dans les villes au delà du Mincio, les sentiments unanimes de nos peuples leur ont fait prendre spontanément les armes dans la seule intention de comprimer la révolte et de repousser la violence des insurgés... Si, dans une confusion aussi grande, quelques malheurs sont arrivés, il ne faut les attribuer qu'à la confusion même et nullement à la volonté du Sénat. Empressé de satisfaire à votre demande, le Sénat fait rechercher pour les consigner en vos mains ceux qui ont osé commettre des assassinats sur les individus de l'armée française. Les mesures les plus efficaces sont prises pour en découvrir les auteurs, afin qu'ils subissent le châtiment qu'ils méritent. » Document cité par BARRAL, p. 269.

Bonaparte ne l'a jamais écrit dans sa *Correspondance*, mais il est probable qu il reçut avec grand plaisir la nouvelle des Pâques Véronaises et de l'assassinat de Laugier. Il avait absolument besoin de prétextes plausibles pour justifier les préliminaires de Leoben, et cette double violation du droit des gens arrivait à point pour justifier les représailles.

Dès le 22 avril [1], avant qu'il eût appris les événements de Vérone et de Venise, il écrivait au Directoire : « Peut-être serait-il bon de déclarer la guerre aux Vénitiens. Par là l'Empereur serait à même d'entrer en possession de la terre ferme de Venise, et nous de réunir à la république milanaise Bologne, Ferrare et la Romagne. Si l'on veut continuer la guerre, je crois qu'il faut encore commencer dans cet entr'acte par déclarer la guerre à la République de Venise, remuer toute la terre ferme et donner le pouvoir au parti contraire à celui de l'aristocratie. » A peine eut-il reçu les dépêches relatives au double massacre que, sans même attendre la réponse du Directoire, il se prépara à envahir le territoire vénitien, et à jeter lui-même par terre le gouvernement dont il avait conspiré la perte. « Il faut avant tout, écrivait-il encore au Directoire [2], prendre un parti pour Venise... Je sais que le seul parti qu'on puisse prendre est de détruire ce gouvernement atroce et sanguinaire. »

Pendant ce temps, les envoyés de Venise, Dona et Giustiniani, avaient rejoint Bonaparte à Gratz, et avaient eu avec lui une première entrevue (26 avril) [3]. Personne encore ne connaissait l'affaire Laugier. Le général en chef reçut les députés avec courtoisie, mais leur déclara net et clair qu'il ne se contenterait pas de satisfactions illusoires. « J'ai quatre-vingt mille hommes et vingt barques canonnières, leur dit-il.

(1) Eggen-Wald, 22 avril 1797 (*Correspondance*, t. III, p. 1).

(2) Trieste, 30 avril (*Corresp.*, t. III, p. 11). Cf. seconde lettre du même jour : « Si le sang français doit être respecté en Europe, si vous voulez qu'on ne s'en joue pas, il faut que l'exemple de Venise soit terrible. Il nous faut du sang. »

(3) Voir le rapport de Dona et Giustiniani, en date du 28 avril. Il est cité par Daru, t. V, p. 367.

Je ne veux plus d'inquisition, plus de Sénat, je serai un Attila pour Venise. Quand j'avais en tête le prince Charles, j'ai offert à M. Pesaro l'alliance de la France, je lui ai offert notre médiation pour faire rentrer dans l'ordre les villes insurgées. Il a refusé, parce qu'il lui fallait un prétexte pour tenir la population sous les armes, afin de me couper la retraite, si j'en avais eu besoin ; maintenant, si vous réclamez ce que je vous avais offert, je le refuse à mon tour. Je ne veux plus d'alliance avec vous, je ne veux plus de vos projets, je veux vous donner la loi. » Les deux commissaires ne purent qu'opposer de vaines protestations à cette mise en demeure. Aussi bien ils avaient entendu dire tout le long de la route que Venise était sacrifiée et son territoire partagé. A l'angoisse patriotique qui les étreignait se joignait la difficulté de négocier avec un général irrité, et qui visiblement avait déjà son parti pris à l'avance. Ils luttèrent pourtant avec une obstination qui les honore, et obtinrent que les négociations continueraient.

Ce fut alors qu'on apprit à la fois la bataille de Vérone et l'assassinat de Laugier. Effrayés par la responsabilité qui les écrasait, Dona et Giustiniani sollicitèrent une nouvelle entrevue par une lettre humble et suppliante où ils se mettaient à la merci de ce vainqueur sans combat : « Si des circonstances[1] impossibles à prévoir ont amené des événements pour lesquels la République Française se croie en droit d'exiger des réparations ; si, au terme des plus glorieux succès militaires, elle jugeait que le gouvernement vénitien eût quelque chose à faire pour compléter le nouveau système d'équilibre politique, que la France jugera à propos de donner à l'Europe, nous supplions Votre Excellence de s'expliquer. La France, au point de grandeur où elle est parvenue, objet de l'admiration universelle, trouvera certainement plus de gloire dans les efforts volontaires que la République vénitienne s'empressera de faire que dans une conduite hostile contre un gou-

(1) Lettre citée par DARU, t. V, p. 378.

vernement qui se reconnaît sans défense. » La réponse de Bonaparte fut dure, impitoyable. Elle sonnait le glas de la République[1]. La voici : « Je n'ai lu qu'avec indignation la lettre que vous m'avez écrite relativement à l'assassinat de Laugier. Vous avez aggravé l'atrocité de cet événement, sans exemple dans les annales des nations modernes, par le tissu de mensonges que votre gouvernement a fabriqués pour chercher à se justifier. Je ne puis pas, Messieurs, vous recevoir. Vous et votre Sénat êtes dégouttants du sang français. Quand vous aurez fait remettre en mes mains l'amiral qui a donné l'ordre de faire feu, le commandant de la tour et les inquisiteurs qui dirigent la police de Venise, j'écouterai vos justifications. Vous voudrez bien évacuer dans le plus court délai le continent de l'Italie. Cependant, si le nouveau courrier que vous venez de recevoir était relatif à l'événement de Laugier, vous pourriez vous présenter chez nous. » Désespérés, Dona et Giustiniani voulurent tenter cette dernière chance de réconciliation. Ils se rendirent auprès du général à Palmanova, et le supplièrent de ne pas traiter la République Vénitienne, cette amie séculaire de la France, plus durement que « les ennemis[2] auxquels il accordait la paix, les peuples conquis à qui il donnait la liberté, les neutres dont il acceptait l'alliance ». Le général se contenta de leur répéter froidement les termes de sa lettre, et comme les infortunés, poussés au désespoir, recoururent au pire des moyens, et essayèrent de le corrompre : « Non, non, leur répondit-il avec violence, quand vous couvririez cette plage d'or, tous vos trésors, tout l'or du Pérou ne peuvent payer le sang français. » Venise était décidément condamnée. Il ne restait plus qu'à exécuter la condamnation.

(1) Trieste, 30 avril. *Correspondance*, t. III, p. 13.

(2) Rapport des envoyés vénitiens en date du 1er mai. Il est cité par Daru, t. V, p. 379.

IV

Bonaparte, à la première nouvelle de ces attentats qui venaient si à propos donner à son crime de lèse-nation une apparence de légalité, avait écrit à Lallement pour lui intimer l'ordre de quitter Venise. Sa lettre était même conçue en termes tellement vifs qu'elle semblait rendre impossible tout arrangement ultérieur. Et, en effet, sa résolution était bien prise de réduire Venise à la dernière extrémité, pour la livrer plus facilement à l'Autriche et obtenir ainsi, aux dépens de cette ville infortunée, la paix dont il avait besoin. « Le sang français a coulé dans Venise, écrivait-il [1], et vous y êtes encore! Attendez-vous donc qu'on vous en chasse? Les Français ne peuvent plus se promener dans les rues, ils sont accablés d'injures et de mauvais traitements, et vous restez simple spectateur! Depuis que l'armée est en Allemagne, on a, en terre ferme, assassiné plus de quatre cents Français, on a assiégé la forteresse de Vérone qui n'a été dégagée qu'après un combat sanglant, et, malgré tout cela, vous restez à Venise!... Faites une note concise et digne de la grandeur de la nation que vous représentez et des outrages qu'elle a reçus; après quoi partez de Venise et venez me joindre à Mantoue. » Il écrivait en même temps à Augereau [2] de prendre le commandement en chef à Vérone, et de punir sévèrement les principaux instigateurs de la révolte. La division Victor prenait position sur l'Adige, Masséna occupait Padoue, Bernadotte Udine, Serrurier Sacile, Joubert Vicence et Bassano. Tous les navires français qui croisaient dans l'Adriatique recevaient l'ordre de se rapprocher de Venise. L'armée française en un mot s'ébranlait tout entière contre Venise, et, dès le premier jour, la résistance nationale se trouvait paralysée.

(1) Palmanova, 30 avril 1797. *Correspondance*, t III [illegible], 14.

(2) Lettres à Augereau, Milan, 5 mai (*Corresp.*, III, 21). Ordre général du 6 mai (III, 27). Ordre du 8 mai (III, 31).

Dès le 2 mai, Bonaparte avait lancé contre Venise un manifeste[1] qui équivalait à une déclaration de guerre. Dix-sept griefs y étaient énumérés, les uns sans gravité, les autres, malheureusement pour Venise, très sérieux. Il informait en même temps le Directoire[2] de la résolution qu'il venait de prendre et terminait par ces mots significatifs : « Tant d'outrages, tant d'assassinats ne resteront pas impunis; mais c'est à vous surtout et au corps législatif qu'il appartient de venger le nom français d'une manière éclatante. Après une trahison aussi horrible, *je ne vois plus d'autre parti que celui d'effacer le nom vénitien de dessus la surface du globe.* Il faut le sang de tous les nobles vénitiens pour apaiser les mânes des Français qu'ils ont fait égorger... Dès l'instant où je serai arrivé à Trévise, j'empêcherai qu'aucun Vénitien ne vienne en terre ferme, et je ferai travailler à des radeaux, afin de pouvoir forcer les lagunes et chasser de Venise même ces nobles, nos ennemis irréconciliables et les plus vils de tous les hommes... L'évêque de Vérone a prêché, la semaine sainte et le jour de Pâques, que c'était une chose méritoire et agréable à Dieu que de tuer les Français. Si je l'attrape, je le punirai exemplairement. »

Ce furent les ouailles de l'évêque de Vérone qui ressentirent les premiers effets de la colère de Bonaparte[3]. Augereau avait été chargé de les punir. La punition fut terrible. Les Véronais durent payer une contribution de 12.000 sequins pour la dépense de l'armée, et une contribution de 50.000 sequins à distribuer entre les soldats et officiers qui avaient pris part au siège et à la délivrance de la ville. Le séquestre était mis sur les objets déposés au mont de piété, sauf ceux d'une valeur moindre de 50 francs qu'on restituerait au peuple. Confiscation de tous les chevaux de voiture et de selle. Réquisition de cuir pour 40.000 paires de souliers et 2.000 paires de bottes; de draps pour 12.000 culottes, 12.000 vestes,

(1) Manifeste de Palmanova (*Corresp.*, t. III, p. 16).
(2) Lettre de Palmanova, 3 mai 1797 (*Corresp.*, t. III, p. 21).
(3) Arrêté de Milan, 6 mai 1797 (*Corresp.*, t. III, p. 23).

4.000 habits; de toiles pour 12.000 chemises et 12.000 guêtres; 12.000 chapeaux et 12.000 paires de bas. Confiscation de l'argenterie des églises et des autres établissements publics. Arrestation de cinquante Véronais compromis. Ils seront envoyés garrottés à Toulon et de là transférés à la Guyane. S'il se trouve des nobles parmi eux, on les fusillera. Les biens des condamnés seront confisqués. Désarmement de tous les Véronais. Confiscation des « tableaux, collections de plantes, de coquillages, etc., appartenant soit à la ville, soit aux particuliers ». Ces ordres impitoyables furent exécutés. Ils furent même dépassés. Un commissaire des guerres, Bouquet, et un colonel, Landrieux, se signalèrent si bien par leurs exactions qu'Augereau se vit obligé de flétrir leur conduite et de provoquer une enquête. Certes les Véronais payaient bien cher la faute qu'ils avaient commise de recourir à l'assassinat pour recouvrer leur indépendance.

Restait Venise, et Venise, derrière ses lagunes, faisait encore figure honorable. Venise est en effet dans une position militaire incomparable. Bâtie sur soixante et dix îles, reliées entre elles par quarante-cinq ponts, protégée du côté du continent par un impraticable marais défendu par le fort Malghera, du côté de la mer par d'étroits bourrelets de sable défendus par les forts San Pietro, Alberoni, Malamocco, et Lido, elle présentait des obstacles presque invincibles, même au général qui venait d'humilier l'Autriche. Bien que Bonaparte affectât le dédain[1] le plus profond et feignît même de ne pas croire à la possibilité de la résistance, au fond du cœur il n'était pas tellement rassuré. Venise avait déjà vu plusieurs fois l'ennemi à ses portes, et avait victorieusement repoussé toutes les attaques. Ne pouvait-elle pas encore, dans l'excès de son désespoir, essayer la résistance? Quelques vaisseaux de ligne, 38 frégates ou galères, 168 chaloupes

(1) Lettre du 8 mai au Directoire (*Corresp.*, t. III, p. 29) : « Je ne suis éloigné actuellement que d'une petite lieue de Venise, et je fais les préparatifs pour pouvoir y entrer de force, si les choses ne s'arrangent pas. J'ai chassé de la terre ferme tous les Vénitiens, et nous en sommes en ce moment exclusivement les maîtres. Il n'existe plus de lion de Saint-Marc. »

canonnières, 750 canons, 8.500 matelots et canonniers, 3.500 Italiens et 11.000 Esclavons comme garnison, des vivres pour huit mois, des munitions considérables, certes la résistance pouvait se prolonger, car nous n'étions pas maîtres de la mer, et nous ne pouvions marcher dans les lagunes que la sonde à la main, exposés au feu d'innombrables batteries. L'Autriche enfin n'avait pas dit son dernier mot. Si elle rejetait les préliminaires et nous attaquait avant que Venise eût capitulé, nous étions pris entre deux feux. Les Vénitiens, par malheur pour eux, n'étaient plus que l'ombre d'eux-mêmes. Ils avaient perdu tout ressort, toute énergie. En face de l'ennemi, ils auraient dû n'avoir qu'une pensée, lui tenir tête ; mais ils étaient divisés. La noblesse et le peuple faisaient, il est vrai, cause commune, mais la noblesse, pour ne pas avoir à compter plus tard avec le peuple, n'osait le pousser à de viriles résolutions. La bourgeoisie se réjouissait de l'approche des Français, mais ne laissait pas éclater sa joie, par crainte d'un massacre. Les Esclavons enfin, mercenaires à moitié barbares, n'attendaient qu'une occasion pour se livrer au pillage. Aussi n'envisageait-on qu'avec terreur l'éventualité d'un siège. Une pensée égoïste se mêlait encore à ces préoccupations. Les uns craignaient le ravage de leurs propriétés de terre ferme, les autres la suppression des emplois ou des pensions dont ils vivaient, tous les horreurs du sac et du pillage. La démoralisation la plus complète régnait dans les esprits. On ne songea bientôt plus qu'à désarmer à tout prix un vainqueur justement irrité.

Le 30 avril, lorsqu'on reçut le rapport de Dona et de Giustiniani, annonçant pour la première fois la résolution prise par Bonaparte de modifier la forme du gouvernement, le doge convoqua dans ses appartements privés quarante-trois des plus hauts fonctionnaires de la République et demanda leur avis. Daniel Delfino, ancien ambassadeur à Paris, prit le premier le parole, et proposa de s'adresser au banquier Haller qui consentirait sans doute à servir d'intermédiaire, et apaiserait la colère du général ; mais le procurateur Capello se moqua de cet expédient qu'il trouvait puéril, et la proposition fut abandonnée. Le procurateur Pesaro demanda alors qu'on se défendît. A ce moment même fut apportée une dépêche du commandant de la flottille demandant l'autorisation de détruire les ouvrages que commençaient les Français. Pesaro, Priuli, Erizzo appuyèrent sa demande, mais Capello fit remarquer qu'on ne connaissait pas encore les préliminaires de Leoben et qu'il était peut-être dangereux de renoncer brusquement au système de neutralité. L'assemblée se sépara, après avoir pris la résolution de convoquer le Grand Conseil. « C'en est fait de ma patrie, s'écria Pesaro les larmes aux yeux ; je ne puis la secourir, mais un galant homme trouve une patrie partout : il faut aller en Suisse. »

Le Grand Conseil se rassembla le 1er mai. Six cent dix-neuf patriciens prirent part à cette délibération suprême [1]. Le doge leur fit, d'une voix entrecoupée par les sanglots, l'exposé de la situation, et leur demanda de donner pleins pouvoirs à deux députés pour adopter, de concert avec le général Bonaparte, quelques modifications dans la forme du gouvernement. Cinq cent quatre-vingt-dix-huit patriciens acceptèrent cette proposition. C'était son abdication, c'était la chute de la République que venait ainsi de décider cette assemblée, composée en partie de vieillards énervés par la consternation générale.

Bonaparte ne tenait nullement à commencer contre Venise des hostilités réelles, car il appréciait la difficulté d'emporter les lagunes et redoutait toujours une intervention de l'Autriche ; mais il reçut très mal les deux commissaires qui le rejoignirent à Malghera [2], et leur déclara qu'il ne traiterait

(1) Voici le texte de la délibération : « Vu le malheur des circonstances et le péril imminent de la patrie, le Sénat ayant, dans sa prudence, jugé nécessaire d'envoyer deux députés auprès du général en chef Bonaparte, pour tâcher d'éviter la ruine dont la République et cette capitale sont menacées, et ayant autorisé ces deux citoyens et l'amiral des lagunes à entrer en négociation, le Grand Conseil juge nécessaire d'étendre leurs pouvoirs jusqu'à traiter, même sur des objets qui sont de la compétence de son autorité souveraine, sous la réserve cependant de sa ratification. »

(2) Voir le rapport des commissaires (DARU, V, 399) : « Il a ajouté que dans quinze jours il serait maître de Venise, que les nobles Vénitiens ne se déro-

qu'après qu'on lui aurait livré les trois inquisiteurs d'État et le commandant du Lido. Il se laissa pourtant arracher une suspension d'armes de six jours. Il espérait en effet que la terreur des Vénitiens grandirait et qu'ils subiraient toutes ses exigences [1]. En effet il n'y avait plus moyen de résister aux injonctions de Bonaparte, car le péril devenait grave. La bourgeoisie conspirait au grand jour, le peuple s'agitait, et les Esclavons menaçaient de tout piller. Le bruit se répandait même que tous les patriciens allaient être massacrés, s'ils ne se décidaient à changer la forme du gouvernement.

Le 4 mai, le Grand Conseil s'assembla de nouveau. A la majorité de sept cent quatre voix contre douze, la proposition du doge fut acceptée. Elle portait que les commissaires étaient autorisés à stipuler des changements dans la constitution de l'État. En outre, une procédure était commencée contre les inquisiteurs d'État et le commandant du Lido. Donat et Giustiniani partirent aussitôt pour informer Bonaparte de cette nouvelle concession.

Avant qu'ils l'eussent rejoint à Milan, Venise était bouleversée par une révolution intérieure [2]. L'arrestation des inquisiteurs d'État avait désorganisé la police vénitienne, la bourgeoisie devenait menaçante, les Esclavons faisaient craindre les plus horribles excès, et le peuple, excité sous main par les

beraient plus à la mort qu'en se dispersant pour aller errer sur la terre, comme les émigrés français ; que leurs biens dans les provinces déjà conquises allaient être confisqués ; que les lagunes ne l'épouvantaient pas ; qu'il les trouvait conformes à l'idée qu'il s'en était faite, et sur laquelle il avait arrêté ses plans. Tous nos arguments furent inutiles. » Cf. lettre transmise par Berthier aux députés Dona et Giustiniani, et confirmant tous les détails de l'entrevue (*Corresp.*, t. III, p. 16). Lettre datée de Mestre, 2 mai 1797.

(1) Aussi Bonaparte n'hésitait-il pas à écrire au Directoire (Milan, 8 mai 1797, *Correspondance*, t. III, p. 29) : « Le Grand Conseil a déclaré qu'il allait abdiquer sa souveraineté et établir la forme de gouvernement qui me paraîtrait la plus convenable. Il compte d'après cela y établir une démocratie, et même faire rentrer dans Venise 3 à 4000 hommes de troupes. Je crois qu'il devient indispensable que vous renvoyiez M. Querini. »

(2) C'est ce que constatait Bonaparte dans une dépêche au Directoire : Milan, 13 mai 1797 (*Corresp.*, t. III, p. 41). « Les affaires marchent à grands pas dans Venise même, où l'emprisonnement des Inquisiteurs et l'effervescence populaire rendront les propriétés incertaines sans la présence d'une force française. »

patriciens, n'attendait qu'un signal pour se jeter contre les bourgeois. Aussi la terreur était-elle à son comble. Le secrétaire de la légation française à Venise, un ardent patriote nommé Villetard [1], crut l'occasion favorable pour signaler son zèle. Il s'empara de la direction des affaires et persuada les partis en présence que le seul moyen de prévenir la Guerre civile était d'aller au-devant des vœux de Bonaparte, en opérant une révolution pacifique. Il rédigea même ou fit rédiger une sorte d'ultimatum [2] qui devait être présenté au grand Conseil. Cet ultimatum était divisé en deux parties, la première relative « aux mesures à prendre sur-le champ » et la seconde « aux mesures à préparer aujourd'hui pour les exécuter demain ». Il fallait en premier lieu arrêter Antraigues, le chargé d'affaires de Louis XVIII, et saisir ses papiers, élargir tous les détenus pour cause politique, ouvrir les prisons et spécialement les plombs, abolir la peine de mort, licencier les Esclavons et constituer une garde nationale. On réclamait ensuite la nomination d'une municipalité provisoire de vingt-quatre membres, un gouvernement démocratique, la destruction des insignes de l'ancien régime, une amnistie, et l'introduction des Français à Venise. Le doge et ses conseillers venaient de lire ce document étrange, et étaient encore sous le coup de l'étonnement, quand ils reçurent un rapport de Nicolas Morosini, chargé de veiller à la sécurité publique dans Venise, qui déclinait toute responsabilité et annonçait l'imminence de la guerre civile. Le doge et les vieillards qui l'entouraient perdirent la tête, et convoquèrent pour la troisième fois le Grand Conseil, afin de prendre une détermination suprême. Cinq cent trente-sept personnes assistèrent à l'assemblée. Le doge parla avec éloquence de la situation. Au moment où la délibération s'engageait, des coups de fusil se

(1) Il est probable que Villetard avait des instructions secrètes. Cf. lettre de Bonaparte à Haller (Mombello, 21 mai 1797, *Corresp.*, t. III, p. 61) : « Villetard, qui part à l'instant pour Venise, a eu de moi diverses instructions verbales pour la conduite politique qu'il doit y tenir. »

(2) L'ultimatum de Villetard, ou du moins attribué à Villetard, a été inséré tout au long dans l'ouvrage de Daru, t. V, p. 412, 415.

firent entendre. C'étaient, dirent les uns, des gens affidés qui voulaient jeter l'épouvante dans le Grand Conseil ; c'étaient, prétendaient les autres, les Esclavons qu'on licenciait [1], et qui déchargaient leurs armes avant de les remettre. Les patriciens s'imaginèrent qu'ils allaient être tous massacrés, et, en toute hâte, à la majorité de cinq cent douze suffrages contre douze et cinq voix nulles, prononcèrent la déchéance de l'aristocratie : « Aujourd'hui, pour le salut de la religion et de tous les citoyens, dans l'espérance que leurs intérêts seront garantis, et avec eux ceux de la classe patricienne et de tous les individus qui participaient aux privilèges concédés par la République ; enfin pour la sûreté du trésor et de la banque : le Grand Conseil, d'après le rapport de ses députés, adopte le système qui lui a été proposé, d'un gouvernement représentatif provisoire, en tant qu'il se trouve d'accord avec les vues du général en chef, et, comme il importe qu'il n'y ait point d'interruption dans les soins qu'exige la sûreté publique, les diverses autorités demeurent chargées d'y veiller. » Le gouvernement se suicidait : mieux aurait valu succomber sous les coups de l'ennemi !

A la nouvelle de cette résolution extraordinaire, une réaction se produisit parmi le peuple en faveur de l'ancien gouvernement. On sentait d'instinct que, malgré tous ses défauts, ce gouvernement représentait la patrie et l'indépendance vis-à-vis de l'étranger. La guerre civile éclata. On pilla les maisons de quelques-uns de ceux qui passaient pour avoir pris la plus grande part à cette révolution. Le pillage s'étendit jusqu'aux magasins. Quelques bourgeois furent même égor-

(1) Bonaparte tenait à ce licenciement des Esclavons. Ce qui semblerait indiquer qu'il connaissait à l'avance l'ultimatum présenté par Villetard ou du moins par ses amis, au Grand Conseil, c'est que, dès le 14 mai, c'est-à-dire au surlendemain de la révolution démocratique, il réclamait l'exécution d'une des conditions qui figuraient dans cet ultimatum. Voir lettre aux Vénitiens, datée de Milan (*Correspondance*, t. III, p. 34) : « Si vingt-quatre heures après la publication du présent ordre, les Esclavons n'ont pas, conformément à l'ordre qui leur a été donné par les magistrats de Venise, quitté cette ville pour se rendre en Dalmatie, les officiers et les aumôniers des différentes compagnies d'Esclavons seront arrêtés, traités comme rebelles, et leurs biens en Dalmatie confisqués. »

gés. Villetard se crut menacé et chercha un refuge chez le ministre d'Espagne. Mais l'ordre se rétablit bientôt. Une municipalité provisoire de soixante membres fut créée, et son premier acte fut de prescrire l'envoi de la flotte vénitienne pour aller au-devant des Français et les introduire à Venise. Une division de 4.000 hommes, commandés par Baraguey d'Hilliers, prit possession de la ville au milieu d'un morne silence. C'était le 16 mai 1797, le dernier jour de l'indépendance vénitienne.

Le même jour, Bonaparte signait à Milan[1] avec les représentants vénitiens, Donat, Giustiniani et Mocenigo, un traité de paix et d'alliance avec la nouvelle République. Il y était stipulé que « le Grand Conseil de Venise, ayant à cœur le bien de sa patrie et le bonheur de ses concitoyens, et voulant que les haines qui ont eu lieu contre les Français ne puissent plus se renouveler, renonce à ses droits de souveraineté, ordonne l'abdication de l'aristocratie héréditaire et reconnaît la souveraineté de l'Etat dans la réunion de tous les citoyens, sous la condition cependant que le gouvernement garantisse la dette publique nationale, l'entretien des pauvres gentilshommes qui ne possèdent aucun bien fonds, et les pensions viagères accordées sous le titre de provisions ». Cinq articles secrets, annexés au traité de Milan, portaient que les deux Républiques, française et vénitienne, s'entendraient pour l'échange de divers territoires, que Venise paierait une contribution de trois millions en numéraire, trois millions en chanvres, cordages et agrès, fournirait trois vaisseaux de ligne et deux frégates et céderait vingt tableaux et cinq cents manuscrits.

Le même jour, 16 mai, le Directoire renvoyait de Paris l'ambassadeur Querini, et déclarait la guerre à Venise, en sorte qu'à la même heure un gouvernement s'effondrait, un traité de paix et d'alliance était signé avec ce même gouvernement, et la guerre lui était officiellement déclarée, tant il y

(1) Art. II du traité. Voir *Correspondance*, t. III, p. 49.

avait d'incohérence dans la direction des affaires, tant les chefs des deux Républiques agissaient sans plan convenu et au hasard des événements, tant Bonaparte était l'unique maître de la situation et se servait de sa toute-puissance pour décider, au gré de ses caprices, ou plutôt au mieux de ses intérêts, des destinées d'une République quatorze fois séculaire!

Ainsi tomba sans efforts le gouvernement aristocratique, mais rien ne semblait menacer l'autonomie de Venise. Elle avait changé de constitution sous la pression des baïonnettes françaises, mais enfin elle existait encore. Elle espérait même reprendre sous notre protection une vie nouvelle, d'autant plus qu'on lui avait fait espérer l'annexion de Bologne, de Ferrare et de la Romagne. Puisque le traité de Milan laissait subsister le nom et le souvenir de cette noble République, le peuple vénitien ne pouvait-il pas se retremper dans des institutions nouvelles, et rester uni à l'Italie? Telles furent les espérances dont se berçaient les patriotes vénitiens. Leurs illusions furent de courte durée. Bonaparte avait déjà dans son esprit résolu la ruine et le partage de l'Etat qu'il venait de fonder.

V

La République démocratique de Venise avait été constituée par le traité de Milan le 16 mai 1797. Le 26 du même mois, Bonaparte écrivait à la municipalité qui venait d'être nommée à Venise[1] : « Dans toutes les circonstances, je ferai tout ce qui sera en mon pouvoir pour vous donner des preuves du désir que j'ai de voir se consolider votre liberté, et de voir la misérable Italie se placer enfin avec gloire, libre et indépendante des étrangers, sur la scène du monde, et reprendre, parmi les grandes nations, le rang auquel l'appellent sa

(1) Mombello, 26 mai 1797 (*Correspondance*, t. III, p. 70).

nature, sa position et le destin. » Le lendemain 27 [1], à une heure du matin, ces chiffres ont leur éloquence, il annonçait au Directoire qu'il avait proposé à l'Autriche de lui donner Venise à titre d'indemnité, et il ajoutait cet incroyable commentaire : « Approuvez-vous notre système pour l'Italie ? Venise qui va en décadence depuis la découverte du cap de Bonne-Espérance et la naissance de Trieste et d'Ancône, peut difficilement survivre aux coups que nous venons de lui porter. Population inerte, lâche et nullement faite pour la liberté ; sans terres, sans eaux ; il paraît naturel qu'elle soit donnée à ceux à qui nous donnons le continent. Nous prendrons tous les vaisseaux, nous dépouillerons l'arsenal, nous enlèverons tous les canons, nous détruirons la banque, nous garderons Corfou pour nous... On dira que l'Empereur va devenir puissance maritime ? Il lui faudra bien des années, il dépensera beaucoup d'argent et ne sera jamais que de troisième ordre ; il aura effectivement diminué sa puissance. » Ainsi donc, au moment même où Bonaparte adressait aux Vénitiens des paroles si flatteuses, il trafiquait d'eux ! Sans qu'ils lui eussent donné le moindre sujet de plainte, il les vendait à des étrangers ! Sans qu'il eût cédé à la moindre pression du côté des Autrichiens, il leur livrait de lui-même la République créée par lui, garantie par un traité signé de lui, et à laquelle il envoyait constamment des assurances de sa protection ! Rien ne justifiait cette déloyauté ou plutôt cette trahison. La Pologne venait d'être partagée, mais au moins la France n'avait pas trempé dans cette infamie. Nous allions donner une seconde édition du partage de la Pologne, et aux dépens d'un Etat dont le seul tort était d'avoir cru aux promesses de la France ! Hélas ! nous ne les connaissons que trop les déplorables conséquences de ces honteux maquignonnages de

(1) *Id.*, id., t. III, p. 74. On peut rapprocher de cette lettre l'article qui parut dans le *Moniteur* du 29 mai : « Voici ce qu'on lit dans plusieurs journaux. Les chants joyeux de la paix se font entendre de toutes parts. Bientôt toute l'Europe, tout le globe en va retentir. L'Angleterre et Venise seules restent sur le champ de bataille, mais ne tarderont pas l'une à renoncer à ses projets ambitieux et destructeurs, l'autre à expier ses imprudentes perfidies. »

peuples. La force dorénavant primera le droit, et, si la malheureuse Alsace, si l'infortunée Lorraine se débattent en ce moment sous la main de leurs oppresseurs, n'est-ce pas une punition rétrospective, et n'expions-nous pas en ce moment le fatal aveuglement de nos pères !

Il est vrai que le Directoire n'accepta pas du jour au lendemain ce honteux marché. Il n'était jamais entré dans ses desseins de rayer Venise du nombre des nations libres, surtout au profit de l'Autriche. Exploiter la terreur et la faiblesse des patriciens, vivre à leurs dépens, rançonner Venise en un mot, rien de mieux ; mais détruire Venise, il n'y avait même pas songé. En janvier 1797, lorsqu'il avait envoyé Clarke à Vienne présenter un projet de traité préparé par Bonaparte et approuvé par eux, le nom de Venise n'y était même pas prononcé. Il y était sans doute question de compensations territoriales, mais à prendre en Allemagne et nullement en Italie. Les préliminaires de Leoben avaient brusquement modifié la situation, puisqu'ils n'avaient été signés qu'à la condition expresse de donner à l'Autriche, aux dépens de Venise, les compensations qu'elle réclamait; mais enfin l'indépendance de Venise était maintenue, et le Directoire ne songeait pas à l'anéantir ; voici que brusquement Bonaparte lui proposait d'en finir avec ce gouvernement vermoulu et cette république usée ! Voici qu'il présentait la chute et le partage de Venise comme une nécessité qui s'imposait, et sans doute qu'il agissait déjà, suivant sa méthode habituelle, comme si Venise était condamnée[1] !

Le Directoire se trouvait fort embarrassé. La désinvolture et le sans-gène de son plénipotentiaire n'étaient pas sans lui porter ombrage. D'ailleurs un des Directeurs était personnellement intéressé au maintien de la République Vénitienne. L'ambassadeur de Venise à Paris, Alvise Querini[2], n'avait

(1) Ce projet de traité se trouve dans la *Correspondance* (t. II, p. 267).

(2) Les dépêches de Querini, toutes rédigées de sa main, et faisant partie de sa collection, ont été léguées à Venise par son fils et sa fille. C'est à Venise que les a consultées M. Barral, qui en a tiré un excellent parti dans son *Histoire de la chute de Venise*.

pas oublié que la corruption avait été érigée par son gouvernement en système politique. Il résolut d'acheter celui des Directeurs dont la conscience passait pour être la plus accommodante. Toujours prudent, il ne le désigne jamais, dans ses dépêches, que par son titre, mais l'hésitation n'est pas permise. C'est de Barras qu'il s'agit. Barras était loin d'être incorruptible, et les personnes qui servirent d'intermédiaires à la négociation étaient ses amis particuliers, entre autres son secrétaire Bottot. Querini s'adressa donc à Barras et le supplia de sauver Venise. Barras ne prit aucun engagement, mais laissa sans doute entrevoir que, si Venise y mettait le prix, il lui vendrait ses services, car Querini s'empressa de rédiger une dépêche pour avertir les patriciens [1]. Il alla même jusqu'à parler de six à sept millions qui seraient le prix du marché. Avant que la réponse à cette ouverture fût arrivée à Paris, un confident de Barras, sans doute son secrétaire Bottot, venait trouver l'ambassadeur et lui mettait le marché en main. Il lui apprit que deux des cinq directeurs étaient hostiles et deux favorables à Venise, que tout dépendait par conséquent du cinquième et que ce cinquième offrait de se prononcer pour Venise [2], à condition de recevoir pour lui directement 600.000 livres tournois et pour ses amis encore 100,000 livres. Querini accepta, mais à condition que Brescia, Bergame et les autres cités rebelles seraient réduites à l'obéissance et les patriciens réintégrés dans tous leurs droits. Bottot revint le jour même et annonça que l'affaire était conclue. *Tutto era accordato.*

A Venise, le marché fut ratifié. On fit même une traite de 700.000 francs sur la banque génoise de Pallavicini [3], mais à

(1) Dépêche du 8 avril 1797. « Che forse si protrebbe ottener cosi essenziali oggeti con qualche sacrifizio in danaro che dall'Eccelentissimo Senato fosse ancora per forsi... Di penetrare che sei o sette millioni di franchi sarebbero sufficienti. »

(2) Dépêche du 17 avril : « E che era venuto da me per veder se voleva far un qualque sacrifizio; che in tal caso m'assicurava che la questione sarebbe stata decisa a favor del mio governo. »

(3) Dépêche du Doge à Querini, à la date du 20 avril.

condition que « toutes les villes de terre ferme, actuellement révolutionnées et occupées par les troupes françaises, ressentiront l'effet des promesses que vous avez reçues de la part de ceux qui les ont consenties ». Tout à coup arrive la nouvelle des préliminaires de Leoben, de la déclaration de guerre et bientôt de la chute du gouvernement aristocratique. Querini tombait avec ce gouvernement. Le 22 mai, il recevait l'ordre de quitter Paris; au moins avait-il la satisfaction d'apprendre que les lettres de change qu'il avait souscrites étaient annulées. Pour achever l'histoire de cette honteuse transaction, rappelons ici que Barras eut l'audace de présenter au banquier Pallavicini les traites échues en juillet. Elles furent naturellement protestées par Querini. Barras en conçut un tel ressentiment qu'il fit arrêter et jeter en prison, à Milan, l'ancien ambassadeur. Le 11 février 1799, après une longue détention préventive, Querini était interrogé par le colonel Pascalis et lui avouait qu'il avait confié tous ses papiers au ministre du duc de Toscane. On fut obligé de le relâcher. La concussion n'en est pas moins nettement établie, et le rôle de Barras est doublement honteux, puisqu'il vendait son vote et poursuivait comme un criminel d'État le fonctionnaire vénitien, qui n'avait commis d'autre crime que de ne pouvoir achever la transaction qu'il avait proposée.

Aussi bien ce n'était pas seulement au sein du Directoire que Venise trouvait des amis et des protecteurs. L'opinion publique commençait à s'émouvoir. Quelques journalistes avaient déjà protesté contre le partage projeté. Quelques militaires avaient fait remarquer le danger auquel on s'exposait en donnant à l'Autriche, au lieu du Milanais, province isolée, et qu'il était facile d'attaquer, un territoire continu et de meilleures frontières. Un membre du conseil des Cinq Cents, Dumolard, se fit l'interprète de ces répulsions et de ces craintes. Il monta à la tribune pour demander des explications (23 juin 1797).

« L'honneur et le devoir du Corps Législatif, dit-il, l'intérêt même de nos armées ordonnent de rompre un trop long silence sur des événements qui frappent toute l'Europe, et qui ne sont ignorés que dans cette enceinte. Je viens parler de l'Italie. Le manifeste du général Bonaparte contre l'état de Venise a retenti dans toute l'Europe : il vous a été transmis officiellement par le Directoire le 27 floréal dernier. Vous frémites alors d'une juste indignation contre les attentats dont nos soldats furent les victimes. Quelques écrivains ont pu élever des doutes sur la vérité des faits allégués dans ce manifeste. Le Corps Législatif a dû croire à un manifeste garanti par la puissance exécutive. Le moment n'est pas arrivé de discuter si on devait déclarer la guerre. Vous ne pouviez la faire sans l'initiative du Directoire qui, lui-même, ne pouvait prendre des mesures hostiles sans vous en instruire sur-le-champ. La renommée a publié dans toute l'Europe la révolution de Venise ; nos troupes y sont entrées, sa marine est en notre pouvoir, le plus ancien gouvernement de l'Europe n'est plus, il reparait sous des formes démocratiques... C'est à vous à examiner si le Directoire n'a pas violé la constitution; si, en termes déguisés, il n'a pas fait de son chef la guerre, la paix, et peut-être des traités dont il ne vous a donné aucune connaissance... Nous ne sommes plus à ces temps désastreux où Clootz et sa secte des illuminés voulaient planter l'arbre de la liberté républicaine dans tout le globe. Nous voulons jouir de notre liberté en respectant les autres gouvernements. » L'orateur concluait en demandant des éclaircissements au Directoire. Aussitôt s'engagea une vive discussion. Bailleul qualifia le discours de son collègue de tissu d'absurdités, et demanda l'ordre du jour. Guillemardet s'étonna de ce qu'on se plaignit au conseil des Cinq Cents d'une révolution démocratique et des justes représailles infligées à des ennemis. Mais Garaud-Coulon, Doulcet et Boisy demandèrent et obtinrent l'impression du discours de Dumolard, et Thibaudeau proposa de nommer une commission chargée d'étudier les événements de Venise. Cette proposition fut adoptée à une forte majorité : ce qui indiquait non pas précisément un parti pris, mais une défiance prononcée à l'égard des projets de Bonaparte.

La séance du 5 messidor eut un grand retentissement à Paris, et plus encore en Italie. Tous les républicains honnêtes et consciencieux s'associèrent au noble langage de Dumolard. Les Vénitiens se crurent sauvés, mais ils avaient compté sans les irrésolutions du Directoire, et surtout sans la colère de Bonaparte. Ce dernier exhala son dépit ou plutôt sa fureur dans une lettre [1] célèbre. « Je reçois à l'instant, citoyen Directeur, la motion d'ordre de Dumolard... J'avais le droit, après avoir conclu cinq paix et donné le dernier coup de massue à la coalition, sinon à des triomphes civiques, au moins à vivre tranquille, et à la protection des premiers magistrats de la République ; aujourd'hui je me vois dénoncé, persécuté, décrié par tous les moyens, bien que ma réputation appartienne à la patrie. J'aurais été indifférent à tout; mais je ne puis pas l'être à cette espèce d'opprobre dont cherchent à me couvrir les premiers magistrats de la République... J'ai le droit de me plaindre de l'avilissement dans lequel ils traînent ceux qui ont agrandi, après tout, la gloire du nom français. Je vous réitère, citoyen Directeur, la demande que je vous ai faite de m'accorder ma démission. J'ai besoin de vivre tranquille, si les poignards de Clichy veulent me laisser vivre. Vous m'aviez chargé des négociations, j'y suis peu propre. » Le même jour il rédigeait une note [2] sur les événements de Venise, dans laquelle il cherchait à démontrer que les Vénitiens avaient exaspéré la patience française, et s'étaient donné les torts de l'agression; puis brusquement et comme emporté par la violence de son ressentiment, il coupait court aux explications, et terminait par cette foudroyante apostrophe : « Mais je vous prédis, et je parle au nom de 80.000 soldats, ce temps où de lâches avocats et de misérables

(1) Lettre présumée de Mombello, 30 juin 1797 (*Correspondance*, t. III, p. 154).

(2) Note sur les événements de Venise, présumée de Mombello, 30 juin 1797 (*Correspondance*, t. III, p. 156).

bavards faisaient guillotiner les soldats est passé; et, si vous y obligez, les soldats d'Italie viendront à la barrière de Clichy avec leur général, mais malheur à vous! »

A ces menaces qu'on ne prenait même plus la peine de déguiser, le Directoire, s'il avait eu de l'énergie, aurait dû répondre par une destitution, mais Bonaparte n'était déjà plus de ceux qui exécutent sans discussion les ordres qu'on leur donne, et, comme il avait soin de le faire remarquer, le temps était passé où les avocats faisaient la loi aux généraux. Les Directeurs feignirent de ne pas avoir compris la menace et de ne pas avoir reçu l'offre de la démission. Les négociations continuèrent, et Bonaparte resta le maître.

Pendant que se discutaient ses futures destinées, la nouvelle République vénitienne présentait le spectacle de la désorganisation. Sans doute les Vénitiens s'étaient empressés de se mettre à la mode du jour. Ils avaient décrété la démolition des prisons de l'Inquisition d'État. Ils avaient sur l'évangile ouvert que tenait le lion de Saint-Marc, et sur lequel on lisait : *Pax tibi, Marc, evangelista meus*, substitué les mots : Droits de l'homme et du citoyen, ce qui fit dire plaisamment à un gondolier que le lion avait enfin retourné la page; ils avaient adopté une cocarde tricolore, et, sous le nom de société de l'instruction publique, fondé une succursale du club des Jacobins. Les Procuraties vieilles et nouvelles s'appelaient Galeries de la liberté [1]. On jouait au théâtre : *Il matrimonio Democratico ossia il flagello dei feudatari* d'Antonio Sograffi, ou bien encore l'*Ex marchesa della Tomboletta a Parigi*. Les citoyens avaient endossé la carmagnole, et les femmes se promenaient demi-nues, en tuniques à l'athénienne, en chapeaux à la Paméla, en cheveux courts à la guillotine : ce n'étaient là que les changements extérieurs. Au fond la plus grande inquiétude régnait dans les esprits. On redoutait les convoitises autrichiennes, on avait peur de Bonaparte, on sentait de toutes parts crouler l'an-

(1) CANTU, liv. XI, p. 87.

tique édifice, et s'imposer, pour le remplacer, la domination étrangère.

Padoue, l'antique rivale de Venise, donna le signal. Invitée par le général Victor, qui avait son quartier général dans cette ville, à abattre le lion de Saint-Marc, non seulement elle le fit avec empressement, mais encore déclara rompus tous ses liens avec la République. Elle poussa même la jalousie jusqu'à vouloir priver Venise de l'usage des eaux douces de son territoire. La municipalité de Chiozza [1], un faubourg de Venise, s'adressait à Bonaparte pour demander son annexion à la future République Cisalpine : « Le peuple de Chiozza, écrivaient les représentants de cette petite ville, né contemporain de celui de Venise, mais libre et indépendant de ce dernier, fait, depuis plusieurs siècles, partie de l'état vénitien, dont le gouvernement tyrannique le rendit sujet, après avoir répandu le sang de quelques milliers de Chiozzates qui voulaient défendre leur liberté. Daignez exaucer le vœu général. Ajoutez un nouveau prix au don précieux que vous nous avez fait de la liberté, en réunissant ce peuple à celui de la République Cisalpine. » Les provinces de Vicence [2] et de Bassano proclamaient également leur indépendance. A vrai dire tout s'effondrait, tout était bouleversé, et Bonaparte continuait à garder le secret des négociations. C'était une situation intolérable et la municipalité [3] de Venise ne pouvait la supporter plus longtemps sans s'exposer à une nouvelle révolution.

Battaglia, l'ancien provéditeur, crut pouvoir prendre sur lui de s'adresser directement à Bonaparte en le consultant sur ses

(1) DARU, ouv. cit., t. VII, p. 373.

(2) DARU, id., 390. « Les provinces qui gémissaient sous le joug des Vénitiens, représentées par leurs députés réunis dans un congrès central, réclament de vous leur liberté et leur réunion à la République Cisalpine. » Cf. lettre de Joubert à Bonaparte, Bassano, 14 mai 1797 (DARU, VII, p. 315). Id., Vicence, 9 août 1797 (VII, p. 390).

(3) Arnault écrivait à Bonaparte, le 5 juin 1797 : « La municipalité, faible et divisée, ne se regarde pas comme suffisamment constituée ; les opérations se ressentent de ce manque de confiance. Composée d'un grand nombre d'hommes timides et de quelques hommes trop hardis, elle donne peu à espérer et beaucoup à craindre. Livrée à elle-même, elle passerait facilement de son inaction actuelle aux plus terribles abus de l'autorité révolutionnaire. »

intentions. Ce dernier, gêné par cette mise en demeure, et ne voulant d'ailleurs prendre aucun engagement formel, répondit[1] par de banales protestations et des plaintes contre l'oligarchie, mais ne laissa rien percer de ses futurs desseins. « La loyauté de votre caractère, la pureté de vos intentions, la véritable philosophie que j'ai reconnue en vous tout le temps que vous avez été chargé du pouvoir suprême sur une partie de vos compatriotes, vous ont mérité mon estime; si elle peut vous dédommager des maux de toute espèce que vous avez endurés pendant ces derniers temps, je m'estimerai heureux... L'oligarchie de Venise aurait dû céder à un gouvernement plus sage; elle aurait au moins fini sans se rendre coupable d'un crime dont les historiens français ne peuvent trouver le semblable sans être obligés de remonter à plusieurs siècles. » Ces compliments emphatiques, ces creuses déclamations, rassurèrent Battaglia et les membres de la municipalité. Ils s'imaginèrent que les préliminaires de Leoben n'avaient été qu'un leurre pour l'Autriche, et qu'une menace pour le gouvernement oligarchique. Ils ne pouvaient croire d'ailleurs qu'après la solennelle reconnaissance de la nouvelle république par la France et le traité de Milan, l'autonomie de Venise ne serait pas respectée. Aussi s'efforcèrent-ils, tout en ménageant leurs vainqueurs, de vivre et d'agir comme s'ils devaient continuer à être libres et indépendants. Ils célébrèrent même des fêtes en l'honneur du nouvel ordre de choses. A la Pentecôte ils plantèrent en grande pompe des arbres de la liberté. On avait construit sur la place Saint-Marc, en face de l'église, une grande loge avec estrade pour les musiciens. L'arbre était couché au milieu de la place. Deux enfants, un jeune homme et une jeune femme qu'on allait marier, et deux vieillards s'approchèrent de l'arbre qui bientôt fut dressé aux applaudissements de l'assistance et au bruit du canon. Un *Te Deum* fut ensuite célébré à Saint-Marc, le jeune couple fut marié, et l'abbé Collalto prononça un discours bizarre où il comparait à

(1) Mombello, 3 juillet 1797. *Corresp.*, III, 167.

la croix l'arbre de la liberté. On dansa dans toutes les rues, le théâtre Fenice donna une représentation gratuite, et le général Baraguey d'Hilliers, qui avait assisté à la fête, daigna déclarer qu'il était très satisfait de l'empressement des Vénitiens [1]. Il est vrai que, le même jour, les excès avaient commencé. La foule s'était portée au palais grand-ducal, avait lacéré les bannières, monuments de tant d'insignes victoires, brûlé le siège du doge, et le fameux livre d'or. L'anneau que les doges jetaient dans l'Adriatique le jour de l'Ascension, quand ils montaient sur le *Bucentaure*, fut sauvé par hasard et vendu à un orfèvre pour cent soixante livres. Ainsi disparaissaient les derniers témoins de tout un passé de gloire.

Afin de mieux endormir les soupçons, Bonaparte engagea sa femme, Joséphine, à se rendre à Venise [2]. On la reçut avec un déploiement inouï d'adulations et d'honneurs, au bruit du canon, comme on n'aurait pas reçu la princesse héritière d'un grand empire. La municipalité se porta à sa rencontre, l'accabla de compliments et lui donna quatre jours de fête, avec soupers de gala, régates, illuminations et feux d'artifice. On lui offrit même un collier de grosses perles, tiré du trésor de Saint-Marc. Ainsi que le remarque l'historien Botta, « si l'offre fut honteuse, l'acceptation le fut davantage » ; mais Bonaparte ne connaissait déjà plus de limites à son ambition, et trouvait naturels les hommages prodigués à sa femme. Quant aux membres du gouvernement vénitien, ils savaient très bien que leur sort était entre les mains de Bonaparte, et, pour se concilier ses bonnes grâces, ils auraient consenti à de tout autres sacrifices.

Peu à peu cependant les illusions se dissipaient. Un congrès avait été réuni à Bassano. Vérone y avait envoyé Monga, Padoue Savonarola, Brescia Beccalozzi et Venise Giuliani.

(1) Le même jour, l'arbre de la Liberté était planté dans toutes les villes du territoire vénitien, sauf à Udine où Bernadotte, qui connaissait les projets de Bonaparte, ne voulut pas se prêter à une indigne comédie, et aima mieux préparer les habitants à la pensée de leur prochain abandon.

(2) Marmont, *Mémoires*, t. I, p. 293.

Udine n'était pas représentée. Le général Bernadotte n'avait pas voulu laisser aux habitants de la province qu'il administrait la dangereuse illusion de croire à leur future indépendance. Aussi bien c'était un général français, Berthier, qui présidait les séances du congrès. Les députés, au lieu de s'entendre pour une action commune, se disputèrent sur le choix d'une capitale. Plusieurs d'entre eux auraient voulu être annexés à la Cisalpine, mais les directeurs de la nouvelle République italienne leur adressèrent une réponse hautaine et tortueuse qui les découragea. Berthier mit un terme à leurs hésitations et à leurs rivalités en prononçant la dissolution du congrès, sous prétexte que les députés n'avaient pu s'entendre sur le projet d'union.

Cette brutale immixtion d'un général français dans les affaires intérieures de la République fut pour beaucoup de patriotes un sérieux avertissement. Les bruits les plus sinistres continuaient à circuler. Non seulement les Français ne faisaient rien pour les dissiper, mais, par leur attitude, ils laissaient croire à une connivence secrète avec les Autrichiens. En effet, ces derniers occupaient en silence, mais sans perdre un jour, les provinces orientales de la République, en Istrie et en Dalmatie, et partout l'armée française évacuait les territoires et les laissait s'étendre à leur aise. Sur la terre ferme, même dans les grandes villes, même à Venise, les Français agissaient comme en pays ennemi. Réquisitions, impôts extraordinaires, pillages éhontés non seulement des établissements publics, mais même des hôtels et des collections privées, un impitoyable vainqueur n'épargnait aucune humiliation. A Vérone la galerie des Bevilacqua était violemment dépouillée. Soixante et dix-neuf médailles disparaissaient des musées Muselli et Verita. A Venise la bibliothèque perdait près de deux cents manuscrits, entre autres deux manuscrits arabes sur papier de soie, donnés à la République par le cardinal Bessarion. Les bibliothèques de Trévise et de Saint-Daniel-en-Frioul étaient indignement pillées. On ne se contentait pas des manuscrits, on prenait également les incunables ou les précieuses éditions des Alde. Tableaux arrachés aux églises, statues enlevées sur les places, meubles ou armes précieuses, tout devenait une proie. La rapine s'étendait même aux dépôts confiés à l'honneur vénitien, et le duc de Modène perdait son trésor, environ deux cent mille sequins, qui furent soi-disant attribués aux besoins de l'armée.

Un Vénitien se rencontra qui eut le courage de protester contre ces abus de la force. Il se nommait Barzoni. Il publia contre ces déprédations honteuses un vigoureux pamphlet qu'il intitula : les *Romains en Grèce*. Il était facile de reconnaître les Français et les Italiens déguisés en Romains ou en Grecs, et Flaminius sous les traits de Bonaparte. Notre chargé d'affaires, Villetard, se plaignit à la municipalité. On lui répondit avec raison qu'il était difficile de poursuivre une œuvre anonyme. Fier de son succès, Barzoni se livra à des provocations directes. Rencontrant un jour Villetard dans un café, il lui tendit la main, et, comme ce dernier retirait la sienne, il lui tira un coup de pistolet. Villetard agit en cette circonstance avec une grande dignité. Il écrivit à Bonaparte pour excuser son assassin, qu'il essaya de faire passer pour un fou par dépit amoureux ; il lui procura même, sous un faux nom, un passeport à l'aide duquel Barzoni put se réfugier à Malte. Bonaparte avait d'abord été tenté de sévir : « J'ai appris avec peine, citoyen, écrivait-il [1] à Villetard, ce qui vous est arrivé. J'imagine que le gouvernement de Venise aura fait arrêter cet assassin qui, heureusement, a manqué son coup. Vous avez tort de regarder cela comme une folie ; c'est un assassinat, et qui mérite une punition exemplaire. »

Aussi bien, ce n'était plus un citoyen, c'était un peuple entier qui allait se trouver lésé dans ses intérêts, trahi dans ses affections, déçu dans ses espérances ! Il ne s'agissait plus de venger des injures particulières, c'était un crime de lèse-nation qui allait être commis ! Venise allait être vendue et livrée à l'Autriche !

(1) Passariano, 6 octobre 1797, *Correspondance*, t. III, p. 368.

Il ne peut entrer dans notre sujet de raconter les négociations longues, délicates et embrouillées qui, après les préliminaires de Leoben, préparèrent et amenèrent la paix de Campo-Formio. Nous ne voulons en retenir que ce qui regarde Venise. Trois idées principales se dégagent de la lecture des nombreux documents où sont relatées les négociations : la première, c'est que les Autrichiens, avec une persévérance qui est à l'honneur de leurs diplomates, ont tout subordonné à leur âpre désir d'obtenir Venise ; la seconde, c'est que le Directoire n'a pas cessé de défendre Venise, et contre l'Autriche qui la convoitait, et contre Bonaparte qui l'abandonnait ; la troisième, c'est que Bonaparte était décidé à signer la paix au prix de n'importe quel sacrifice, et que, trouvant dans Venise la compensation territoriale dont il avait besoin pour la proposer à l'Autriche, il fit de la cession de Venise comme le pivot de sa diplomatie.

Nous savons déjà que les Autrichiens n'avaient si facilement posé les armes à Leoben que parce que Bonaparte leur avait fait entrevoir l'annexion probable de Venise à leur territoire. Les plénipotentiaires autrichiens, Cobenzl, Merfeldt, Gallo, s'attachèrent obstinément à cette idée. Ils voulaient non seulement tout le territoire de la République, mais même les légations pontificales et Modène. Il fallut que Bonaparte leur rappelât qu'ils n'avaient pas de conditions à imposer : « Je leur ai demandé, écrivait-il au Directoire[1], à combien de lieues leur armée se trouvait de Paris, et je me suis vigoureusement fâché sur l'impertinence de nous faire de pareilles propositions ; ils l'ont senti, mais nous ont déclaré que leurs instructions ne leur permettaient pas de conclure à moins. » Comme Bonaparte avait en effet donné ses ordres pour que l'armée s'apprêtât à rentrer en campagne, les plénipotentiaires se relâchèrent quelque peu de leurs prétentions[2]. Ils renoncèrent à Modène, à Bologne et aux Légations, mais plus

(1) Passariano, 6 septembre. Lettre de Bonaparte au ministre des relations extérieures. *Corresp.*, t. III, p. 205.

(2) *Correspondance*, 13 septembre, III, 295.

que jamais revendiquèrent l'annexion de Venise. C'était en effet pour eux une question capitale. Sans Venise, ils n'étaient plus que campés en Italie ; avec Venise au contraire, ils avaient la chance de pouvoir, un jour ou l'autre, jouer dans la péninsule un rôle prépondérant, et, de plus, ils donnaient à l'Autriche une marine et des côtes. Bonaparte, qui savait à propos faire des sacrifices, comprit que les Autrichiens étaient résolus à continuer la guerre plutôt que de renoncer à l'espoir d'occuper Venise. Comme son ambition était alors de signer la paix, et que cette ambition était d'accord avec l'obstination autrichienne, il consentit à abandonner cette ville tant convoitée, et c'est ainsi que les plénipotentiaires autrichiens furent récompensés de leur persévérance.

Thugut, le premier ministre autrichien, avait admirablement caché son jeu. Interrogé à plusieurs reprises par l'ambassadeur de Venise à Vienne, Grimani[1], il était resté impénétrable. Il n'avait voulu faire connaître aucune des conditions des préliminaires de Leoben, ce qui était bien grave, comme l'observait avec raison Grimani, car s'il avait eu de bonnes nouvelles à donner, il ne les aurait pas cachées. Le 1er mai, l'ambassadeur vénitien fit une nouvelle tentative auprès de Thugut, mais il ne put lui arracher aucune déclaration officielle. Il ne parvint même pas à savoir si les troupes françaises, après avoir évacué les états héréditaires autrichiens, occuperaient ou abandonneraient le territoire vénitien. Ce silence obstiné était de mauvais augure. Grimani se rappelait que Thugut avait déjà été un des principaux négociateurs des partages de la Pologne et il était comme hanté par ce malencontreux souvenir. En effet, tout était déjà décidé, et, si le ministre autrichien gardait encore le silence, ce n'était nullement pour ménager les Vénitiens, mais pour tenir en haleine Bonaparte et ne signer décidément la paix que lorsque Bonaparte aurait triomphé des scrupules du Directoire, et obtenu de haute main la cession de Venise.

(1) Dépêche de Grimani, du 29 avril. « Il mio spirito non cessa di cercare vie a penetrare l'arcano de segnati preliminari di pace. »

Le Directoire, en effet, non seulement ne nourrissait contre Venise aucune pensée hostile, mais encore il était disposé à la défendre. Même après l'attentat de Vérone, même après le massacre du Lido, tout en étant résolu à punir la ville coupable, il entendait respecter son indépendance. Dans les instructions[1] qu'il envoyait, le 6 mai 1797, aux généraux Bonaparte et Clarke, il prévoyait sans doute la cession d'une partie du territoire vénitien à l'Autriche, mais il stipulait soit la formation d'une République Lombarde, comprenant le Milanais, Modène, les Légations et Venise, soit la réunion de Venise aux Légations, soit l'indépendance absolue de Venise. Le 1er juillet, le ministre des relations extérieures, sur le bruit déjà répandu des intentions de Bonaparte, avait soin de lui rappeler les intentions formelles du gouvernement[2] : « Quant aux États vénitiens que nous occupons, il faut distinguer ceux que nous devons évacuer et que l'Empereur pourra occuper en vertu des préliminaires, si la paix se conclut, et ceux qui sont réservés par l'article 11 de ces mêmes préliminaires, ces derniers ayant toujours été regardés, depuis leur occupation, comme devant être gouvernés par les principes républicains. »

Le 19 août[3] nouvelle dépêche, plus explicite, du même ministre, qui, passant en revue les diverses hypothèses des remaniements territoriaux, appelle toujours l'attention des négociateurs sur ce point que « Venise doit être ou réunie à la Cisalpine, ou libre, mais, en aucun cas, cédée à l'Empereur ». Un mois plus tard, le 16 septembre, comme l'Autriche élevait des prétentions singulières, et que Bonaparte semblait disposé à lui céder Venise, le Directoire se décide à envoyer un ulti-

(1) Document cité par DARU, ouv. cit., t. VII, p. 331.

(2) DARU, VII, 370.

(3) Id., VII, 399 : « Le principal de ces objets est d'éloigner l'Empereur de l'Italie et d'insister sur ce qu'il s'étende en Allemagne. Vous concevez sans peine l'intérêt que nous y avons. Nous réduisons sa puissance maritime ; nous le mettons en contact avec son ancien rival, le roi de Prusse, et nous l'écartons des frontières de la république, notre alliée, qui, dénuée de forces militaires, et située entre les états du grand-duc de Toscane et ceux de l'Empereur, serait bientôt influencée et subjuguée par la maison d'Autriche. »

matum[1] : « Dites-leur en réponse à ces étranges communications, et signifiez-leur comme ultimatum du Directoire qu'en Italie l'Empereur gardera Trieste, et gagnera l'Istrie et la Dalmatie ; qu'il renoncera à Mantoue, à Venise, à la Terre-Ferme et au Frioul vénitien, et qu'il évacuera Venise... Vous aurez carte blanche, mais je ne puis trop vous dire combien le Directoire désire et combien il est de l'intérêt de la République que vous puissiez faire passer les articles ci-dessus. L'Empereur doit être entièrement écarté de Italie ; ses dédommagements doivent consister en biens ecclésiastiques sécularisés en Allemagne. » Le 29 septembre, confirmation de l'ultimatum, et avec des arguments nouveaux, trop vrais par malheur, puisqu'on n'en a pas tenu compte, mais que le gouvernement, s'il avait eu la fermeté nécessaire, aurait dû imposer et non pas proposer. « Si on cède Venise et son territoire à l'Autriche, lisons-nous dans cette dépêche[2], nous lui aurons fourni le moyen de nous attaquer avec plus d'avantage, nous aurons traité en vaincus, indépendamment de la honte d'abandonner Venise, que vous croyez vous-même si digne d'être libre. Et ce serait la France qui gratifierait l'Empereur des éléments d'une marine faite pour s'emparer de son commerce du Levant ! » Le même jour, et pour mieux marquer la pensée du Directoire, le ministre des relations extérieures expédiait une seconde dépêche[3] à Bonaparte. Il lui signifiait la décision définitive du gouvernement, et lui enjoignait de se préparer à la reprise des hostilités : « Je vous répète que les conditions de paix que le Directoire accordera à l'Empereur sont les suivantes : « L'Empereur gardera Trieste et gagnera l'Istrie et la Dalmatie vénitienne. La rivière de l'Isonzo servira de limite ; il renoncera à Mantoue, à Venise, à la Terre-Ferme, au Frioul vénitien... Telles sont les dernières instructions diplomatiques que le Direc-

(1) Daru, VII, 411.
(2) Id., VII, 420.
(3) Id., VII, 422.

toire ait à vous faire passer : elles sont irrévocables, et il regarde la guerre comme inévitable si l'Empereur ne se soumet pas à ces conditions.. Montrez aux Vénitiens que c'est de leurs intérêts qu'il s'agit ici, que c'est uniquement pour eux, pour leur assurer la liberté et les soustraire à la maison d'Autriche que nous continuons la guerre, et qu'ainsi, ils doivent faire les plus grands efforts en hommes, en chevaux et en argent. »

Il n'y a donc pas d'hésitation possible. Depuis le jour de l'ouverture des négociations, le Directoire n'a pas varié dans sa ligne de conduite. Sous toutes les formes et sur tous les tons, il a répété à Bonaparte qu'il considérait comme un malheur et une faute la cession de Venise à l'Autriche. Il a même fini par lui intimer des ordres et a formellement exigé que Venise restât libre.

Quel est le cas que Bonaparte a fait de ces instructions ? Comment a-t-il exécuté les ordres reçus ? Nous avons peine à l'avouer, mais Bonaparte n'a consulté que ses intérêts et s'est joué des ordres impératifs qu'il recevait. Il avait besoin de la paix. Il ne l'obtiendrait qu'en abandonnant Venise. Venise était le seul obstacle qui l'empêchait de réaliser ses désirs : sans le moindre scrupule, sans la moindre pitié, il la vendit à l'ennemi.

Il est vrai que, dans sa Correspondance, on ne trouvera nulle part la preuve de son intention d'acheter la paix aux dépens de Venise, mais on n'y trouvera non plus nulle part la preuve de son obéissance aux volontés du Directoire. Il feint même de les ignorer. Ainsi le 19 septembre[1] il écrira au Directoire que la paix est possible si on cède à l'Empereur la ligne de l'Adige y compris la ville de Venise, et il ajoute : « Je crois donc que, si votre ultimatum est de garder Venise, vous devez regarder la guerre comme probable. » Quelques jours plus tard, le 18 septembre, rendant compte au Directoire des négociations, il lui montrera, sans en avoir l'air, que, sans

(1) Passariano, 19 septembre. *Correspondance*, t. III, p. 309. Cf. lettre du même jour adressée au ministre des affaires étrangères. Id., III, 308.

Venise, la paix serait déjà conclue [1] : « Lorsque je leur ai dit que le gouvernement français venait de reconnaître le ministre de la République de Venise, et que dès lors je me trouvais dans l'impossibilité de consentir, sous aucun prétexte et dans aucune circonstance, à ce que Sa Majesté Impériale devînt maîtresse de Venise, je me suis aperçu d'un mouvement de surprise qui décèle assez la frayeur à laquelle a succédé un silence assez long, interrompu à peu près par ces mots : « Si vous faites toujours comme cela, comment voulez-vous qu'on puisse négocier ? » Je me tiendrai dans cette ligne jusqu'à la rupture. Je ne leur bonifierai point Venise, jusqu'à ce que j'aie reçu une nouvelle lettre du gouvernement. » Bonaparte était pourtant résolu à *bonifier* Venise, comme il le disait ; il prenait même à l'avance le soin de se justifier, et, avant d'avoir reçu les instructions nouvelles dont il prétendait avoir besoin, il insistait sur la nécessité de signer la paix, et terminait par cette attaque contre le peuple dont il trahissait les intérêts, et qu'il cherchait à rabaisser pour mieux cacher l'indignité de sa trahison [2]. « Vous connaissez peu ces peuples-ci. Ils ne méritent pas qu'on fasse tuer quatre mille Français pour eux. Je vois par vos lettres que vous partez toujours d'une fausse hypothèse ; vous vous imaginez que la liberté fait faire de grandes choses à un peuple mou, superstitieux, pantalon et lâche. Je n'ai pas à mon armée un seul Italien, hormis, je crois, quinze cents polissons, ramassés dans les rues des différentes villes d'Italie, qui pillent et ne sont bons à rien. »

Bonaparte était tellement résolu à signer la paix comme il l'entendait, et non pas d'après les désirs du Directoire, qu'il recourut au grand moyen, à celui qui lui avait déjà réussi lors de son entrée en Lombardie, et après Rivoli : il offrit sa démission. Le 25 septembre 1797 il écrivait [3] au

(1) *Correspondance* III, 315.

(2) Lettre au ministre des affaires étrangères, 7 octobre 1797. *Corresp.*, t. III, p. 369.

(3) Passariano, 25 sept. 1797, t. III, p. 337.

Directoire : « Un officier est arrivé avant-hier de Paris à l'armée d'Italie. Il a répandu dans l'armée qu'on y était inquiet de la manière dont j'aurais pris les événements du 18 fructidor... Il est constant que le gouvernement en agit envers moi à peu près comme envers Pichegru, après vendémiaire. Je vous prie, citoyens Directeurs, de me remplacer et de m'accorder ma démission. Aucune puissance sur la terre ne sera capable de me faire continuer de servir après cette marque horrible de l'ingratitude du gouvernement. » Quatre jours plus tard, et sans attendre la réponse, il renouvelait sa demande dans une lettre au ministre des affaires étrangères : « Tout ce que je fais, tous les arrangements que je prends dans ce moment-ci, sont le dernier service que je puisse rendre à la patrie. Ma santé est entièrement délabrée, et la santé est indispensable et ne peut être substituée [1] par rien à la guerre. Le gouvernement aura sans doute en conséquence de la demande que je lui ai faite il y a huit jours, nommé une commission de publicistes pour organiser l'Italie libre, de nouveaux plénipotentiaires pour continuer les négociations ou les renouer, si la guerre avait lieu, au moment où les événements seraient les plus propices, et enfin un général qui ait sa confiance pour commander l'armée ; car je ne connais personne qui puisse me remplacer dans l'ensemble de ces trois missions, toutes trois également intéressantes... Quant à moi je me vois sérieusement affecté de me voir obligé de m'arrêter dans un moment où peut-être il n'y a plus que des fruits à cueillir, mais la loi de la nécessité maîtrise l'inclination, la volonté et la raison. Je puis à peine monter à cheval ; j'ai besoin de deux ans de repos. »

A cette insolente mise en demeure, à cette hautaine affirmation de son importance, à ces menaces à peine déguisées, le Directoire, s'il avait eu le sentiment de la dignité, aurait dû répondre par une destitution, ou du moins par une acceptation de la démission : mais le 18 fructidor venait

(1) Daru, VII, 425, donne le mot substituée. La *Correspondance* (t. III, p. 425) a corrigé et mis suppléé. On se demande pourquoi ce changement ?

d'avoir lieu (4 septembre), avec l'aide, nous dirions presque la connivence de Bonaparte et de ses amis. Plus que jamais Bonaparte était l'homme indispensable. Le Directoire lui écrivit (3 octobre 1797) en l'accablant de compliments et de protestations [1]. « Vous parlez de repos, de santé, de démission. Le repos de la République vous défend de penser au vôtre... Non, le Directoire ne reçoit pas votre démission. Non, vous n'avez pas besoin avec lui de vous réfugier dans votre conscience et de recourir au témoignage tardif de la postérité. Le Directoire exécutif croit à la vertu du général Bonaparte; il s'y confie... S'il pouvait vous rester du doute... mais non, citoyen général, vous ne devez plus en avoir au moment où cette dépêche pourra vous parvenir, et désormais vous compterez sur le Directoire exécutif, comme il compte sur vous. »

A vrai dire, le Directoire venait d'abdiquer entre les mains de Bonaparte. Armé d'un pareil document, l'audacieux général pouvait tout. Il osa tout, et, au mépris des engagements et des promesses, malgré les supplications et les prières, il signa le 17 octobre 1797 le traité de Campo-Formio.

Voici les clauses de ce traité qui réglaient les destinées de Venise : à l'Empereur étaient cédés (art. VI) l'Istrie, la Dalmatie, les îles de l'Adriatique, les bouches de Cattaro, Venise, les lagunes et les pays compris entre les États héréditaires autrichiens et une ligne qui, partant du Tyrol, traversait le lac de Garde jusqu'à Lazise, aboutissait à San Giacomo, suivait la rive gauche de l'Adige jusqu'à l'embouchure du canal Blanc et la rive gauche dudit canal, du Tartaro, de la Polesella, et du grand Pô : à la République Cisalpine (art. VIII) tous les États ci-devant vénitiens à l'ouest et au sud de la ligne précitée : à la France (art. II), les îles Ioniennes, Butrinto, Arta, Vonitza et les comptoirs d'Albanie. L'article I garantissait les biens et les personnes de tous ceux qui auraient pu être inquiétés par leur conduite politique ou leurs opinions. Il accordait à tous ceux qui voudraient émi-

(1) DARU, VII, 427.

grer un délai de trois ans pour vendre leurs biens, meubles ou immeubles, ou en disposer à leur volonté.

Ainsi fut consommée cette scandaleuse iniquité. C'était comme une seconde édition du partage de la Pologne, et la France prêtait les mains à cette infamie! Bonaparte avait conscience du crime de lèse-nation qu'il venait de commettre. Dès le 10 octobre, même avant la signature du traité, il avait en quelque sorte cherché à s'excuser. « La ville de Venise renferme[1] il est vrai trois cents patriotes, avait-il écrit au Directoire, leurs intérêts seront stipulés dans le traité, et ils seront accueillis dans la Cisalpine. Le désir de quelques centaines d'hommes ne vaut pas la mort de 20.000 Français... Si, dans tous ces calculs, je me suis trompé, mon cœur est pur, mes intentions sont droites. » Le 18 octobre, c'est-à-dire le lendemain de la signature du traité, et dans la lettre où il annonçait au Directoire ce grand événement, il revenait avec insistance sur ce sujet[2]. On eût dit qu'il cherchait à se disculper d'une faute que pourtant personne encore ne lui avait reprochée : « Je ne doute pas que la critique ne s'attache vivement à déprécier le traité que je viens de signer. Tous ceux cependant qui connaissent l'Europe et qui ont le tact des affaires seront bien convaincus qu'il était impossible d'arriver à un meilleur traité sans commencer par se battre et sans conquérir deux ou trois provinces de la maison d'Autriche. Cela était-il possible ? oui. Probable ? non. » Plus tard, comme gêné par un remords rétrospectif, Bonaparte est revenu à plusieurs reprises sur ce sujet. Il a essayé de justifier cette clause déplorable du traité de Campo-Formio. Mais ses excuses ont été ou singulières ou odieuses. Ainsi n'a-t-il pas prétendu[3] qu'en sacrifiant Venise il avait cherché « à jeter une pomme de discorde au milieu des coalisés, à changer l'état de la question, et à créer d'autres passions et

(1) Passariano, *Correspondance*, III, 370.

(2) Passariano, *Id.*, III, 390.

(3) Œuvres de Napoléon à Sainte-Hélène. Edition de la *Correspondance*, t. XXIX, p. 355.

d'autres intérêts. » Il espérait que la Russie et l'Angleterre seraient indisposées par cette usurpation, et que les puissances secondaires, la Bavière par exemple, effrayées par cette disparition subite d'une nation, feraient un retour sur elles-mêmes et deviendraient *ipso facto* les adversaires résolues de l'Autriche. Il a même eu l'audace de prétendre qu'il n'avait agi que dans l'intérêt de Venise, pour lui faire détester la domination étrangère, et l'habituer peu à peu à l'idée de devenir partie intégrante de la grande Italie. Le passage mérite d'être cité [1] : « Les divers partis qui divisaient Venise s'éteindraient; aristocrates et démocrates se réuniraient contre le sceptre d'une nation étrangère. Il n'y avait pas à craindre qu'un peuple de mœurs aussi douces pût jamais prendre de l'affection pour un gouvernement allemand, et qu'une grande ville de commerce, puissance maritime depuis des siècles, s'attachât sincèrement à une monarchie étrangère à la mer et sans colonies, et, si jamais le moment de créer la nation italienne arrivait, cette cession ne serait point un obstacle. Les années que les Vénitiens auraient passées sous le joug de la maison d'Autriche leur feraient recevoir avec enthousiasme un gouvernement national, quel qu'il fût, un peu plus ou un peu moins aristocratique, que la capitale fût ou non fixée à Venise. »

Est-il possible de se jouer avec plus de cynisme des sentiments et des aspirations nationales? Bonaparte ne pouvait alléguer qu'une excuse [2], c'est qu'il avait besoin de la paix, et que, dans sa pensée, le traité de Campo-Formio n'était qu'une trêve passagère. Le fait n'en subsistait pas moins dans sa sinistre réalité. Venise était vendue, et vendue à celui qu'elle avait le droit d'appeler son ennemi héréditaire!

(1) *Correspondance*, t. XXIX, p. 355.

(2) Un des admirateurs de Napoléon, Stendhal, n'est-il pas dans le vrai, lorsqu'il écrit dans sa curieuse *Histoire de Napoléon* (p. 270) : « A l'occupation de Venise finit la partie poétique et parfaitement noble de la vie de Napoléon. Désormais, pour sa conservation personnelle, il dut se résigner à des mesures et à des démarches, sans doute fort légitimes, mais qui ne peuvent plus être l'objet d'un enthousiasme passionné. »

VI

Comment fut accueillie la nouvelle de ce scandaleux marché? En Autriche, avec bonheur; en France, avec indifférence; en Italie, avec terreur; à Venise avec désespoir.

On comprend les sentiments de joie éprouvés par l'Autriche. Echanger une province éloignée contre un territoire limitrophe, relier ses domaines italiens à ses possessions slaves, acquérir des côtes et devenir, du jour au lendemain, puissance maritime, serrer de plus près la Turquie, ce qui lui permettrait de jouer un rôle prépondérant au jour prochain du partage de l'empire ottoman, certes l'Autriche avait le droit de s'estimer satisfaite. Elle eût été victorieuse, qu'elle n'eût pas exigé davantage. Bonaparte semblait aller au-devant de ses secrets désirs.

En France, pas plus en 1797 que de nos jours, on ne se rend un compte bien exact des remaniements territoriaux. On savait vaguement, dans la masse du public s'occupant de politique extérieure, que des Français avaient été massacrés à Vérone et au Lido, et, dès lors, la cession de Venise à l'Autriche paraissait une punition et une vengeance méritées. On ignorait qu'un traité solennel et qui n'avait jamais été violé, que des engagements formels, que des promesses de protection et de garantie nous liaient à la nouvelle République. Aussi ne prêta-t-on qu'une médiocre attention à cette clause du traité. Bonaparte avait bien calculé. Toutes les classes de la société désiraient si vivement la fin de la guerre que les plaintes des intéressés furent comme noyées dans l'immense joie qui se manifesta par tout le pays à la nouvelle de la conclusion de la paix.

En Italie, l'effet produit fut déplorable [1]. Les patriotes

(1) Il nous faut pourtant signaler une exception. Les Milanais, sans doute par ressentiment héréditaire, ne témoignèrent que peu de sympathies à

lombards, modénais ou romains n'eurent aucune illusion sur le sort qui les attendait. On avait vendu leurs frères de Venise contre tout droit, contre toute attente ; on avait trafiqué d'eux comme à ces temps exécrés où les rois se partageaient les peuples à leur convenance ; leur tour viendrait sans doute bientôt. Découragés et désolés, les patriotes italiens commencent à croire qu'ils ont été les dupes de leurs espérances. Plusieurs se taisent, d'autres songent à la prochaine réaction et s'organisent en sociétés secrètes. Lahoz et d'autres officiers, ses camarades, préparent dans l'ombre leur défection. C'est à ce moment qu'Alfieri compose les strophes vengeresses de son *Miso Gallo* et que ses amis répètent, mais en se cachant, les beaux vers où il annonçait la vengeance et prophétisait l'avenir [1] : « Le jour viendra, oui, il viendra le jour où les Italiens, désormais ressuscités, reparaîtront audacieux sur le champ de bataille et non pas avec un fer étranger, pour s'y défendre lâchement, mais pour battre les Français. Ils auront à leurs flancs vigoureux deux éperons ardents : leur antique vertu et mes vers, le souvenir de ce qu'ils furent et de ce que j'ai été les embrasera d'une flamme irrésistible. Et, armés alors de cette fureur divine qu'allumèrent en moi les exploits de leurs aïeux, ils rendront mes chants funèbres à la France. Et je les entends déjà me dire : O notre poète, tu naquis en un siècle mauvais et pourtant c'est toi qui as enfanté l'ère sublime que tu prophétisais de ton vivant. »

A Venise la douleur, l'indignation, le désespoir éclatèrent. Bonaparte avait écrit [2] de Passariano, le 20 octobre 1797, à

Venise. Une presse, probablement vendue, se permit même contre l'infortunée République de cruelles attaques. C'est à Milan que furent publiés divers factums très violents : *Testamento del leone Adriatico*, *Trame degli oligarchi Venedi*, *I delitti della Veneta aristocratia*, etc. A Milan furent aussi composées et gravées de nombreuses caricatures. L'une d'entre elles intitulée *I funeralli della republica Adricatica*, figure le lion de Saint-Marc, jambes liées et tête en bas, porté, comme un trophée de chasse, par des soldats français. Une autre caricature est intitulée : *Il faut danser*, et, en effet, le Vénitien Pantalon danse d'une facon grotesque, mais c'est un soldat français qui lui tire la barbe.

(1) Alfieri, *Conclusion du Miso Gallo*. Traduction inédite d'Hugues.

(2) *Correspondance*, t. III, p. 395.

Villetard pour lui annoncer la fatale résolution. Il lui expliquait, avec un cynisme de détails révoltant, qu'il fallait profiter de notre séjour à Venise pour tirer parti de ses ressources. Il énumérait avec complaisance les vaisseaux de guerre, les canons et les poudres qu'on devait enlever. « Il faut, disait-il, ne rien laisser qui puisse être utile à l'Empereur et favoriser l'établissement d'une marine militaire. Il faut faire aller en France tout ce qui peut être utile à la marine. »

Pris cependant d'une pitié tardive et de scrupules rétrospectifs pour les infortunés [1] qu'il abandonnait après les avoir compromis, il informait Villetard que tous les Vénitiens qui voudraient quitter leur pays pour se rendre dans la République Cisalpine y jouiraient du titre de citoyens, et auraient trois ans pour la vente de leurs biens. Il consentait en outre à former un fonds de secours en faveur de ceux des émigrés vénitiens dont les ressources seraient insuffisantes. Il est vrai que cette générosité ne lui coûtait pas bien cher : c'était en effet la République Cisalpine et Venise elle-même qui en payaient les frais : la première en renonçant au profit des émigrés à différentes propriétés allodiales, et la seconde en cédant des vivres, des effets et des munitions qu'on devait vendre à Ferrare.

Villetard avait été l'agent sincère et honnête d'une politique

(1) Voir les belles lettres d'Ugo Foscolo dans Jacopo Ortis. Lettre du 11 octobre 1797 : « Le sacrifice de notre patrie est consommé : tout est perdu; et la vie, si l'on daigne nous la laisser, ne nous servira plus qu'à déplorer nos malheurs et notre infamie. Mon nom est sur la liste de proscription, je le sais : mais veux-tu donc que, pour me soustraire à mes oppresseurs, je me livre à des traîtres? Console ma mère : Vaincu par ses larmes, je lui ai obéi, et j'ai quitté Venise pour éviter les premières persécutions qui sont toujours les plus cruelles. » Lettre du 13 octobre : « Dans quel lieu chercherai-je un asile? Sera-ce dans l'Italie, cette terre prostituée qui devient sans cesse le prix de la victoire? Pourrais-je voir devant mes yeux ces hommes qui nous ont dépouillés, insultés, vendus, et ne pas répandre des larmes de colère? Dévastateurs des peuples, ils se servent de la liberté, comme les papes se servaient des croisades... Et ces autres misérables, ils ont acheté notre esclavage et reconquis, au prix de l'or, ce qu'ils avaient lâchement perdu par les armes. Ah! pourquoi nous faire voir et sentir la liberté, pour nous la ravir ensuite pour toujours et avec tant d'infamie! »

sans loyauté et sans honneur. Le traité de Campo-Formio le désespéra. Chargé par Bonaparte et d'ailleurs investi par ses fonctions de la terrible tâche d'informer officiellement les Vénitiens du malheur qui les frappait, il ne cacha pas sa tristesse, et dans le beau discours[1] qu'il adressa à cette occasion à la municipalité, il ne donna d'autre argument que la nécessité pour la France de songer à ses intérêts immédiats. « Quelques-uns d'entre vous, leur dit-il encore, à l'exemple des Ottomans vos voisins, sont décidés à subir le joug de la fatalité, quelques autres, comme les Vénètes, vos glorieux ancêtres, veulent abandonner des monceaux de chaux et de briques, emporter sur leurs navires leur véritable patrie et ce qu'il y a d'hommes libres parmi leurs concitoyens; d'autres enfin ont juré d'expirer sous les débris de leurs murailles plutôt que de les céder à l'étranger. Il ne m'appartient point de décider entre une résignation stoïque, une retraite honorable, et un dévouement généreux ; mais, après avoir combattu les calomniateurs du gouvernement français, je viens offrir en son nom les services qu'il est prêt à rendre à ceux d'entre vous qui voudront se bâtir une autre Venise dans des lieux inaccessibles à la tyrannie. La République Cisalpine, à la voix de la France et de la liberté, vous ouvre son sein. Vous y jouirez du titre et des droits de citoyen, vous y trouverez un emplacement pour la nouvelle Venise soit dans les places fortes, soit dans les cités populeuses, soit sous l'humble chaume, séjour des hommes libres et vertueux. Vous pourrez emporter avec vous vos richesses ; la République française vous en a réservé la faculté par les traités. Ainsi, ne pouvant garantir, à un si grand éloignement, l'indépendance de votre état, elle a du moins assuré des destinées libres à ceux qui préfèrent la liberté aux lagunes. »

Ce discours fut accueilli par des cris de fureur. Les Vénitiens repoussèrent les présents de Bonaparte, qui étaient les dépouilles de Venise, et déclarèrent qu'ils ne céderaient qu'à

(1) Le discours de Villetard est rapporté par Botta, liv. XII.

la force. C'était en effet le seul moyen de terminer noblement une noble histoire, et puisque Venise était condamnée, mieux valait pour elle succomber les armes à la main; mais une longue oisiveté avait énervé le peuple, les grands tremblaient de peur. D'ailleurs une forte garnison française occupait déjà la ville, et les Autrichiens accouraient pour s'emparer de leur proie. Comment résister dans ces conditions!

Quelques patriciens s'imaginèrent que la corruption, qui pendant si longtemps avait été leur meilleur instrument de domination, les sauverait peut-être. Ils envoyèrent au Directoire, sous le prétexte de lui demander l'autorisation de se défendre contre l'Autriche, mais en réalité pour reprendre les négociations de Querini avec Barras, et pour acheter à tout prix ses suffrages, une députation composée de Dandolo, Sordina, Carminati et Giuliano. Les députés se mirent en route. Ils étaient déjà arrivés en Piémont, quand ils furent rejoints par Duroc, aide de camp de Bonaparte, qui leur intima l'ordre de rebrousser chemin et de venir avec lui rendre compte de leur mission à Bonaparte, qui les attendait à Milan.

Bonaparte en effet n'était pas sans inquiétude sur l'exécution du traité de Campo-Formio. Il savait très bien d'un côté qu'il avait outrepassé ses instructions et s'était mis en quelque sorte en état d'hostilité contre le gouvernement légal de son pays, de l'autre qu'il avait suscité contre lui en Italie bien des haines, et provoqué bien des ressentiments. Il avait en quelque sorte conscience de l'indignité qu'il avait commise. Au lendemain de la signature du traité, quand il revenait en Italie, il s'arrêta à Vicence. Interrogé par les Vénitiens sur les décisions prises, il n'osa pas leur avouer que Venise était cédée à l'Autriche. Le patriote Tiene lui ayant déclaré que ses amis et lui étaient disposés à tout sacrifier pour maintenir leur indépendance, il répliqua que la France ne disposerait jamais d'un peuple sur lequel elle n'avait aucun droit. Arrivé à Vérone, et se sentant au milieu de ses soldats, il leva le masque, et annonça au président Angioli que Vérone était cédée à l'Autriche, et, comme ce dernier éclatait en reproches :

« Eh bien, eut-il la cruauté de répondre, défendez-vous! » Emporté par la grandeur de l'offense et le caractère odieux de la raillerie : « Va-t'en, traître, riposta Angioli, fuis ces contrées! Rends-nous les armes que tu nous as ravies, et nous saurons nous défendre! » Ce ne fut bientôt qu'un cri par toute la ville. Effrayé par cette soudaine explosion, et craignant peut-être de nouvelles Pâques Véronaises, Bonaparte partit en hâte pour Milan. Ce fut alors qu'il apprit le départ pour Paris de la députation vénitienne. Ces députés pouvaient réussir, non seulement parce que certains Directeurs étaient accessibles à la corruption, mais aussi parce que le Directoire tout entier était fort capable de saisir cette occasion de ne pas ratifier un traité qui lui déplaisait : dès lors toute son œuvre était compromise. Il n'était plus le dispensateur des territoires en Italie, le protecteur de l'Autriche, le conquérant et le pacificateur : il redevenait le général au service de la République, et l'agent désavoué du gouvernement. Il importait donc à son ambition présente et à ses projets ultérieurs d'arrêter la négociation.

Les députés vénitiens furent conduits à Bonaparte par Duroc. « J'étais dans le cabinet du général en chef, écrit Marmont [1], quand celui-ci les y reçut. Ils l'écoutèrent avec calme et dignité, et, quand il eut fini, Dandolo répondit. Dandolo, ordinairement dénué de courage, en trouva ce jour-là dans la grandeur de sa cause. Il parlait facilement : en ce moment il eut de l'éloquence. Il s'étendit sur le bien de l'indépendance et de la liberté, sur les intérêts de son pays et le sort misérable qui lui était réservé; sur les devoirs d'un bon citoyen envers sa patrie. La force de ses raisonnements, sa conviction, sa profonde émotion agirent sur l'esprit et sur le cœur de Bonaparte au point de faire couler les larmes de ses yeux. Il ne répliqua pas un mot, renvoya les députés avec douceur et bonté, et, depuis, a conservé pour Dandolo une bienveillance, une prédilection qui ne s'est jamais démentie. »

(1) *Mémoires* de MARMONT, t. I, p. 307.

Ces larmes et cette émotion étaient peut-être sincères, mais Bonaparte était néanmoins décidé à faire exécuter toutes les clauses du traité. Villetard, dont l'émotion et le chagrin étaient réels, lui avait rendu compte de la triste mission dont on l'avait chargé. Sa lettre[1] est même touchante (24 octobre 1797): « Il fallait autant de stoïcisme que d'amour de la patrie pour accepter la mission douloureuse dont vous m'avez chargé. J'étais prêt à la remplir autant qu'il était en moi, mais je me réjouis du moins d'avoir trouvé, dans les membres du gouvernement de Venise, des âmes trop fières pour se prêter elles-mêmes à l'exécution des mesures que vous leur proposiez par mon organe. Ils iront chercher ailleurs un sol libre, mais ils préféreront, s'il est nécessaire, l'indigence à l'infamie. Ils ne voudront pas qu'on dise d'eux qu'ayant usurpé pendant quelques jours la souveraineté de leur nation ils ont fui en partageant ses dépouilles. Ils prouveront du moins par cette conduite qu'ils n'ont pas mérité les fers qu'on leur prépare... Huit ans de révolutions ne les ont point encore façonnés au malheur, et ils gémissent; ne les ont point mûris au machiavélisme, et ils blasphèment; ne les ont point corrompus à l'effronterie politique, et ils n'osent... Je ne vois d'autre moyen de leur être gratuitement utile que le régime militaire, au moyen duquel vous réglerez, par l'organe de vos généraux, au nom de la France, ce qu'ils refuseraient de faire au nom de la souveraineté du peuple, dont ils avaient la confiance. » Cette lettre irrita Bonaparte, sans doute parce qu'elle était vraie et méritée. D'ailleurs son émotion s'était dissipée. Plus que jamais il était résolu à ne pas céder. Au moins aurait-il pu respecter le malheur, et ne pas insulter ceux dont il causait la ruine. La lettre qu'il répondit le 26 octobre à Villetard est inexcusable. C'est un véritable factum à l'adresse du peuple vénitien, et en même temps un insolent défi porté par un vainqueur inexorable à l'ennemi qu'il tient sous ses pieds. Certes, ce n'est pas d'aujourd'hui

(1) Elle a été conservée par BOTTA, liv. XII

que la force prime le droit, mais tout se paie en ce monde! Nos pères ont abusé de la force : nous sommes punis pour eux. Voici les principaux passages de cette philippique[1] :

« J'ai reçu votre lettre du 3 brumaire; je n'ai rien compris à son contenu. Il faut que je ne me sois pas bien expliqué avec vous. La République française n'est liée avec la municipalité de Venise par aucun traité qui nous oblige à sacrifier nos intérêts et nos avantages à celui du comité de salut public ou de tout autre individu de Venise. Je sais bien qu'il en coûterait à une poignée de bavards, que je caractériserais bien en les appelant fous, de vouloir la République universelle. Je voudrais que ces messieurs vinssent faire une campagne d'hiver. D'ailleurs la nation vénitienne n'existe pas : divisé en autant d'intérêts qu'il y a de villes, efféminé et corrompu, aussi lâche qu'hypocrite, le peuple d'Italie, et spécialement le peuple vénitien, est peu fait pour la liberté. S'il était dans le cas de l'apprécier, et s'il a les vertus nécessaires pour l'acquérir, eh bien! la circonstance actuelle lui est très avantageuse pour le prouver : qu'il la défende!... Au reste, la République française ne peut pas donner, comme on paraît le croire, les États vénitiens; ce n'est pas que, dans la réalité, ces États n'appartiennent à la France par droit de conquête, mais c'est qu'il n'est pas dans les principes du gouvernement français de donner aucun peuple. Lors donc que l'armée française évacuera ce pays-ci, les différents gouvernements seront maîtres de prendre toutes les mesures qu'ils pourraient juger avantageuses à leurs pays. »

Villetard n'a pas laissé un grand nom dans l'histoire, mais il aura l'honneur de la protestation suprême. Voici la belle réponse qu'il fit à Bonaparte : « Ce ne[2] sont point des bavards des fous et des lâches qui voudraient qu'on leur fît, aux dépens du sang français, une République universelle, dont je vous parlais dans ma dernière lettre. Je sais apprécier comme vous les phrases, la politique et le courage de ces sortes de

(1) *Correspondance*, III, 399.
(2) Lettre conservée par BOTTA, liv. XII, p. 101.

gens ; mais c'était de plusieurs pères de famille, négociants, vieillards, qui, abattus par la nouvelle de l'évacuation de leur pays et de l'invasion des troupes de l'Empereur, qui doit en être la suite, ne se sont point cru en droit de gouverner, lorsqu'ils n'avaient plus à le faire qu'à leur profit, et qu'ils ne se sentaient revêtus que d'une autorité provisoire que leur nation n'avait point confirmée. Croyez au reste qu'il entre dans leur refus de piller en quelque sorte la nation vénitienne au profit du parti démocratique une délicatesse et une probité malheureusement trop rares. »

Pendant que s'échangeaient ces correspondances inutiles, la ruine de Venise s'achevait. On commença par la piller et ce sont les Français qui donnèrent l'exemple. Bien qu'aucun des articles du traité n'autorisât ces déprédations, les musées et les églises furent dépouillés des chefs-d'œuvre qui les ornaient. Ainsi disparurent le *Saint Pierre martyr*, la *Foi du doge Grimani*, et le *Martyre de saint Laurent* du Titien, l'*Esclave délivré* et la *Sainte Agnès* du Tintoret, une vierge de Bellini, l'*Enlèvement d'Europe* et le *Festin à la maison de Lévi* par Paul Véronèse, le Jupiter Egiochus de la bibliothèque et près de deux cents manuscrits. Les reliquaires du trésor de Saint-Marc furent dépouillés de leurs pierres précieuses et envoyées à la Monnaie. Les officiers français ne rougirent pas de se partager les armes historiques que l'on conservait dans la salle du conseil des Dix [1]. Les collections privées ne furent pas épargnés. Les monuments eux-mêmes furent confisqués. On enleva le lion de la Piazzeta et les chevaux de bronze, attribués à Lysippe, qui gardaient le portail de Saint-Marc. Et ce fut un poète qui signala les chevaux à la rapacité française Arnault, le futur auteur de *Marius à Minturnes*, se trouvait alors à Venise, et voici ce qu'il ne rougit pas d'écrire à Bonaparte [2] : « Ces colonnes me rappellent qu'elles furent accom-

(1) Cf. MINUTELLI, *Dernières cinquante années*, p. 226. Avec le catalogue des objets d'art enlevés à Venise.

(2) Lettre du 5 juin 1797 citée par DARU (*Histoire de Venise*), t. VII, p. 370).

pagnées de quatre superbes chevaux, grecs d'origine, et successivement romains et vénitiens par droit de conquête. Ces chevaux sont placés sur le portail de l'église ducale. Les Français n'ont-ils pas quelque droit à les revendiquer ou du moins à les accepter de la reconnaissance vénitienne? ne serait-il pas raisonnable aussi, de les faire accompagner par les lions que Morosini fit enlever au Pirée? Paris ne peut refuser un asile à ces pauvres proscrits, plus recommandables pourtant par leur antiquité que par leur beauté. »

Dans les villes de province furent exercées les mêmes rapines. A Padoue spécialement, Masséna se permit des exactions qui compromirent son honorabilité et le renom de la France. Bonaparte lui-même se crut autorisé à emporter de Vérone la collection d'ichtyolites du comte Gazzola. C'est surtout à l'arsenal de Venise que se commirent les actes les plus odieux. Sous prétexte d'équiper la flotte qui devait nous mettre en possession des Iles Ioniennes, on le saccagea. Le 16 mai 1797, Baraguey d'Hilliers écrivait à Bonaparte : « J'ai visité l'arsenal et je l'ai examiné minutieusement. C'est l'un des plus beaux de la Méditerranée. Il y a tout ce qu'il faut pour armer, en deux mois, moyennant la dépense de deux millions, une flotte de sept à huit vaisseaux de ligne de 74, six frégates de 30 à 40 et cinq cutters. Il y a une immense quantité de canons[1] en fer ou en bronze, des fonderies, des bois de construction, une corderie magnifique, des chantiers extrêmement beaux, etc. » Toutes ces richesses furent gaspillées. Les bois de Cansiglio, de Montello, de l'Istrie, le cuivre d'Agordo, les chanvres du Ferrarais et du Bolonais furent vendus ou volés. Les provisions de goudron, de cordages, d'ancres et de ferrements, de toiles à voiles furent dispersées au hasard des acheteurs. Ce qu'on ne pouvait emporter ou vendre, on le brisa. C'est ainsi que furent coulés quelques navires qu'on ne pouvait utiliser, ainsi que furent brûlés le *Bucentaure*, ce respectable témoin des splendeurs d'autrefois, et les splendides barques de parade,

(1) D'après une indication de Cantu, on comptait 5.293 canons, dont 1.518 en bronze à l'arsenal, et dans les forts 4.478 canons dont 1.925 en bronze.

les *Peatoni*, dont les richesses et les ornements excitaient l'admiration dans les fêtes ducales. Sérurier[1] et Haller, envoyés l'un et l'autre par Bonaparte pour consommer cette iniquité, se signalèrent par leur acharnement. Sérurier prenait, Haller vendait. Après avoir vidé les magasins publics, détruit les ressources maritimes, anéanti, ruiné ou dispersé tout ce qui rappelait la gloire nationale, il ne restait plus qu'à remettre la ville aux Autrichiens. C'était le dernier acte de cette lamentable tragédie.

Les Autrichiens n'avaient pas attendu la conclusion du traité de Campo-Formio pour entrer en possession des territoires qui devaient leur être attribués. Dès le mois de juin, le général autrichien Terzi avait ordonné à son lieutenant Klenau d'entrer en Istrie et de s'installer à Pirano, Umago, Cittanova, Parenzo, Osseroi et Rovigno. En même temps, le colonel Casimir plaçait des garnisons sur le littoral istriote et dans les îles de Veglia, Cherso, Arbo et Pago. Nulle part il ne rencontra de résistance. En Dalmatie et sur toutes les côtes de l'Adriatique, dans ces contrées rudes et sauvages où la domination vénitienne avait eu tant de peine à s'asseoir, mais où elle était profondément enracinée, le patriotisme local fut comme exaspéré à la nouvelle du désastre. Partout des soulèvements éclatèrent. Aidés par les mercenaires esclavons qui étaient rentrés dans leurs villages, les paysans, surtout ceux de Sebenico, coururent aux armes. Ils massacrèrent le consul de France, pillèrent les maisons de Calafatti et Gavagnin, envoyés par Venise pour organiser la république démocratique, et se portèrent à tous les excès contre les partisans réels ou prétendus de la France. Les Autrichiens n'attendaient qu'un prétexte pour intervenir. Ils se présentèrent comme les défenseurs de l'ordre, et 4 000 Autrichiens, commandés par Roccavina, Lusignan et Casimir, partirent pour Zara. Ils

(1) Lettre de Bonaparte à Villetard, Milan, 2 novembre 1797. *Correspondance*, t. III, p. 402. « Je donne ordre au général Sérurier de se concerter avec la municipalité pour que tout reste tranquille à Venise, d'employer tous les moyens pour cela, et de fermer même la société d'instruction publique s'il le juge nécessaire. »

furent bien reçus par les habitants, mais ils ne leur laissèrent pas ignorer qu'ils venaient au nom de l'Empereur, en vertu de droits anciens et qu'ils prenaient possession de la province. Les couleurs autrichiennes furent déployées et les anciens soldats de Venise remirent le vieil étendard de Saint-Marc à leurs nouveaux camarades. Ce fut une cérémonie touchante. Tous ces vétérans pleuraient à chaudes larmes en renonçant à ce drapeau qu'ils aimaient. Les généraux autrichiens respectèrent ces nobles sentiments. Ils remirent l'étendard de Venise au vicaire général de Zaro, Mgr Armani, qui entonna le *De Profundis* et l'ensevelit après que les citoyens et les soldats l'eurent une dernière fois baisé comme une relique.

Le colonel Casimir, continuant sa marche, s'empara de Spalatro, Clissa, Singo, pendant que le général Roccavina entrait à Sebenico et se dirigeait sur les bouches de Cattaro. Les Autrichiens ne rencontrèrent de résistance qu'à Perasto, Risano et Geganovich. Partout ailleurs ils furent accueillis froidement il est vrai, mais avec résignation.

Pendant ce temps, les Français [1] occupaient les îles Ioniennes et les Cisalpins mettaient garnison à Brescia, Bergame et dans les autres villes à eux attribuées par le traité de Campo-Formio. De tous côtés s'écroulait le vieil édifice, et presque sans protestation, aux yeux de tous, s'accomplissait le grand crime de la vente d'un peuple.

La municipalité démocratique de Venise ne demandait qu'à résister. Elle convoqua les assemblées primaires pour savoir si les Vénitiens voulaient ou non conserver la liberté ; mais ce n'était là qu'une vaine formalité. Personne n'osa prendre la parole pour soutenir l'honneur national. Les Autrichiens n'occupèrent la terre ferme et Venise qu'en 1798. Le 9 janvier, sous le commandement de Wallis, ils entraient à Udine, Cividale et Monte-Falcone, le 10, à Palma Nova, le 18 seulement à Venise. Quand ils se présentèrent devant la capitale, non seulement ils en trouvèrent toutes les portes ouvertes,

(1) Gaffarel. *La France aux îles Ioniennes. Nouvelle Revue*, ~~1880~~. 1885 f. XI

mais encore la populace se porta à leur rencontre, et quelques patriciens acceptèrent le fait accompli et cherchèrent à en profiter. Ce fut l'un d'entre eux, Francesco Pesaro, qui, devenu commissaire impérial, reçut le serment de fidélité. Le dernier doge, Manini, prêta ce serment entre ses mains, mais il fut saisi d'une telle émotion, qu'il tomba sans connaissance [1].

Ainsi disparut la république vénitienne. Le peuple vénitien n'est pas mort avec elle, car la conscience publique proteste et protestera toujours contre les abus de la force. Botta[2] finissait par ces paroles mélancoliques le livre qu'il a consacré aux malheurs de Venise : « Un temps viendra, peut-être il n'est pas éloigné, où Venise voudra dire un amas de débris, un champ d'algues marines, aux lieux mêmes où s'élevait jadis une cité magnifique, la merveille du monde. Voilà l'œuvre de Bonaparte ! » Botta se trompait ou il exagérait son ressentiment. Venise est encore debout, et les Vénitiens, par leur magnifique résistance à l'Autriche en 1849, ont montré qu'ils n'étaient pas au-dessous de leur vieille réputation d'héroïsme. Mais le crime de Campo-Formio n'a été réparé que très tard, et il a légué à l'Europe, pour de longues années, comme un héritage de dangers et de complications. En 1866, les Autrichiens occupaient encore Venise et s'y maintenaient par la terreur, avec patrouilles dans les rues et canons braqués sur les places publiques. Depuis Venise est redevenue libre et appartient à une grande nation : mais ce qui doit être pour nous comme un dernier châtiment, comme un suprême remords, c'est que ce crime, commis par des mains françaises, n'a été réparé que par des mains prussiennes !

(1) DARU, t. V, p. 442.
(2) BOTTA, ouv., cit., liv. XII.

CHAPITRE IV

LA RÉPUBLIQUE ROMAINE

La Papauté et la Révolution. — Affaire Hugon de Basville. — La Convention et le pape Pie VI. — Les théophilanthropes. — Les instructions du Directoire à Bonaparte. — Préparatifs de guerre. — Entrée des Français à Bologne. — Armistice de Bologne. — Prise d'armes des pontificaux. — Mission Mattei. — Affaire de Lugo. — Conférences de Florence. — Seconde prise d'armes des pontificaux. — Bataille du Senio. — Négociations pour la paix. — Paix de Tolentino. — Joseph Bonaparte ambassadeur à Rome. — Les mécontents se groupent autour de lui. — Affaire Provera. — Assassinat de Duphot. — Déclaration de guerre du Directoire. — Berthier est chargé de renverser le gouvernement pontifical. — Proclamation de la République Romaine. — Expulsion de Pie VI. — Organisation de la nouvelle République. — Déprédations et pillages. — Révolte des Français contre leur général Masséna. — Insurrections locales. — Décadence et ruine prochaine de la nouvelle République.

Lorsque commença la Révolution française, les relations entre la Papauté et le nouveau régime furent tout de suite mauvaises. La plupart des membres de l'Assemblée Constituante, imbus des doctrines philosophiques de leur époque et sincèrement résolus à entrer dans la voie des réformes, se heurtèrent aux prétentions opposées de l'Église. La résistance les irrita. Ils portèrent dans cette lutte une animosité extraordinaire. Souvent même ils dépassèrent la mesure, et ne réussirent qu'à compliquer par les embarras d'une guerre religieuse une situation déjà fort embarrassée. Suppression des annates, confiscation des biens de l'Église, occupation du comtat Venaissin, et surtout constitution civile du clergé, telles furent les principales attaques dirigées contre la Papauté par les jansénistes, alors nombreux, de la Constituante. Le pape régnant était alors Pie VI. Il répondit à ces attaques en rappelant le nonce et en rompant toute relation diplomatique avec la France (2 août 1791).

Les ennemis de la Papauté furent heureux de cette rupture. Ils auraient voulu pousser les choses plus loin et forcer le roi à déclarer la guerre à Pie VI : mais Louis XVI, qui n'avait déjà sanctionné les décrets que contraint et forcé, ne voulait à aucun prix la guerre contre le chef de l'Église. Le Pape, de son côté, regrettait d'avoir été poussé à la dure extrémité d'une rupture avec la France. Bien que sollicité par les souverains, qui formaient alors une coalition contre notre pays, à entrer dans la ligue, il se contenta de les assurer de ses sentiments d'amitié, mais n'ordonna aucun préparatif militaire. Des deux côtés, tout en simulant une indifférence officielle, on s'occupait donc de ce qui se passait dans les deux pays, et il n'était pas une des journées de la révolution parisienne qui n'eût à Rome son retentissement et son contre-coup.

Une catastrophe imprévue faillit amener la guerre directe. Un envoyé de la France à Rome, Hugon de Basville[1], qui avait provoqué la populace romaine par d'inopportunes manifestations, fut assassiné, et tous ceux de nos compatriotes qui résidaient alors dans la capitale du monde chrétien insultés, battus et pillés (janvier 1793). Quand arriva à Paris la nouvelle de l'attentat, il n'y eut qu'un cri de fureur et d'indignation. A peine avait-on achevé la lecture du rapport adressé par le conseil exécutif que, de toutes parts, on réclama l'urgence. A la Convention comme dans la presse, ce fut un véritable débordement d'injures contre la papauté, mais ces déclamations n'aboutirent à rien, car on entrait alors dans la terrible année 1793. L'Europe entière assiégeait nos frontières.

(1) L'affaire Basville a été étudiée et racontée avec de minutieux détails par Fr. MASSON. Voir ses trois ouvrages : *Le cardinal de Bernis depuis son ministère. Le département des affaires pendant la Révolution. Les Diplomates de la Révolution.* On peut également consulter : MONTI. *In morte di Ugo Bassville, cantica.* VICCHI. *Saggio d'un libro intitulato : Vincenzo Monti, le lettere e la politica in Italia dal 1750 al 1830* (1879).

La guerre civile avait éclaté dans la moitié de nos départements. La Convention se déchirait elle-même. Dans le tumulte de ces luttes gigantesques, la question romaine fut oubliée, Sans doute la Papauté et la République romaine furent censées en état de guerre, et, de temps à autre, quelque ministre ou quelque journaliste, pour se donner un regain de popularité, proposa de marcher contre Rome et de laver dans le sang du dernier des pontifes l'injure de la France, mais le crime n'en resta pas moins impuni, et, pour employer une expression du temps, les cendres de Basville restèrent longtemps sans vengeance.

Bonaparte fut ce vengeur. Lorsqu'il descendit en Italie, en 1796, on avait depuis longtemps, de part et d'autre, substitué à la guerre de fait la guerre de propagande. Pie VI ne se contentait pas d'ouvrir ses États aux émigrés et de leur assurer des ressources, il prêchait une véritable croisade en faveur de ceux qu'on appelait déjà les amis du trône et de l'autel ; il encourageait à la résistance Vendéens et royalistes ; il soutenait de ses exhortations tous ceux des membres du clergé, et ils étaient nombreux, qui n'avaient pas voulu prêter serment à la Constitution civile; il promettait à nos ennemis les secours du ciel, et ses représentants auprès des cours étrangères se faisaient remarquer par leur acharnement contre la France. Le Pape en un mot n'était pas le plus puissant, mais un des plus déterminés et des plus dangereux membres de la coalition formée contre notre pays.

Il est vrai que les divers gouvernements qui se succédèrent en France semblaient prendre à tâche d'exciter les colères pontificales par leurs attaques inconsidérées. Ils ne tarissaient pas en déclamations sur la nécessité de renverser l' « idole romaine ». C'était comme un thème convenu dans les discours de l'époque. Comme les souvenirs antiques hantaient alors les imaginations et qu'on se grisait en quelque sorte avec les mots de Brutus, de Tarquin ou de Capitole, les descendants de Camille étaient menacés d'une nouvelle invasion de Gaulois conduits par un autre Brennus. Ce n'étaient pas seulement des orateurs de club, jaloux de se fabriquer à peu de frais une popularité de quelques instants, ou des journalistes en quête d'un article retentissant; les membres du gouvernement eux-mêmes se laissaient aller à ces invectives passionnées. Le Directoire surtout se signala par cette haine rétrospective. L'un des cinq premiers directeurs croyait avoir contre le Pape des griefs tout particuliers. C'était Larévellière-Lépeaux, le très honnête mais assez ridicule fondateur d'une religion nouvelle, qu'il avait intituléela théophilanthropie. Cet inventeur de religion avec garantie du gouvernement considérait Pie VI comme un rival, ou plutôt comme un concurrent, et ne cessait de pousser ses collègues à la guerre contre Rome, espérant qu'il parviendrait de la sorte à substituer à la superstition romaine le culte idéal de la théophilanthropie. C'est surtout dans ses mémoires, imprimés mais non publiés, on ne sait en vertu de quel scrupule, par la famille du directeur, qu'il faut suivre la trace de la campagne dirigée par Larévellière-Lépeaux contre celui qu'on appelait plaisamment son collègue. On voit, en parcourant ces mémoires, dont quelques exemplaires ont été distribués, comment le théophilanthrope, ne pouvant, comme il l'eût désiré, conduire à Rome les armées françaises, dirigea contre son ennemi toute une légion de gazetiers et de pamphlétaires, même de jansénistes vindicatifs, et à la propagande réactionnaire dans nos départements de l'Ouest répondit par la propagande démocratique et anticatholique dans les États pontificaux.

Aussi bien les autres membres du Directoire, s'ils ne poursuivaient pas en Pie VI un ennemi personnel, partageaient néanmoins contre la Papauté la plupart des préventions de Larévellière-Lépeaux. Lorsqu'ils décidèrent l'entrée de Bonaparte en Italie, ils insistèrent dans leurs instructions au général sur la nécessité de détrôner le Pape et de détruire le pouvoir temporel. Pie VI était à leurs yeux un de leurs plus dangereux ennemis, et il n'était que temps de le punir de son intervention dans nos affaires intérieures. Les membres du Directoire n'ont jamais varié sur ce point. La chute de Pie VI était en quelque sorte un des axiomes de leur programme politique. Elle était sans doute subordonnée aux circonstances, mais il était entendu qu'on profiterait de ces circonstances, qu'on les provoquerait au besoin. Voici du reste, et nous la choisissons entre plusieurs, comme étant l'expression définitive des intentions du gouvernement français à cet égard, voici une dépêche du directeur Rewbell à Bonaparte, en date du 3 février 1797, très explicite et ne laissant aucun doute : « En portant son attention sur tous les obstacles qui s'opposent à l'affermissement de la Constitution française, le Directoire exécutif a cru s'apercevoir que le culte romain était celui dont tous les ennemis de la liberté pouvaient faire d'ici à longtemps le plus dangereux usage. Vous êtes trop habitué à réfléchir, citoyen général, pour n'avoir pas senti, tout aussi bien que nous, que la religion romaine sera toujours l'ennemie irréconciliable de la République, d'abord par son essence, et, en second lieu, parce que ses sectateurs et ses ministres ne lui pardonneront jamais les coups qu'elle a portés à la fortune et au crédit des premiers, aux préjugés des autres... Le Directoire vous invite donc à faire tout ce qui vous paraîtra possible pour détruire le gouvernement papal, de manière que, soit en mettant Rome sous une autre puissance, soit, ce qui serait mieux encore, en y établissant une forme de gouvernement intérieur qui rendrait méprisable et odieux le gouvernement des prêtres, de manière que le Pape et le sacré collège ne pussent concevoir l'espoir de jamais siéger dans Rome, et fussent obligés d'aller chercher un asile dans quelque lieu que ce fût, où au moins ils n'auraient plus de puissance temporelle. »

Si Bonaparte avait suivi à la lettre ces instructions, son premier soin, aussitôt après la défaite des Piémontais et la conquête de Lombardie, eût été de courir à Rome et d'y proclamer la Révolution. Quelques-uns de ses lieutenants, égarés par leurs préjugés, le poussaient à cette entreprise. Les agents du Directoire, tous les partisans des doctrines jacobines, et de nombreux Italiens qui croyaient de bonne foi que la destruction du pouvoir temporel leur ouvrirait une ère de liberté sans mélange et de prospérité sans fin, pressaient l'heureux vainqueur d'entrer à Rome. Heureusement pour lui et pour son armée, Bonaparte ne céda pas à ces sollicitations. Il ne voulut pas s'exposer à être enfermé dans sa propre conquête. Il préféra engager avec l'Autriche un duel de plusieurs mois qui se termina par un éclatant triomphe, et se réserva d'aller plus tard à Rome. On a prétendu que, saisi de respect pour le Pape, il ne voulut pas rompre avec le chef du catholicisme. Pourtant les préjugés religieux ne furent jamais une entrave bien gênante pour Bonaparte. Bien souvent, dans le cours de sa prodigieuse carrière, il devait, suivant les circonstances, se servir du catholicisme comme d'une arme de combat, ou essayer de le réduire à l'impuissance, lorsqu'il croyait utile de l'annihiler. Quant à son respect pour les souverains et pour les vieillards, ce respect fut toujours subordonné à ses intérêts. Si donc, malgré les instructions très précises du Directoire, et la pression, souvent importune, de ceux qui l'entouraient, Bonaparte ne voulut pas s'engager dans une expédition à fond contre la Papauté, ce ne fut ni par crainte des ressources temporelles du chef de la catholicité, ni par respect involontaire et en quelque sorte inconscient pour sa personne, ce fut uniquement parce qu'il considérait l'Autriche comme son principal adversaire, et qu'il était résolu à concentrer, jusqu'à nouvel ordre, tous ses efforts contre l'Autriche. Il était certes trop bon tacticien pour se dissimuler les dangers d'une diversion tentée sur son flanc droit par une armée pontificale, mais il savait très bien que cette armée pontificale n'était pas bien redoutable, et comme chez lui les préoccupations militaires l'emportaient sur les haines politiques, il voulait, non sans raison, se débarrasser du plus redoutable de ses ennemis, l'Autriche, avant d'accabler le plus faible, c'est-à-dire le Pape.

On se demande avec étonnement d'un autre côté pourquoi Pie VI ne profita pas des circonstances, puisqu'il était en lutte avec la France et n'ignorait pas les desseins formés contre lui par le Directoire, pour courir au secours de l'Autriche et empêcher, par cette irruption dans nos lignes, la marche en avant de Bonaparte; mais le Pape, pas plus lui que les autres princes italiens, ne s'attendait à la brusque invasion de la Péninsule par l'armée française; il s'attendait encore moins aux victoires répétées de Bonaparte. Il n'avait pas d'armée organisée, en état d'entrer en campagne, et, avec les ressources dont il disposait, il ne pouvait improviser cette armée. Il agit néanmoins dans la mesure de ses forces pour s'opposer à nos succès. Par ses ordres la chaire retentit d'emphatiques et furibondes attaques contre la France. Quelques exaltés allèrent même, dans l'exagération de leur zèle, jusqu'à traiter les Français de cannibales. On imprima, les brochures existent encore [1], que les Français ne croyaient ni à Dieu, ni au diable, mais que cependant ils adoraient des idoles, entre autres des bonnets phrygiens et des arbres de liberté. On répandit sur leurs mœurs mille contes effrayants, et les pseudo-miracles éclatèrent en foule. Ici des madones, exposées à la vénération des fidèles dans les églises ou au coin des rues avaient cligné des yeux; là elles avaient pleuré, ou bien une pâleur livide s'était répandue sur leurs joues, sans doute à l'approche de ces païens de Français. L'abbé Vincent Albertini [2] composa même à ce sujet un ouvrage de haute dévotion, qui fut distribué à profusion dans les campagnes, et où il se répandit en invectives contre « [3] cette race abominable d'hommes antisociaux et inhumains, se disant philosophes et régénérateurs ».

On espérait préparer ainsi contre les Français de nouvelles vêpres siciliennes. En effet la populace ignorante des vil-

(1) ANNIBALE MARIOTTI. — *Parlata intorno ad alcune imputazioni che si credino* (juin 1800).

(2) *Quadro storico-morali dell'Italia nazione seguita nel 1796, e del portentoso e contemporaneo aperimente d'occhi della sagra imagine di Maria santissima venerata nella cattedrale di Ancona.*

(3) Abominal razza di antisociali e misantropi, se dicenti filosofi rigeneratori.

lages, les montagnards des Apennins surtout, fanatisés par leurs curés et leurs moines, se disposèrent à une énergique résistance, mais, dans les grandes villes, les bourgeois et les fonctionnaires riaient de ces moyens séniles de réchauffer l'enthousiasme. Dans les villes du nord, particulièrement à Bologne, à Ferrare, et dans toutes les légations, qui étaient éloignées de la capitale et regrettaient leurs privilèges municipaux, on ne tenait nul compte de ces excitations officielles. On se préparait même à bien accueillir les Français, et, comme les grands mots de liberté et de patrie avaient profondément retenti dans l'Italie entière, tous ceux qui croyaient à l'avenir de la nation, non seulement étaient résolus à ne pas seconder l'action du gouvernement pontifical, mais encore n'attendaient qu'une occasion pour se déclarer en notre faveur. A Rome même bon nombre de citoyens rêvaient déjà la chute de Pie VI et le rétablissement de la République. L'un d'entre eux, un architecte distingué, Francesco Milizia[1], écrivit à ses amis des lettres qui, depuis, ont été publiées, et qui ne présentent pas qu'un intérêt local, car elles font connaître l'opinion de la bourgeoisie romaine. Or, dans ses lettres, Milizia parle à plusieurs reprises du dégoût que lui inspiraient à ses amis et à lui les menées pontificales, et de la sympathie qu'ils ressentaient au contraire pour les Français.

Le gouvernement pontifical a toujours été admirablement informé. Pie VI et ses conseillers savaient donc que l'opinion publique était hésitante et que les succès de la France trouvaient à Rome un écho complaisant. Ils n'ignoraient pas d'un autre côté que le Directoire pressait Bonaparte d'entrer à Rome. Ils activèrent donc l'armement de leurs troupes et se disposèrent à intervenir directement. Le moment paraissait favorable. La Lombardie était mécontente, Venise s'agitait, Gênes et le Piémont s'insurgeaient sur nos derrières, la Tos-

(1) Milizia était né à Oria, près d'Otrante, en 1725. Il vécut dans la familiarité des artistes les plus célèbres et du ministre espagnol Azara. Il a composé un *Dictionnaire biographique des architectes*, des *Eléments d'architecture*, etc. Les lettres de Milizia ont été publiées dans les *Mémoires de Ricci, traduction de Potter*.

cane ouvrait aux Anglais Livourne et Porto-Ferraio, enfin Wurmser s'apprêtait à déboucher du Tyrol, pour débloquer Mantoue, à la tête de 70,000 hommes. Si les 20,000 pontificaux arrivaient à temps pour se joindre aux Autrichiens, Bonaparte était pris entre deux feux, et la situation de l'armée française gravement compromise.

Bonaparte n'avait jusqu'alors qu'annoncé une prochaine expédition contre Rome. Il avait même, dans sa proclamation du 26 avril, parlé des cendres des vainqueurs de Tarquin que foulaient encore les assassins de Basville, mais il s'était contenté de cette période retentissante, et n'avait pas dirigé un seul de ses soldats contre le Pape. Il voulut néanmoins, puisque le Pape manifestait l'intention d'entrer en campagne contre la France, et que cette intervention pouvait, à un moment donné, devenir dangereuse, il voulut la prévenir, tout en donnant une apparence de satisfaction aux rancunes directoriales. Augereau reçut donc l'ordre de disperser le rassemblement pontifical.

Les Bolonais, qui ont toujours détesté le gouvernement des prêtres, venaient de députer à Bonaparte les sénateurs Caprara et Malvasia et l'avocat Pistorini, pour le prier de les affranchir d'une domination abhorrée. Prompt à saisir les occasions, Bonaparte enjoignit à son lieutenant Augereau de marcher d'abord sur Bologne et sur Ferrare. Les Français y entrèrent sans résistance. L'imposante citadelle de Ferrare et Urbino capitulèrent sans tirer un coup de canon. Bonaparte arriva lui-même à Bologne le 19 juin et fut accueilli par une immense acclamation. Il s'empressa de renvoyer les cardinaux légats Pignatelli et Vincenti, et flatta l'amour-propre des Bolonais en leur promettant de restaurer la République[1]. Aussitôt Faenza suivit le mouvement, et la Romagne tout entière se détacha de la Papauté. Bonaparte comprit qu'il lui suffisait d'exploiter la situation pour effrayer Pie VI, et qu'une expédition sur Rome était à tout le moins inutile. « Il

(1) Bologne, 20 juin 1796. *Corresp.*, I, 413.

me sera facile d'aller jusqu'à Rome, écrivait-il [1] à Carnot; cependant, comme les opérations de l'Allemagne peuvent changer notre position d'un instant à l'autre, je crois qu'il serait bon qu'on me laissât la faculté de conclure l'armistice avec Rome ou d'y aller. Dans le premier cas, me prescrire les conditions de l'armistice; dans le second, me dire ce que je dois y faire, car mes troupes ne pourraient pas s'y maintenir longtemps. L'espace est immense, le fanatisme très grand. » En même temps, pour faire accepter plus facilement sa désobéissance aux ordres formels du Directoire [2], il s'étendait avec complaisance sur les moyens nouveaux que la révolte de la Romagne mettait à sa disposition. « Pour faire trembler la cour de Rome et lui faire sentir que sa magie sur le peuple n'aurait pas d'effet contre nous, j'ai autorisé le Sénat de Bologne à regarder comme nuls et non avenus tous les décrets de Rome, attentatoires à sa liberté. Cela fait le plus grand plaisir à ce pays-ci, et en sera d'autant plus sensible à la cour de Rome. Cela vous ouvre le chemin pour faire de ce pays, à la paix définitive, ce que vous jugerez convenable. Pendant tout le temps que durera l'armistice, nous n'aurons pas besoin de tenir de troupes ici, car, de la manière dont je les brouille avec la cour de Rome, ils en craindront toujours la vengeance et le ressentiment. »

Bonaparte, en effet, songeait déjà à négocier un accommodement; mais, fidèle à la tactique qui lui avait plusieurs fois réussi, il poursuivait sa marche tout en négociant. Les unes après les autres, toutes les forteresses pontificales tombaient entre nos mains, et les canons qui garnissaient leurs murailles étaient aussitôt envoyés sous Mantoue pour activer le siége de la citadelle autrichienne. Une nouvelle division française, commandée par Vaubois, menaçait Rome par la Toscane, et, dès le 26 juin, arrivait à Pistoïa. Rome était consternée. On y parlait déjà du connétable de Bourbon; on se figurait que les

(1) Milan, 7 juin 1796. *Corresp.*, I, 377.

(2) *Id.*, I, p. 421.

Français allaient y renouveler les horreurs du sac de 1527; mais Bonaparte, qui ne partageait[1] pas contre Pie VI les préjugés du Directoire, ne tenait pas à s'enfoncer dans la péninsule. Il se rappelait que toutes les invasions françaises avaient échoué parce que nos soldats avaient pénétré dans le cœur de l'Italie avant d'en avoir occupé les avenues. D'ailleurs, il lui tardait de continuer contre les Autrichiens la grande lutte qui seule déciderait des destinées de la péninsule. Aussi accueillit-il avec empressement le ministre d'Espagne, Azara, auquel Pie VI avait donné plein pouvoir pour négocier, s'il était possible, un accommodement honorable.

Bonaparte n'attendit pas de nouvelles instructions du Directoire, et profita du désarroi où ses rapides manœuvres avaient jeté la cour pontificale, pour signer le 23 juin, assisté de Garreau et de Salicetti, l'armistice de Bologne[2]. Les conditions en étaient dures. Il y était dit que le gouvernement français, par déférence pour le roi d'Espagne, consentait à suspendre les hostilités, mais le pape s'engageait à envoyer un plénipotentiaire à Paris pour y régler la paix définitive. Il relâchait les patriotes, promettait une indemnité pour le meurtre de Basville, fermait tous les ports de ses États aux ennemis de la France, consentait à ce que les légations de Bologne, de Ferrare et la citadelle d'Ancône continuassent à être occupées par nos troupes, promettait cent tableaux, cinq cents manuscrits et vingt et un millions, dont quinze et demi payables en numéraire et cinq et demi en marchandises. Les paiements se feraient en trois termes, dans quinze jours, un mois et trois

(1) Cf. la curieuse lettre écrite par Marmont, alors aide de camp de Bonaparte, à son père (*Mémoires* du Maréchal, t. I, p. 327) : « Enfin, la voix de la raison a été entendue, et le gouvernement renonce à une expédition aussi ridicule que dangereuse par ses suites. Nous n'irons pas à Rome. Notre armée n'était pas assez forte pour la diviser ainsi, et les dix mille hommes jetés au fond de la botte n'entraîneront point la grande armée dans des malheurs incalculables. Le plan sage, si bien conçu, de Bonaparte est adopté. Nous reprendrons incessamment l'offensive. Car c'est le moyen le plus sûr de triompher. »

(2) Armistice entre la République française et le Pape (*Correspondance*, I, 426). Bonaparte avait, dès le 7 juin, résolu les conditions de cet armistice. Curieuse lettre au Directoire (*Correspondance*, t. I, p. 374).

mois. Enfin le Pape donnerait passage sur son territoire aux troupes françaises toutes les fois que la demande lui en serait adressée.

Ces conditions étaient dures. Elles l'auraient été bien davantage sans l'adresse d'Azara qui, ne pouvant rien obtenir de Bonaparte, s'était retourné du côté de Garreau et de Saliceti, et avait fini par leur arracher l'aveu que l'armée française ne pouvait marcher sur Rome [1]. Il en avait aussitôt profité pour élever ses prétentions. Il avait notamment refusé que les trésors de Notre-Dame de Lorette fussent remis à la France. Bonaparte fut obligé d'ordonner une marche de nuit sur Ravenne. Ce fut seulement quand il eut appris cette nouvelle manœuvre qu'Azara consentit à la contribution de vingt et un millions, dont un million figurant la rançon de Lorette. Dans la pensée des deux parties contractantes, les conditions de cet armistice n'étaient pas définitives. De part et d'autre, on ne cherchait qu'à gagner du temps pour reprendre ce qu'on avait donné. Bonaparte ne pouvait, en effet, se dissimuler qu'il avait outrepassé les instructions du Directoire en ménageant un souverain qu'on lui avait ordonné de renverser à tout prix. Aussi crut-il nécessaire de se justifier. Il insistait [2] sur la haine que les Bolonais portaient au Pape, il démontrait [3] l'importance stratégique d'Ancône, enfin il affirmait que l'armistice n'était qu'une suspension d'armes commandée par les circonstances. « L'armistice, écrivait-il, étant

(1) Lettre de Bonapate au Directoire, Pistoïa, 26 juin 1796. *Corresp.*, I, 131 : « Cette manière de négocier à trois est absolument préjudiciable aux intérêts de la République, parce qu'un homme habile se retourne, va chercher chez l'un ce qu'il ne peut obtenir chez l'autre... Azara, voyant qu'il ne pouvait obtenir de diminution, s'est tourné du côté des commissaires du gouvernement et il a si bien fait, qu'il leur a arraché notre secret, c'est-à-dire l'impossibilité où nous étions d'aller sur Rome. Alors il n'a été possible d'en tirer vingt millions qu'en faisant la nuit une marche sur Ravenne. »

(2) Id. *Id.* « La légation de Bologne est une des parties les plus riches des Etats du Pape. On ne se fait pas une idée de la haine que cette ville a pour la domination papale. »

(3) Id. *Id.* « Si jamais vous pensez qu'il est de votre intérêt de garder à perpétuité Ancône, je vous engage à y envoyer un ingénieur, afin d'accroître ses moyens de défense. »

plutôt conclu avec la canicule qu'avec l'armée du Pape, mon opinion serait que vous ne vous pressiez pas de faire la paix, afin que, au mois de septembre, si nos affaires d'Allemagne et du nord de l'Italie vont bien, nous puissions nous emparer de Rome[1]. » Pie VI, de son côté, ne pouvait se résigner à perdre, sans seulement avoir essayé de les défendre, les plus riches de ses provinces, et il haïssait d'autant plus la France qu'il avait été plus humilié par elle. Son premier soin fut de se rapprocher du roi de Naples, d'enrôler de nombreux mercenaires et de se mettre en état de prendre l'offensive à la première occasion favorable. Il appela même à lui, pour diriger ses troupes, un général piémontais fort réputé, Colli, que l'armistice conclu entre la France et le Piémont, venait de réduire à l'inaction et qui ne demandait qu'à entrer de nouveau en ligne contre son jeune vainqueur.

Un[2] des commissaires français envoyés à Rome pour surveiller l'exécution de l'armistice de Bologne, Miot, a laissé, dans ses Mémoires, le curieux tableau de la capitale du catholicisme à ce moment troublé de son histoire : « Rome, écrit-il[3], présentait le spectacle le plus singulier et le plus repoussant. Un sombre fanatisme, que les moines excitaient, et que les plus absurdes récits entretenaient, avait rempli toutes les âmes. Des pratiques religieuses, des prédications fougueuses occupaient uniquement toute la population, et les classes les plus élevées de la société n'osaient s'en abstenir. Les rues étaient encombrées de longues files de prêtres et de moines marchant en procession et une foule immense les suivait. Enfin les imaginations exaltées ne rêvaient que prodiges, meurtres et vengeances. Le gouvernement, loin de

(1) Lettre au Directoire, Bologne, 21 juin. (*Correspondance*, t. Ier, p. 421.)

(2) Lire dans la *Correspondance* (I. 451) une lettre de Bonaparte à Miot (Bologne, 2 juillet 1796) pour le féliciter d'avoir accepté une mission à Rome, et le presser de partir. — L'autre commissaire était Cacault. Voir dans la *Correspondance* deux lettres en date du 21 juillet 1796 (t. I, p. 490-491) pour l'accréditer auprès du cardinal Zélada, et préciser ses instructions au sujet de l'exécution de l'armistice de Bologne.

(3) Miot. *Mémoires*, t. I, p. 112.

calmer cette effervescence, la fomentait sans merci et se figurait y trouver la plus puissante garantie contre la propagation des principes révolutionnaires, dont, plus que tout autre, il redoutait l'introduction. » Miot fut donc mal accueilli à Rome, sauf par le pape Pie VI, qui se montra cordial et presque affectueux; mais les cardinaux se détournaient de lui. Ils affectaient de le considérer comme un agent provocateur. Dès le mois de juillet, lorsque furent répandus de fâcheux bruits sur de prétendues défaites subies par la France, Miot fut menacé dans sa sécurité et obligé de regagner précipitamment la Toscane. A Spolète, il fut même entouré par la populace furieuse, qui jeta des pierres contre sa voiture. Il ne parvint qu'à grand'peine à se dégager et à s'enfuir.

L'occasion attendue par le gouvernement pontifical depuis l'armistice de Bologne ne tarda pas à se présenter. Wurmser et ses 70 000 soldats dessinaient alors leur attaque (juillet 1796). Ils descendaient du Tyrol pour débloquer Mantoue, et, sur toute la ligne, refoulaient nos avant-postes. Bonaparte était obligé de lever le siège de la forteresse autrichienne, et concentrait ses forces pour repousser cette dangereuse attaque. En cas de défaite il était perdu. Pie VI, malgré les sages représentations du ministre d'Espagne, Azara, ne voulut pas attendre l'issue de la lutte. Dans l'imprudente persuasion que les Français allaient être chassés d'Italie, il envoya le cardinal Mattei reprendre possession de Ferrare, dont la garnison française était sortie le 21 juillet, et donna l'ordre à ses troupes d'entrer en campagne. « La très sainte ville par excellence, écrivait à ce propos l'architecte Milizia à son ami Lorenzo Lami, se rend plus ridicule que jamais par ses extravagances. On s'obstine encore à croire les exécrables Français battus et chassés d'Italie. C'est pourquoi l'autre matin les valeureux Romains s'attroupèrent en foule pour huer et poursuivre à coups de pierre et le couteau à la main deux commissaires français. » La populace romaine[1] n'était pas

(1) Curieuse lettre de Milizia. « Le premier jour d'août, au matin, le fiscal Barberini est nommé dictateur, ne quid detrimenti res publica capiat,

seule à prendre les armes. Excités par leurs curés, les paysans de la Romagne s'insurgeaient, et leurs bandes se concentraient à Lugo, dans le Ferrarais. Ne leur avait-on pas fait croire[1] tantôt que Bonaparte avait été battu, tantôt qu'il avait été fait prisonnier et enfermé dans une cage de fer, ou même qu'il avait été tué et enterré à Florence, dans le jardin de Miot! Aussi l'exaltation de ces bandes tumultueuses était-elle considérable. Elles ne croyaient pas aller au combat, mais plutôt au massacre. C'était, suivant une expression de l'époque, une Vendée pontificale qui s'organisait sur notre flanc.

Sur ces entrefaites, Bonaparte remporta coup sur coup les victoires de Lonato, Castiglione, Roveredo, Bassano et Saint-Georges. Wurmser fut enfermé à Mantoue. La cour pontificale resta seule exposée à notre vengeance.

Bonaparte, cette fois encore, agit avec prudence. Il feignit[2] de considérer comme une incartade sans conséquence les démonstrations hostiles de la Papauté, et se contenta de réoccuper les villes cédées par l'armistice de Bologne. Il ordonna cependant au cardinal Mattei de venir le rejoindre à son quartier général. Le malencontreux serviteur de la Papauté croyait aller au-devant du dernier supplice, mais il obéit[3]. « Savez-vous, Monseigneur, se contenta de lui dire

et monsignor Consalvi magister equitum. Le soir, aux armes! Les places les ponts, les rues, tout est encombré de soldats. Le palais de Montecavallo est mis en état de siège. On ne voit que canons, caissons, escadrons, cuirassiers et chevau-légers armés de carabines, troupes de ligne et gardes nationaux. Qui va ci? qui va là? En arrière! On ne passe pas. Le général Giustiniani, le général Sinibaldi, tous les généraux enfin font pendant la nuit la veillée qui ne fut pas celles des capacités. »

(1) Lettre de Milizia à Lami.

(2) Lettre de Bonaparte à Cacault (I, 450). Brescia, 12 août 1796 : « Le Pape a envoyé un cardinal légat à Ferrare, dans le temps qu'il croyait sans doute les Français perdus. Cela est-il conforme au traité d'armistice que nous avons signé?... Je viens de donner l'ordre à ce cardinal de se rendre sur-le-champ au quartier général. » Cf. lettres au Directoire du 13 et du 26 août (I, 511-569).

(3) Lettre de Milizia à Lami : « Si Bonaparte avait encore demandé une douzaine de cardinaux et six douzaines de prélats et douze douzaines d'abbés, le tout avec plusieurs autres musiciens de tout sexe, il aurait fallu qu'ils fussent tous allés se prosterner devant lui. Oh! Quanto abbiamo daridere! »

Bonaparte, que je peux vous faire fusiller? — Je le sais, répondit avec dignité le cardinal, et je ne vous demande qu'un quart d'heure pour me préparer à la mort. — Pas du tout, répliqua le général, qui admirait le vrai courage, ou qui peut-être n'avait cherché qu'à produire sur l'esprit de ce vieillard une impression de terreur, calmez-vous, ne soyez pas si irritable, et causons, car je suis le meilleur ami de Rome. » En effet il lui dévoila sa politique, et le persuada qu'au prix de quelques concessions territoriales ou pécuniaires, il garantirait à la Papauté le libre exercice de ses droits en matière religieuse. Ce n'était de la part de Bonaparte qu'une feinte, car il écrivait[1] au même moment à l'ambassadeur d'Espagne, Azara, et avait grand soin d'énumérer tous ses griefs contre la Papauté. Il se réservait évidemment d'agir au moment opportun, et, s'il avait pris soin de se poser aux yeux du cardinal Mattei comme le fils dévoué de l'Église, c'est parce qu'il croyait utile à ses desseins de ménager le Pape jusqu'à nouvel ordre, et pensait que Mattei serait l'instrument inconscient de ses projets.

En réalité, Bonaparte avait été fort irrité de l'hostilité déclarée de la cour pontificale. La preuve de cette irritation, ce fut l'énergie sauvage avec laquelle furent dispersées les bandes de paysans insurgés. Ces paysans s'étaient enfermés à Lugo. Ils y avaient installé une sorte de gouvernement provisoire, et, ce qui était plus grave, ils avaient fait tomber dans une embuscade une soixantaine de dragons français, leur avaient coupé la tête et avaient exposé les cadavres dans la maison commune. Le chargé d'affaires d'Espagne, baron Capelletti, s'était rendu au foyer de la sédition et avait essayé de calmer les rebelles, mais il n'avait rien obtenu. Lorsque

(1) Brescia, 17 août 1796 (*Correspondance*, t. I, p. 541). « On m'assure que la cour de Rome vous a demandé de lui prouver que la France était érigée en République. On m'assure que Rome ne veut plus accorder de bénédictions aux Ferrarais et aux Bolonais, mais bien à ceux de Lugo. Joignez à cela le légat envoyé à Ferrare, et le retard de l'exécution de l'armistice, et le roi votre maître se convaincra de la mauvaise foi d'un gouvernement dont l'imbécillité égale la faiblesse. »

Augereau, chargé par Bonaparte de tout faire rentrer dans l'ordre, s'approcha de Lugo et envoya un parlementaire aux insurgés pour les sommer de capituler, les paysans accueillirent cet officier par une grêle de balles. Aussi la répression fut-elle terrible. Voici comment Augereau en rendit compte[1] au général en chef, dans le style légèrement emphatique de l'époque : « L'armée apostolique et son quartier général n'existent plus. Les chouans de la Romagne et du Ferrarais ont été chassés, battus, dispersés sur tous les points, et, si je ne me trompe, la fantaisie de nous combattre ne les reprendra pas de longtemps... Je marchai contre eux hier matin avec à peu près huit cents hommes d'infanterie, deux cents chevaux, et deux pièces d'artillerie. A une lieue et demie de la ville, leurs avant-postes cachés dans les chanvres commencèrent à fusiller. Nos éclaireurs les firent déguerpir, et les conduisirent, plus vite que le pas, dans la ville où ils se crurent en sûreté. J'y fis diriger quelques coups de canon et mettre le feu à quelques maisons : cet appareil, joint à une fusillade assez vive, les fit déloger à la hâte; ils se répandirent en désordre dans la campagne, où je les fis poursuivre avec chaleur. Trois cents environ restèrent sur la place. » Afin de prévenir le retour de révoltes semblables, Augereau édicta une série de mesures draconiennes : tout citoyen armé sera fusillé! Toute ville ou village où un Français aura été assassiné sera brûlée! Tout habitant convaincu d'avoir tiré sur un Français sera fusillé et sa maison incendiée! Tout village où sonnera le tocsin sera brûlé! Tout attroupement dispersé par la force[2]. Certes la guerre a de cruelles nécessités, mais les retours de la fortune sont singuliers, et n'est-il pas déplorable de penser que d'autres peuples, dans des circonstances analogues, n'ont fait que suivre l'exemple que nous leur avions donné en Italie, en 1796!

(1) Lettre du 8 juillet 1796, citée par A. de Montor. *Pie VI*, t. I, p. 20.

(2) Sur l'affaire de Lugo on peut consulter deux lettres de Bonaparte au Directoire (14 juillet, t. I, p. 477) et à d'Azara contre Capelletti (12 août, t. I, p. 541).

En présence d'une hostilité aussi déclarée, il peut sembler étrange que Bonaparte n'ait pas, dès lors, cherché à briser la puissance pontificale, d'autant plus que les ordres du Directoire à cet égard devenaient de plus en plus impératifs, et que quelques-uns de ses lieutenants, Augereau surtout, l'engageaient à en finir au plus vite avec ce foyer de coalitions et de haines antifrançaises ; mais Bonaparte ne jugeait pas gagnée d'une façon définitive la partie militaire. Il voulait ne s'avancer qu'à coup sûr, et, comme il venait d'apprendre que l'Autriche préparait contre lui un nouvel et formidable armement, sous les ordres d'Allwintzy, il croyait, non sans raison, avoir besoin de toutes ses forces pour repousser ce redoutable adversaire. Il venait même de rendre la liberté au cardinal Mattei en lui écrivant[1] : « J'aime à me persuader que cela n'a été de votre part que l'oubli d'un principe, dont vous avez trop de lumière et de connaissance de l'Évangile pour ne point être convaincu : que tout prêtre qui se mêle des affaires politiques ne mérite point les égards qui sont dus à son caractère. » Enfin, sur ses instances, le Directoire venait de désigner Saliceti et Garreau comme plénipotentiaires chargés de négocier avec la Papauté un traité définitif, et Mgr Lorenzo Caleppi venait d'arriver à Florence, avec les pleins pouvoirs du Pape, pour régler toutes les questions pendantes (4 septembre). Bonaparte semblait donc résolu à prévenir toute explosion nouvelle, et il semblait que la République française et l'Église, grâce à la prudence des généraux en chef, fussent à la veille de se réconcilier.

Or, les négociations de Florence n'aboutirent pas. Caleppi croyait n'avoir à discuter que les bases d'un traité politique, et les commissaires du Directoire lui présentèrent à l'improviste un traité en vingt-neuf articles, dont vingt et un publiés et huit secrets. Les huit articles secrets étaient relatifs à l'attitude du Saint-Siège vis-à-vis la Révolution, et à des projets de traités de commerce et de convention consulaire.

(1) Milan, 26 septembre 1796 (*Correspondance*, t. II, p. 13). Cf. lettre du 5 octobre (t. II, p. 37).

Le Directoire exigeait notamment que Pie VI retirât tous ses brefs contre la République, contre la confiscation des biens de mainmorte, contre la constitution civile du clergé, qu'il supprimât l'inquisition, qu'il renonçât à l'usage d'avoir des castrats dans ses églises, etc. Caleppi fit remarquer avec raison que le Pape acceptait les faits accomplis, et n'avait de préférence pour aucune forme de gouvernement. Il allégua même comme preuve le bulle du 5 juillet, *Pastoralis sollicitudo* qui avait été adressée « omnibus Christefidelibus catholicis communionem cum sede apostolica habentibus, in Gallia commorantibus, de pace servanda ac debita constitutis potestatibus subjectione ». Il finit par déclarer qu'il ne pouvait rien prendre sur lui, et demanda à en référer au Saint-Siège. On ne lui accorda que huit jours pour accepter ou pour refuser en bloc les vingt-neuf articles. Pie VI assembla aussitôt le Saint-Siège et repoussa le traité proposé : « Sa Sainteté a reconnu avec la plus vive douleur, qu'outre l'article qui avait été proposé à Paris, et par lequel on avait voulu l'obliger à désapprouver, révoquer et annuler toutes les bulles, tous les brefs, tous les rescrits apostoliques émanés de l'autorité du Saint-Siège, et relatifs aux affaires de France depuis 1789, il y en avait encore d'autres qui, étant infiniment préjudiciables à la religion catholique et aux droits de l'Église, étaient par conséquent inadmissibles et elle n'a pas voulu entrer en discussion au sujet de ceux qui lui paraissaient destructifs de la souveraineté de ses Etats, nuisibles au bonheur et à la tranquillité de ses sujets, et ouvertement contraires aux égards dus aux autres nations et puisssances, puisqu'ils ne permettaient pas au Saint-Siège de garder la neutralité. »

Cette déclaration entraînait la rupture des conférences de Florence. Elle équivalait à une dénonciation des hostilités. Aussi bien la cour romaine semblait-elle décidée à entrer sérieusement en campagne. Le feld-maréchal Allwintzy venait de commencer ses opérations, et le début en avait été heureux. Pie VI, malgré la double leçon qu'il avait déjà reçue, se persuada que l'Italie allait, cette fois encore, devenir le tombeau des Français, et résolut de faire entrer ses troupes en campagne, afin de donner la main aux Autrichiens d'Allwintzy. Dans une cérémonie brillante, il investit le général Colli du commandement suprême, et le bénit comme le chef d'une nouvelle croisade. Les Romains semblaient pleins d'ardeur. Leur enthousiasme avait été surexcité par de fanatiques exhortations. Contributions volontaires, enrôlements, tout semblait marcher à souhait. On avait malheureusement escompté la victoire, et les illusions tombèrent bien vite, car Arcole et Rivoli furent la foudroyante réponse à cette levée de boucliers intempestive.

Bonaparte n'avait conservé aucune illusion sur les sentiments de la cour pontificale. Non seulement il avait appris que le cardinal Albani avait été envoyé secrètement à Vienne, pour resserrer l'alliance autrichienne, mais encore il avait intercepté une lettre adressée par le cardinal Busca à l'ambassadeur à Vienne, Mgr Albani, qui dissipait toute équivoque. On y lisait entre autres passages : « Tant qu'il me sera permis d'espérer du secours de l'Empereur, je temporiserai résolument aux propositions de paix que les Français ont faites... Toujours ferme dans mes opinions, je croirais compromettre mon honneur en traitant avec les Français, lorsqu'une négociation est entamée avec la cour de Vienne. » La connivence du Saint-Siège avec les Autrichiens était donc parfaitement établie, et Bonaparte avait le droit d'accuser de trahison Pie VI et ses ministres.

Aussi bien le vainqueur de Wurmser et d'Allwintzy [1] s'estimait fort heureux du prétexte que lui fournissait le Saint-Siège d'entrer en lutte contre lui. Les Autrichiens étaient refoulés en Tyrol et dans le Frioul, Mantoue avait capitulé, les Romains seuls étaient en armes. Comme il avait le champ libre, il pouvait maintenant marcher contre eux et les accabler. Il le pouvait d'autant mieux que les souverains catholiques paraissaient tout disposés à le laisser partager à sa

(1) Curieuse lettre de Bonaparte au Directoire, en date de Milan, 28 décembre 1796 (*Correspondance*, II, 205).

guise les États pontificaux. Cacault, notre représentant à Rome[1], l'avait averti que l'Empereur demandait au Pape, pour prix de son alliance, Ferrare et Commachio. Pérignon[2] notre ambassadeur à Madrid, l'informait que le premier ministre espagnol, don Manuel Godoï, ne demandait pas mieux que de transférer Pie VI en Sardaigne, à condition que les États du duc de Parme fussent agrandis par l'annexion de quelques territoires pontificaux. Le roi de Naples, de son côté, soulevait de vieilles prétentions sur Bénévent et Ponte Corvo, et laissait entendre que, moyennant la cession d'Ancône, il deviendrait l'allié de la République. A dire vrai le Pape était abandonné de tous ceux qui auraient dû le soutenir, et cela au moment même où le vainqueur de l'Autriche avait la libre disposition de toutes ses forces, et s'apprêtait à les tourner contre lui.

L'armée pontificale, bien que fanatisée, bien que soutenue et entretenue par les dons volontaires des populations, ne pouvait sérieusement[3] entrer en lutte avec les soldats qui venaient de battre les solides régiments de Wurmser et d'Allwintzy. On le comprenait si bien en Italie qu'on considérait Pie VI comme battu, avant même que ses troupes eussent tiré un coup de fusil. Une pièce bouffonne, intitulée *Dialogo fra il sante Padre ed il signor Colli*, représente le généralissime pontifical comme profondément découragé. Il se

(1) Lettre du 12 janvier 1797.

(2) Lettre du 6 mars 1797. — Cf. lettre du 7 janvier, adressée par le cardinal Busca au cardinal Albani alors à Vienne : « Je vois que les propositions du prince de la Paix avaient pour objet de nous intimider, et que, si l'on n'avait pas pour but de dépouiller le Pape de sa puissance temporelle, au moins voulait-on lui en retrancher une bonne partie. La reine d'Espagne a le plus grand désir d'agrandir les États de l'infant de Parme, mari de sa fille, et fera tout pour le contenter. Le chevalier Azara, mécontent de nous, ne laisse pas de souffler, mais je ne crois pas que la cour de Vienne puisse voir tranquillement les Espagnols maîtres des meilleures parties de l'Italie. »

(3) Lettre de Milizia : « Messieurs les Romains se présentent la bourse à la main pour fournir des dons gratuits en faveur des armées pontificales, qui feront monts et merveilles. Les femmes aussi, même celles qui n'ont rien, donnent gratis ce qu'elles savent donner. Vous seriez-vous jamais attendu à voir les troupes du Pape monter à 50.000 hommes ? »

plaint de l'attitude peu martiale de ses soldats, qui se présentent au combat un rosaire à la main, et Pie VI ne peut trouver pour le consoler que la promesse de donner les clefs du paradis à qui lui livrera Bonaparte pieds et poings liés[1]. Une caricature est consacrée à l'enterrement de la Papauté. Le souverain pontife est porté en terre sur un brancard qui se brise, pendant qu'il essaie de reprendre l'équilibre, en jetant les jambes en l'air et en perdant sa tiare. Deux généraux le précèdent pleurant à chaudes larmes et levant les bras au ciel. Un autre le suit sans chapeau, tout dépenaillé, et l'habit déchiré. Les Romains eux-mêmes ne croyaient pas au succès final. « Je crois, écrivait Gianni[2] à son ami l'évêque Ricci, que lorsque aura lieu la première défaite des soldats bénis du pape, déjà préparés par de saints exercices à monter au ciel, Pie VI sera alors saisi d'une belle peur. »

A vrai dire Bonaparte n'avait qu'à marcher droit devant lui, pour disperser le rassemblement pontifical. Le 1er février 1797, il dénonça l'armistice de Bologne et ouvrit les hostilités[3]. Il comptait tellement sur le succès que, le même jour, il l'annonçait à l'avance au ministre de Toscane, Manfredini : « Vous trouverez ci-joint plusieurs pièces relatives aux affaires actuelles avec Rome. Ces gens-là ont voulu se perdre, quoi qu'on ait fait pour les sauver, et, comme le fanatisme et l'entêtement des vieillards produit des résultats incalculables, ils sont gens à se perdre tout à fait. » Le général Colli[4] avait posté une avant-garde de 6,000 hommes à Castel Bolognese sur les bords du Senio. Le 3 au matin, ils furent attaqués par Lannes et Lahoz, et, malgré les excitations des moines qui

(1) Castro, Ouv. cité, t. II, p. 18.

(2) Lettre du 3 février 1797. Cf. les lettres de Milizia.

(3) Cf. *Correspondance*. t. II. p. 291. — Lettre de Bonaparte à Cacault, en date du 22 janvier 1797 (*Corresp.*, II, 261) : « Vous aurez la complaisance de partir de Rome six heures après la réception de cette lettre, et vous viendrez à Bologne. On vous a abreuvé d'humiliations à Rome et on a mis tout en usage pour vous en faire sortir. Aujourd'hui résistez à toutes les instances : partez. »

(4) Lettre de Bonaparte au Directoire (3 février). *Correspondance*, II, 301.

parcouraient les rangs le crucifix en main, se dispersèrent sans résistance. Plus de 1,200 d'entre eux tombèrent entre nos mains. Bonaparte affecta de les considérer comme peu dangereux. Il les réunit après le combat, les assura de ses dispositions bienveillantes, et les laissa se répandre dans le pays, comme autant de messagers de paix. Cette politique était habile. Non seulement les paysans déposèrent les armes, mais toutes les villes ouvrirent leurs portes, Faenza, Forli, Cesena, Rimini, Fano.

Colli avait posté le gros de ses forces en avant d'Ancône. Bonaparte se porta contre lui, afin de couper ses communications avec Rome. Le général quitta aussitôt cette position où il risquait d'être enveloppé, et, par Macerata, se dirigea vers le sud. Aussitôt Bonaparte détacha une division de son armée, commandée par Victor, pour prendre possession de l'importante place d'Ancône. Quelques milliers de pontificaux commandés par Bartolini en défendaient les approches. Au premier coup de canon ils se jetèrent à plat ventre, et se laissèrent prendre. Ce fut dans cette journée que « le général Lannes[1] s'avança sur le bord de la mer, et, au détour du chemin, se trouva face à face avec un corps de cavalerie ennemie, d'environ trois cents chevaux, commandé par un seigneur romain nommé Bischi. Lannes avait avec lui deux ou trois officiers et huit à dix ordonnances. A son aspect le commandant de cette troupe ordonne de mettre le sabre à la main. Lannes, en vrai Gascon, paya d'effronterie, et fit le tour le plus plaisant du monde. Il courut au commandant et d'un ton d'autorité lui dit : « De quel droit, monsieur, osez-vous faire mettre le « sabre à la main ? Sur-le-champ, le sabre au fourreau. — « Subito, répond le commandant. — Que l'on mette pied à « terre et que l'on conduise ces chevaux au quartier général. — Adesso, reprit le commandant, et la chose fut faite ainsi. Lannes me dit le soir : si je m'en étais allé, les maladroits m'auraient lâché quelques coups de carabine. J'ai pensé qu'il

(1) *Mémoires* de Marmont, I, 259.

y avait moins de risques à payer d'audace et d'impudence. »

Les unes après les autres toutes les villes pontificales tombaient entre nos mains. Après Ancône ce fut le tour de Lorette. Bonaparte y courut. Il voulait faire d'Ancône comme une place d'armes imprenable et comptait la garder à la paix générale pour s'en servir dans ses futurs desseins sur le monde oriental. Quant à Lorette, ce n'était qu'un sanctuaire enrichi par les dons des pèlerins. Il n'y trouva que quelques bijoux et la fameuse madone qu'il se contenta d'envoyer au Directoire avec cette sèche mention : « La madone est en bois. » Partout où il passait il rassurait les populations [1], organisait des municipalités provisoires, et recommandait à ses soldats la plus stricte discipline. Il essayait même de gagner les prêtres à sa cause, les accablait de caresses et se servait d'eux, par exemple du général des Camaldules et du prieur des bénédictins de Cesena, Ignazio, comme d'intermédiaires auprès des paysans et des bourgeois. Il continuait à renvoyer les prisonniers de guerre, et annonçait à tous qu'il ne voulait pas détruire la religion, mais simplement réformer les abus du gouvernement clérical. Il avait même [2], par un acte de généreuse clémence, rassuré les prêtres français, émigrés en grand nombre dans les États pontificaux, et obligés de fuir devant leurs compatriotes, à la vue desquels ils se mettaient à pleurer.

A la nouvelle des succès inattendus de Bonaparte, Pie VI et les cardinaux s'étaient préparés à la fuite. Ils avaient même fait emballer et transporter à Terracine ce que le trésor et les églises contenaient de plus précieux; mais apprenant que Bonaparte ne se présentait nullement comme le destructeur

(1) Arrêtés pris à Forli (4 février), à Pesaro (7 février), à Macerata (15 février). Voir *Correspondance*, II, 308, 313, 335.

(2) Lettre au Directoire (*Correspondance*, II, 332) : « Ils sont très misérables; les trois quarts pleurent quand ils voient un Français. D'ailleurs, à force d'en faire des battues, on les force à se réfugier en France. Comme ici, nous ne touchons en aucune manière à la religion, il vaut beaucoup mieux qu'ils y restent. Si vous approuvez cette mesure, et qu'elle ne contrarie pas les principes généraux, je tirerai de ces gens-là un grand parti en Italie. » Cf. Proclamation de Macerata, du 15 février 1797, t. II, p. 334.

de la religion et l'irréconciliable ennemi du Saint-Siège, ils reprirent courage, et songèrent à entamer de nouvelles négociations. Ils s'adressèrent aux représentants de la Toscane, de l'Espagne, de Naples même, et les supplièrent d'obtenir du vainqueur sinon la paix définitive au moins un armistice. Ce fut l'ambassadeur de Naples, le prince de Belmonte Pignatelli, qui prit sur lui d'aller trouver Bonaparte à Ancône, et de lui exposer son désir de voir signer la paix entre la France et Rome. La cour de Naples en effet se souciait très peu du voisinage des Français, et Pignatelli avait reçu l'ordre de proposer la médiation armée de son souverain. A cette ouverture Bonaparte s'emporta et déclara qu'il était tout prêt, puisque le roi de Naples lui jetait le gant, à le relever. Pignatelli s'était trop avancé : il se contenta d'offrir ses bons services et de supplier Bonaparte d'accorder la paix.

Bonaparte songeait déjà à reprendre l'offensive contre l'Autriche. Il ne voulait pas s'engager dans cette nouvelle entreprise sans avoir terminé son différend avec le Saint-Siège. D'ailleurs Pie VI n'avait pas encore fait appel aux passions religieuses, et il était urgent de ne pas s'exposer à une guerre de principes, qui aurait peut-être soulevé contre les Français l'Italie entière. Il feignit donc de condescendre au désir exprimé par la cour de Naples, et comme au même moment les ambassadeurs d'Espagne et de Toscane, Azara et Massimi, firent auprès de lui une démarche analogue à celle de Pignatelli, il se déclara prêt à ouvrir des négociations. Pie VI envoya aussitôt auprès de lui, en qualité de plénipotentiaires, Massimi, le duc Braschi, Caleppi et Mattei.

Le choix de ce dernier s'imposait en quelque sorte. Bonaparte avait toujours affecté de le considérer comme un intermédiaire nécessaire entre lui et la Papauté. Il l'avait choisi comme le confident[1], d'ailleurs très involontaire, de ses des-

(1) Ferrare, 21 octobre (*Corresp.*, II, 66). Il est vrai que Bonaparte, tout en affectant une grande confiance à l'égard du cardinal, ne cherchait au fond qu'à utiliser ses services. N'écrivait-il pas au Directoire, à la date du 24 octobre (*Corresp.*, II, 68) : « Je l'ai envoyé à Rome sous prétexte de négocier, mais dans la réalité pour m'en débarrasser. »

seins. Il lui avait même écrit à plusieurs reprises, dès le 21 octobre 1796, alors que les conférences de Florence venaient d'être rompues. Il s'était plaint au cardinal de cette faute politique, dont il déplorait d'avance les conséquences, et le priait d'éclairer le Pape sur ses véritables intérêts. « La cour de Rome a refusé les conditions de paix que lui a offertes le Directoire; elle a rompu l'armistice en suspendant l'exécution des conditions; elle arme, elle veut la guerre, elle l'aura. Vous connaissez les forces et la puissance de l'armée que je commande. Pour détruire la puissance temporelle du Pape, il ne me faudrait que le vouloir. Allez à Rome, voyez le Saint-Père, éclairez-le sur ses véritables intérêts, arrachez-le aux intrigues de ceux qui veulent sa perte et celle de la cour de Rome. » Le 22 janvier, au moment où il se décidait à entrer en campagne, il avait encore écrit [1] à Mattei : « Les étrangers qu'influencent la cour de Rome ont voulu et veulent encore perdre ce beau pays; les paroles de paix que je vous avais chargé de porter au Saint-Père ont été étouffées par ces hommes pour qui la gloire de Rome n'est rien, mais qui sont entièrement vendus aux cours qui les emploient. Nous touchons au dénouement de cette ridicule comédie. Vous êtes témoin du prix que j'attachais à la paix et du désir que j'avais de vous épargner les horreurs de la guerre, les lettres que je vous fais passer, et dont j'ai les originaux entre les mains, vous convaincront de la perfidie et de l'étourderie de ceux qui dirigent actuellement la cour de Rome ». Un mois plus tard, le 13 février, c'est encore à Mattei qu'il s'adressait [2] pour se plaindre de l'aveuglement des conseillers de Pie VI. « On s'est rallié aux ennemis de la France lorsque les premières puissances de l'Europe s'empressaient de reconnaître la République, et de désirer la paix avec elle; on s'est longtemps bercé de vaines chimères, et on n'a rien oublié pour consommer la destruction de ce beau pays. » Il finissait sa lettre

(1) *Correspondance*, t. II, p. 264.

(2) *Id.*, t. II, p. 329.

en assignant un terme de cinq jours pour envoyer des plénipotentiaires, ou sinon il ne répondait pas de l'avenir.

Mattei était donc l'homme de la situation, mais il n'avait ni la finesse ni la tranquillité d'esprit nécessaires pour lutter avec Bonaparte. D'ailleurs, il était disposé à toutes les concessions politiques, pourvu qu'on ménageât les intérêts spirituels de la Papauté, et Bonaparte, qui ne nourrissait pas contre le Saint-Siège la haine irraisonnée d'un Larévellière-Lépeaux ou des sectaires jacobins, ne demandait pas mieux que de faire sur le terrain religieux toutes les concessions possibles. Mattei qui se souvenait encore de sa première entrevue à Ferrare avec Bonaparte, ne put dominer son émotion quand il se retrouva le 18 février en sa présence. Il n'osa pas ouvrir la bouche. Heureusement pour lui, Cacault, l'ancien ministre, promit de l'avertir et même de le réveiller à n'importe quelle heure pour le prévenir des intentions de Bonaparte. C'est ce qui eut lieu dans la nuit du 18 au 19 février. On raconte même que le duc Braschi, troublé dans son sommeil, reçut fort mal l'officieux intermédiaire, et que Cacault se retirait furieux, lorsque le cardinal Mattei se jeta à ses pieds en le conjurant de lui communiquer les articles du traité, et de lui accorder quelques heures de réflexion. A vrai dire, cette dernière précaution était inutile, car Bonaparte était résolu à ne rien changer aux conditions de ce traité, et les envoyés de Pie VI n'avaient pas à le discuter, mais bien à le signer.

Il n'y avait pas, en effet, deux puissances belligérantes en présence, mais un souverain désarmé, à la merci d'un vainqueur tout-puissant. Que faire de ce souverain? Deux solutions se présentaient : le renverser ou le maintenir. Le Directoire penchait vers la première solution. Un des amis du Directoire, l'ancien évêque Grégoire, était tellement persuadé de la chute prochaine du Pape que, dès le 13 janvier 1797, il avait écrit à son ami et collègue, le réformateur Ricci : « Je ne serais pas surpris, et surtout je serais fort aise de voir renaître la République Romaine et les vertus chrétiennes y resplendir dans tout leur éclat. » Le Directoire, en effet, songeait sérieusement à républicaniser l'Italie entière, et Rome était la première puissance destinée à disparaître. Miot, notre représentant[1] à Florence, avait même été consulté sur l'opportunité de cette révolution, cela dès l'été de 1796, et, malgré l'avis défavorable qu'il avait donné, de nombreux agents avaient été envoyés en Italie pour préparer les esprits à cette transformation. Pour peu que Bonaparte se fût associé à ces rancunes et à ces projets de vengeance[2], le Saint-Siège était condamné. Mais Bonaparte était avant tout un homme de gouvernement. Étranger aux préventions et aux haines de la plupart de ses contemporains contre les idées que représentait la Papauté, il n'avait pas été sans remarquer l'immense influence que conservait encore le clergé catholique, et désirait le ménager pour ses desseins ultérieurs. Aussi, bien qu'il eût parlé à diverses reprises de la nécessité de détruire le pouvoir temporel, bien qu'il eût même proposé au Directoire de céder les États pontificaux à l'Espagne[3] en échange du duché de Parme, il ne désirait au fond du cœur que terrifier la cour romaine, puis se présenter à elle comme un sauveur. Ce n'était certes point par scrupule religieux qu'il voulait ménager Pie VI, mais uniquement parce que Pie VI pouvait lui être utile pour ses futurs desseins. Aussi bien, voici[4] comment il parlait du souverain pontife. Le

(1) Miot. *Mémoires*, I, p. 121. Voici les conclusions de sa réponse au Directoire : « Une révolution complète en Italie est, selon moi, impossible. Si cela pouvait avoir lieu dans l'état actuel des esprits, elle serait terrible par les excès auxquels se porteraient des hommes féroces et sans principes. Elle serait sans avantages pour l'humanité et le bonheur de la société, parce qu'elle serait l'ouvrage du fanatisme et de la vengeance. »

(2) On s'attendait à Rome à la prochaine arrivée de Bonaparte. Le club des Amis de la Liberté lui avait même écrit pour l'inviter à assister à l'inauguration d'une statue en son honneur. L'inscription avait même été rédigée à l'avance : Alexandro Bonæparti, duci Gallorum invictissimo, quod senatum populumque Romanum, a Pontificibus maximis vi et metu conculcatum, in pristinum splendorem et auctoritatem restituerit. » Cf. Barral, *Histoire de la chute de Venise*, p. 213.

(3) Lettre du 1er février 1797 (*Corresp.*, t. II, p. 271) : « Ne pourrait-on pas donner Rome à l'Espagne ? Alors nous pourrions restituer à l'Empereur le Milanais, le Mantouan et le duché de Parme, au cas où nous fussions obligés d'en passer par là afin d'accélérer la paix dont nous avons besoin. »

(4) *Correspondance*, t. II, p. 69.

24 octobre, écrivant à Cacault, qui n'avait pas encore quitté Rome : « Le grand art, lui disait-il [1], est de se jeter réciproquement la balle, pour tromper ce vieux renard. » Quatre jours plus tard, s'adressant au même personnage : « Vous pouvez assurer le Pape, écrivait-il, que c'est en conséquence de mes instances particulières et réitérées que le Directoire m'a chargé d'ouvrir la route d'une nouvelle négociation. J'ambitionne bien plus le titre de sauveur que celui de destructeur du Saint-Siège. » Lors de son entrée en campagne, il s'était également présenté [2] comme le protecteur de la religion : « L'armée française, avait-il dit dans sa proclamation, va entrer dans le territoire du Pape. Elle sera fidèle aux maximes qu'elle professe; elle protégera la religion et le peuple. Le soldat français porte d'une main la baïonnette, sûr garant de la victoire, offre de l'autre aux différentes villes et villages, paix, protection et sûreté. » Bonaparte était donc résolu à ne point pousser à fond la campagne contre le Pape, à ne pas détruire le pouvoir temporel. Sans doute, en agissant ainsi, il se heurtait contre les instructions précises du Directoire, mais n'était-il pas habitué à ne considérer que ce qu'il croyait son intérêt? D'ailleurs il avait une méthode infaillible pour triompher des hésitations du Directoire : il agissait, et, quand tout était réglé, il daignait annoncer au Directoire ce qu'il avait résolu. Ce fut ainsi que le 13 février [3] il fit part au Directoire de son désir de signer la paix avec le Saint-Siège, et que le 19 cette paix fut signée, avant que le Directoire eût seulement reçu la lettre par laquelle il lui

(1) Vérone, 28 octobre 1796. *Correspondance*, t. II, p. 79.

(2) Bologne, 1er février 1797. *Corresp.*, II, 289.

(3) Cette lettre du 13 février (*Correspondance*, II, 329) est bien curieuse : Bonaparte annonce au Directoire qu'il est partisan de la paix : « 1° parce que cela m'évitera une discussion qui peut être très sérieuse avec le roi de Naples; 2° parce que le Pape et tous les princes se sauvant de Rome, je ne pourrai jamais en tirer ce que je demande; 3° parce que Rome ne peut pas exister longtemps, dépouillée de ses belles provinces, une révolution s'y fera toute seule; 4° enfin, la cour de Rome nous cédant tous ses droits sur ce pays, on ne pourra pas, à la paix générale, regarder cela comme un succès momentané, puisque ce sera une chose très finie. »

notifiait son intention de terminer le différend entre la République et le Saint-Siège. Cette paix porte le nom de la ville de Tolentino, où elle fut signée. Pie VI était maintenu dans la possession de Rome et de l'Ombrie, mais il renonçait à Avignon et au comtat Venaissin, aux légations de Bologne et de Ferrare ainsi qu'à la Romagne, il abandonnait Ancône jusqu'à la paix générale, se retirait de toute alliance formée contre la France, licenciait son armée, fermait ses ports aux navires de guerre des puissances ennemies de la France, accordait une amnistie générale, désavouait l'assassinat de Basville[1], rétablissait notre école des beaux-arts à Rome, nous cédait de nombreux objets d'art ou de science, et payait une nouvelle contribution de guerre de trente millions.

Ce qui subsistait du pouvoir temporel n'était plus qu'un simulacre de puissance, mais la République française, malgré ses déclarations si souvent répétées, n'en acceptait pas moins le principe. Ainsi que l'écrivait[2] Mattei au Pape : « Les conditions sont extrêmement dures et ressemblent à la capitulation d'une place assiégée. J'ai jusqu'à cette heure tremblé pour Votre Sainteté, pour Rome, pour l'État tout entier ; mais Rome est sauvée, et la religion aussi. » Le Directoire renonçait donc à sa haine invétérée. Larévellière-Lépeaux laissait à son prétendu collègue un abri pour traverser les jours d'orage. Bien qu'imposé par la nécessité, ce traité était donc aussi favorable à Pie VI qu'il pouvait l'espérer après tant de démonstrations hostiles, et c'est ainsi que le Saint-Siège s'y résigna. Dès le 23 février, la paix était donc solennellement proclamée à Rome, et le Directoire, bien qu'à contre-cœur, se décida à envoyer sa ratification. Aussi bien la bonne entente ne fut pas et ne pouvait pas être de longue durée. Il n'y avait de sincérité ni d'un côté ni de l'autre. Le Pape regrettait ses concessions, et ses sujets épuisés par l'énorme contribution de guerre, exploités par les agents français, humiliés en

(1) Article 18 du traité. Indemnité de 300,000 fr. à répartir entre tous ceux qui avaient souffert de l'attentat.

(2) Lettre citée par SYBEL, IV, 395.

voyant passer chaque jour les longues files de voitures qui emportaient leurs contributions et les chefs-d'œuvre de l'art[1], ne cachaient pas leur mécontentement. Le Directoire, de son côté, trouvait qu'il n'avait pas suffisamment profité de la victoire. Il ne pardonnait pas à Bonaparte de lui avoir, pour ainsi dire, forcé la main en signant ce traité. Le plus singulier c'est que Bonaparte lui-même semblait se repentir d'avoir été trop indulgent. Il avait écrit à Joubert pour lui annoncer qu'il traitait « avec cette prêtraille[2] », mais uniquement pour en tirer des terres et de l'argent. Le jour même de la signature du traité, il avait envoyé son aide de camp Marmont à Pie VI, avec une lettre respectueuse[3], où il l'assurait de son désir de lui prouver dans toutes les occasions son respect et sa vénération, et il écrivait en même temps au Directoire[4] : « Le traité est signé, mais rassurez-vous, Rome ne peut plus exister. Cette vieille machine se détraquera toute seule. »

La paix de Tolentino n'était donc et ne pouvait être qu'une trêve passagère. Entre deux gouvernements si opposés par leur origine, par leurs principes, par leurs méthodes, tout accommodement est impossible. La lutte, un instant interrompue, allait donc reprendre avec plus de force que jamais, et cette fois, entraîner pour la cour pontificale la plus dramatique des catastrophes.

(1) Réclamations présentées à Bonaparte par le marquis Massimi. Voir *Correspondance*, Goritz, 25 mars 1797, t. II, p. 419. En effet, on ordonne de rendre les marchandises appartenant à des négociants romains, de lever le séquestre mis en Romagne sur des bénéfices dont les propriétaires résident à Rome, de restituer les biens et bénéfices appartenant à des princes romains. Lettres de Bonaparte à Pie VI (t. II, p. 418) et à Massimi (t. II, p. 419) pour leur annoncer ces mesures gracieuses.

(2) *Correspondance*, t. II, p. 238.

(3) *Id.*, t. II, p. 347.

(4) *Id.*, t. II, p. 342.

III

Bonaparte avait obtenu du Directoire la nomination de son frère Joseph comme ambassadeur de France auprès de Pie VI. Doux et conciliant, également éloigné de la rudesse jacobine et des servilités de l'ancien régime, Joseph convenait à la situation. Il avait été fort bien accueilli[1] à Rome. Le Pape, qui gardait à son frère une profonde reconnaissance du traité de Tolentino, le traitait avec distinction. Les cardinaux le ménageaient à double titre, et comme représentant de la France, et comme frère du tout-puissant général qui résidait encore en Italie, à la tête de son armée victorieuse. Quant aux partisans de la France, ou du moins des idées françaises, et leur nombre avait singulièrement augmenté depuis que la terreur de nos armes les avaient délivrés de l'oppression sacerdotale, ils se groupaient autour de lui[2]. Le palais de l'ambassade était devenu comme leur lieu de réunion. Mme Joseph Bonaparte en faisait les honneurs avec la grâce séduisante et l'urbanité de bon goût qui valurent plus tard tant d'amies à la reine de Naples et d'Espagne. La sœur de son mari, la toute belle Pauline Bonaparte. fiancée au général Duphot, était auprès d'elle. Eugène Beauharnais, le futur vice-roi d'Italie, et Arrighi, servaient d'aides de camp à l'ambassadeur. Il était difficile de trouver alors à Rome une maison plus aimable et plus aimée.

Le parti antifrançais ne s'était pas résigné aux humiliations de Tolentino. Les cardinaux Busca et Albani ne rêvaient que revanche et vengeance. Ils affectaient à l'égard de l'ambassa-

(1) Joseph n'avait pas été le seul à recevoir un bon accueil. Voir *Mémoires de Marmont* (I, 263) que Bonaparte avait envoyé à Rome pour veiller à l'exécution du traité.

(2) On a conservé les noms de quelques-uns de ces libéraux : Sogetti, docteur Lucci, docteur Giavasetti, Bambocci, Pietro Succi, Zamboni, Borghe, Tomessani, Forne, Alessio Succi, etc. Cf. *Mémoires de Joseph* (I) et *Correspondance*, t. II, p. 448, 2 juillet 1796.

deur une indifférence absolue, mais, profitant des privautés de leurs charges, ils ne cessaient de présenter au Pape, sous le jour le plus défavorable, tous les faits et gestes de l'ambassade. Ainsi, Bonaparte avait prié[1] son frère de demander au Pape un bref pour recommander aux prélats l'obéissance à la République. La Papauté qui, de tout temps, fut à peu près indifférente aux formes de gouvernement, aurait volontiers accédé à ce désir : mais les cardinaux présentèrent à Pie VI cet acte de complaisance comme une honteuse compromission. Ils s'opposèrent également à ce qu'il accordât le chapeau rouge à l'archevêque de Milan, et à ce qu'il reconnût sur-le-champ la République Cisalpine[2]. Ils finirent même par présenter comme des émissaires de la République, encouragés par Joseph dans leurs sinistres desseins, les jeunes artistes de l'école française de Rome qui, dans l'exubérance de leurs opinions, avaient peut-être eu le tort de ne pas assez ménager leurs expressions, mais n'étaient certes pas des conspirateurs. Un troisième cardinal, le secrétaire d'État Doria Pamphili, celui qu'on surnommait, à cause de sa petitesse, le bref du pape, secrètement gagné par Albani et Busca, entassa les dénonciations contre l'ambassade et les libéraux romains qu'elle était censée soutenir. Il fallut même que Bonaparte intervînt directement, et rappelât le soupçonneux fonctionnaire à des sentiments plus modérés. Le coup n'en était pas moins porté. Pie VI obsédé, circonvenu, irrité par ces perfides insinuations, commença à prêter une oreille plus favorable aux ennemis de la France. Ces derniers essayèrent de profiter de ce premier succès pour renouer contre nous une vaste coalition. Ils persuadèrent au Pape que le roi de Naples n'attendait qu'un mot pour voler à son secours, que l'amiral Nelson, au premier signal, débarquerait dans les États romains, et

(1) *Correspondance*, t. III, p. 254. Cf. lettre du 3 août 1797 (III, 218) : « Le Pape pensera peut-être qu'il est digne de sa sagesse, et de la plus sainte des religions, de faire une bulle ou mandement qui ordonne aux prêtres de prêcher l'obéissance au gouvernement, et de faire tout ce qui sera en leur pouvoir pour consolider la constitution établie. »

(2) *Correspondance*, p. 255.

que l'Autriche, qui n'avait pas encore signé le traité de Campo-Formio, se joindrait aux coalisés. Ils l'engagèrent donc à prendre les devants, et, malgré les lourdes charges de la contribution de guerre, à reformer l'armée pontificale. Ils le poussèrent même à une démarche plus significative encore, celle de donner le commandement en chef de l'armée pontificale au général autrichien Provera.

Joseph n'avait pas eu besoin de beaucoup de clairvoyance pour se rendre compte du changement survenu dans les dispositions du pontife à l'égard de la France. Il n'était pas difficile de démêler une sourde hostilité à travers les témoignages de respect dont on affectait de l'accabler. Aux empressements du début avaient succédé les protestations officielles. Peu à peu le vide se faisait autour de lui, et on pressentait quelque explosion soudaine. Fidèle à son rôle de conciliateur, Joseph avait feint d'être la dupe de ces mensonges intéressés, mais il avertissait son frère et le Directoire de ces intrigues malveillantes[1]. En apprenant la nomination de Provera, qui équivalait à une déclaration de guerre, vu les sentiments bien connus du général autrichien, et le rôle qu'il avait joué dans la dernière guerre, il se décida à sortir de la neutralité et exigea le retrait immédiat de cette maladroite nomination.

Bonaparte fut très irrité de ce qu'il considérait à juste titre comme une provocation. « Ne souffrez pas, écrivit-il[2] à son frère, qu'un général aussi connu que M. Provera prenne le commandement des troupes de Rome. L'intention du Directoire exécutif n'est pas de laisser renouer les petites intrigues des princes d'Italie. Déployez un grand caractère... Dites publiquement dans Rome que si M. Provera a été deux fois[3]

(1) *Correspondance*, t. III, p. 255. Lettre à Joseph : « Il est indispensable que, tout en cherchant à maintenir une bonne amitié entre la République française et la cour de Rome, vous réprimiez cependant cette fureur, qui semble animer plusieurs ministres de cette cour, d'opprimer les hommes qui ont accueilli nos artistes ou servi nos ambassadeurs. »

(2) *Mémoires de Joseph*. Lettre écrite de Passariano, 29 sept. 1797. Cf. *Correspondance*, t. III, p. 351.

(3) En réalité, Provera avait été trois fois pris : à Cosseria, à la Favorite et à Mantoue.

prisonnier de guerre dans cette campagne, il ne tardera pas à l'être une troisième. S'il vient vous voir, refusez de le recevoir. Je connais bien la cour de Rome, et cela seul, si cela est bien joué, perd cette cour. » Il revenait avec insistance sur la nécessité de ce renvoi dans une autre lettre[1] : « Vous pouvez déclarer positivement à la cour de Rome que, si elle reçoit à son service un officier connu pour être ou avoir été au service de l'Empereur, toute bonne intelligence entre la France et la cour de Rome cesserait à l'heure même, et la guerre se trouverait déclarée. » Les conseillers de Pie VI en effet, comme l'avait conjecturé Bonaparte, furent effrayés par l'énergie de cette résolution, et conseillèrent la prudence à leur maître. Ils ne sentaient pas le terrain assez solide et ne voulaient ouvrir les hostilités qu'à coup sûr. Provera fut donc remercié presque aussitôt que nommé, et cet acte de fermeté raffermit à Rome l'influence de la France.

Encouragés par le succès diplomatique que venait de remporter Joseph, tous les ennemis de la Papauté à Rome voulurent profiter de l'occasion pour imposer au Pape les réformes qu'ils désiraient. Aussi bien les États de l'Église étaient alors le pays le plus mal administré de l'Europe. L'arbitraire le plus absolu, le despotisme illimité, tempéré seulement par la mansuétude du pontife, telle était la règle unique. Non pas que les lois fissent défaut, ni même les magistrats, mais ces derniers eux-mêmes se perdaient dans le dédale des règlements et des décisions ayant force de loi, et, peu à peu, au régime de la justice s'était substitué celui du bon plaisir. On pouvait réclamer jusqu'à six fois la revision du même procès, et, comme le Pape se réservait le droit de prononcer sur toutes les causes pendantes, on ne possédait aucune

(1) Cf. Lettre écrite dans le même sens au cardinal Mattei (Milan, 14 novembre 1797, t. III, p. 242) : « La cour de Rome commence à se mal conduire. Je crains bien que les maux que vous avez en partie épargnés à votre patrie ne tombent sur elle. Souvenez-vous des conseils que vous avez donnés au Pape à votre départ de Ferrare. Faites entendre à Sa Sainteté que, si elle continue à se laisser mener par le conseiller Busca et d'autres intrigants, cela finira mal pour nous. »

garantie contre un acte de caprice ou d'arbitraire. Les singularités de la procédure compliquaient encore la situation. Ainsi, dans un procès criminel, ne paraissaient ni l'accusateur ni les témoins à charge : on demandait simplement à l'accusé de faire la preuve de son innocence. Même règle pour une affaire civile. Étiez-vous accusé, par exemple, de ne pas avoir payé une dette : il fallait d'abord consigner le montant de la somme discutée, puis prouver sa non-culpabilité, le souverain pontife se réservant toujours d'intervenir comme le *Deus ex machina* de la tragédie antique, et avec des arguments irrésistibles. Ne s'était-il pas, en effet, attribué le droit de condamner aux galères « pour motifs à nous connus » ?

Il est vrai que, dans l'application, les Papes gouvernaient avec une grande douceur, mais cette douceur même n'est-elle pas comme la condamnation de l'absolutisme, puisqu'elle démontre l'absence de toute garantie légale ? Comme l'a si bien dit un des adversaires les plus déterminés du gouvernement des prêtres, Dœllinger [1], « le prêtre, lorsqu'il est investi de la toute-puissance juridique et administrative, résiste très difficilement à la tentation de soumettre ses actes officiels à l'influence de son opinion personnelle, de son appréciation des individus, de sa pitié, de ses penchants. Comme prêtre, il est avant tout le serviteur et le héraut de la miséricorde, du pardon, de la rémission. Il oublie trop facilement que la loi humaine doit être sourde et inexorable, que toute faiblesse envers un individu est un tort fait à un ou à plusieurs autres. Il s'habitue peu à peu, sous l'inspiration des meilleures intentions, à mettre son caprice au-dessus de la loi. »

Cet arbitraire dans l'exercice de la justice, on le retrouvait partout, dans l'agriculture, dans l'industrie, jusque dans l'instruction. Ainsi les paysans n'avaient pas le droit de vendre leurs blés avant que l'approvisionnement de la capitale n'eût été assuré. Un magistrat spécial, le préfet de l'annone, fixait les prix, et ne permettait la vente hors des États de l'Église

(1) DŒLLINGER. *Eglise et Etat*, p. 546, cité par SYBEL. *Europe pendant la Révolution française*, t. IV, p. 375.

qu'à quelques privilégiés, qui achetaient chèrement ses faveurs. Aussi les paysans ne cultivaient-ils que ce dont ils avaient besoin pour leur consommation immédiate. Malgré la fertilité du sol éclataient de fréquentes famines, et le préfet de l'annone était obligé de recourir aux services des corsaires barbaresques. Comme au temps de Tacite[1], les grands domaines, les *villarum infinita spatia*, s'étendaient démesurément, la population agricole se clairsemait, et on n'arrivait plus à Rome qu'après avoir traversé de véritables solitudes. Mêmes entraves pour le commerce des bestiaux, des viandes fumées ou salées, des œufs, de l'huile, etc. Dans les villes, les meuniers ne pouvaient travailler qu'après avoir obtenu une autorisation par écrit, et les boulangers de Rome étaient forcés d'acheter à la préfecture de l'annone leur farine et leur charbon. A Bologne, comme on avait imaginé une taxe sur le vin en tonneaux, il était interdit de le débiter en bouteilles. Peu ou point d'industrie. Écrasés par le grand nombre de jours fériés, par la routine, par les douanes, elle était réduite à l'impuissance. Tout arrivait du dehors, et, comme conséquence naturelle de cette dépréciation de l'industrie nationale, le commerce était entre les mains des étrangers.

Cette routine invétérée[2], ce dédain absolu du progrès matériel, cette immixtion du gouvernement dans tous les actes de la vie, telles semblent avoir été les règles immuables dont s'inspiraient les Papes dans la conduite et le gouvernement de leurs sujets. Sous leur direction le citoyen romain était, pour ainsi dire, surveillé dès sa naissance. On s'attachait à étouffer en lui tout sentiment d'indépendance intellectuelle. Livres et journaux étaient suspects. La littérature étrangère était un véritable fruit défendu, par suite des prohibitions extraordinaires de la douane. Les maisons d'instruction étaient pourtant assez nombreuses, mais on y distribuait un enseignement bien singulier. Ainsi dans les Universités les

(1) TACITE. *Annales* III, 53.

(1) GHELLMANN. *Situation de l'Etat papal.* Helmstadt, 1792. SILVAGNI. *La Corte et la societa Romana nei secoli XVIII et XIX.* Firenze, 1881.

professeurs étaient forcés de se conformer à de véritables manuels approuvés par les évêques; dans les gymnases, le grec et les mathématiques étaient proscrits, et l'histoire ne figurait point sur les programmes. La science était affaire de pure forme. On ne demandait que de l'ingéniosité, mais toute initiative était formellement interdite. Quant aux écoles populaires, dirigées par des moines, on se contentait d'y parler aux enfants de la Vierge, du diable et des superstitions locales. Pour les suspects ou les indépendants, l'Inquisition fonctionnait toujours. Elle avait, il est vrai, éteint ses bûchers, mais nullement fermé ses geôles. Le moindre curé de paroisse n'avait-il pas le droit de condamner à quelques semaines de séjour dans une maison de correction tous ceux des habitants de sa paroisse qui ne suivaient pas les prescriptions de l'Église !

En résumé, le gouvernement pontifical, animé peut-être de bonnes intentions, était mauvais. Les Romains ne l'ignoraient pas, non pas le peuple tout endormi dans une ignorance plusieurs fois séculaire et abêti par de ridicules superstitions, mais les bourgeois des villes qui avaient entendu siffler à leurs oreilles le vent de réformes qui agitait alors l'Europe entière, et surtout les membres de l'aristocratie qui voyageaient, qui lisaient, qui avaient des relations étendues à l'étranger, et à l'esprit desquels s'imposaient de désavantageuses comparaisons. Les jansénistes, encore assez nombreux à Rome malgré les persécutions dont ils avaient été l'objet, commençaient de leur côté à relever la tête. Le peuple était écrasé par les impôts que rendait nécessaire la contribution de guerre exigée par la France. Le clergé lui-même se voyait avec peine menacé dans ses propriétés et dans ses privilèges : en sorte que la fermentation était générale. Bien que le gouvernement pontifical, qui se sentait menacé, redoublât de précautions et de surveillance, on était comme dans l'attente d'événements nouveaux. On pressentait sinon des révolutions, au moins de prochains changements. L'intervention française allait donner un corps à ces vagues aspirations, et bon nombre de Romains, malgré la résistance de leur souverain, deviendront bientôt les meilleurs instruments de la propagande révolutionnaire [1].

Au commencement de décembre 1797, le sculpteur Ceracchi, et un notaire de Pérouse, Agretti, tous deux connus par l'exaltation de leurs sentiments avaient cru le moment venu de provoquer l'explosion. Ils avaient eu l'audace de planter en plein jour un arbre de la liberté sur le Monte Pincio, mais la police avait dispersé le rassemblement, et cette tentative inopportune, tout de suite désavouée par l'ambassadeur de France, avait misérablement avorté. Quelques jours plus tard, le 26 décembre, on vint avertir Joseph qu'une révolution éclaterait pendant la nuit, et que la République serait proclamée. Joseph fit remarquer aux messagers que son caractère officiel lui interdisait d'accueillir une pareille communication, et il les engagea, dans leur intérêt, à renoncer à une entreprise qui ne pouvait aboutir. Les conjurés se retirèrent fort mécontents, mais sans renoncer à leur dessein.

Le lendemain 27, de grand matin, l'ambassadeur d'Espagne

(1) On peut consulter sur la création de la République romaine : ARTAUD DE MONTOR, *Histoire du pontificat de Pie VI*. — ABBÉ BALDASSARI (traduction Lacouture), *Vie de Pie VI*. — ABBÉ BLANCHARD, *Vie de Pie VI*. — PONCET, *Pie VI à Valence* (1808). — DUPPA, *Relation abrégée de la destruction du gouvernement papal, en 1798*. — ABBÉ BARRUEL, *Histoire de Pie VI*. — ABBÉ BERTRAND, *Le pontificat de Pie VI et l'athéisme révolutionnaire*. — BRANCADORO (traduction d'Auribeau), *Oraison funèbre de Pie VI*, prononcée à Venise le 31 octobre 1799. — BOURGOING, *Mémoires historiques sur Pie VI et son pontificat jusqu'à sa retraite en Toscane*. — LUDOVIC SCIOUT, *Le Directoire et la République romaine* (Revue des questions historiques, janvier 1880). — SILVAGNI, *La Corte e la societa Romana nei secoli XVIII et XIX* (1881). En outre, il existe à la Bibliothèque nationale (Lb.[42]620') un recueil factice en deux tomes (297 pièces dans le premier et 241 dans le second) intitulé : *Collezione della stampe publicate dal di 22 piovoso fino a tutto l'anno VI dell ere repub., con l'indice in principio cronologico analitico delle med, ed altro in fine alfabetico delle materie spettanti o relative al ministre delle finanze*. Voici l'indication des principales pièces de ces deux volumes :

T. I : 2. Proclamation de Berthier pour le respect du culte, des ambassadeurs et des étrangers. — 5. Ordre du trésorier général romain G. Della Porta pour la déclaration des effets en marchandises appartenant aux nations en guerre avec la Rép. française. — 9. Proclamation de la République romaine. — 11. Ordonnance de Berthier sur l'exclusion des émigrés français. — 13. Suppression du droit d'asile et de juridiction des ambassa-

Azara, qui s'était lié d'amitié avec Joseph, courut le prévenir que la conspiration était découverte, et qu'un mouvement se préparait contre les Français, secrètement encouragé par le Pape. Joseph lui répondit, et c'était la vérité, qu'il avait toujours observé la plus stricte neutralité, et qu'il espérait que le secrétaire d'État, Doria Pamphili, saurait faire respecter l'hôtel de l'ambassade. Quelques heures après, un rassemblement se formait à la villa Médicis, c'est-à-dire à l'Académie de France. Des cris étaient poussés de vive la République! Tous les conjurés portaient au chapeau la cocarde tricolore; ils semblaient donc agir de connivence avec la France; mais leur voix ne rencontra nul écho, et, quand la troupe arriva, le rassemblement se dispersa, en abandonnant sur le terrain un sac rempli de cocardes françaises; ce qui semblait indiquer que les Français n'étaient pas étrangers à cette manifestation, et qu'ils comptaient en profiter. Joseph se transporta aussitôt chez le secrétaire d'État et protesta avec énergie. Il s'étonna de la facilité et de l'à-propos avec lequel on avait trouvé sur le terrain une pièce à convic-

deurs. — 15. Affectation d'une partie des biens religieux à l'extinction du papier monnaie. — 27. Programme de la fête funèbre en l'honneur du général Duphot. — 31. Avis du ministre de l'intérieur, Ennio Visconti, pour calmer les inquiétudes des habitants des campagnes et les engager à reprendre leurs travaux. — 34. Proclamation des consuls au peuple et au clergé, au sujet du fanatisme religieux. — 35. Id. au sujet de l'insurrection des Transtévérins, du 7 ventôse. — 53. Ordre aux Transtévérins de déposer leurs armes.—68. Proclamation du ministre de la police, Giuseppe Toriglioni, relative aux armes de la République romaine à poser sur tous les édifices publics. — 70. Proclamation d'Ennio Visconti pour procurer des vêtements aux soldats. — 87. Police des théâtres. — 90. Ordonnance du général Vial, commandant la place de Rome, contre les excitations hostiles de quelques prédicateurs. — 101. Programme de la fête de la Fédération. — 105. Arrêté de Toriglioni déclarant ennemis de la République ceux qui refuseraient de recevoir le papier monnaie. — 122. Ministre de l'intérieur, Camille Corona, annonce distribution des secours aux pauvres. — 120. Ordre de Toriglioni aux marchands d'étoffes de tenir leurs magasins ouverts. — 139. Id. à tous les marchands de comestibles. — 140. Ordre à tous les étrangers non domiciliés de sortir de Rome. — 149. Vente de biens nationaux. — 169. Décret des consuls pour l'organisation de la garde nationale. — 197. Défense aux Français d'acheter du savon sans être munis d'un ordre du commandant de place. — 202. Défense d'exporter les denrées nécessaires à l'alimentation. — 203. Défense de recevoir des novices dans les couvents. — 205. Défense de loger les étrangers sans autorisation. — 209. Ordre d'arrêter tous les tion aussi importante que le sac de cocardes, et n'eut pas de peine à démontrer l'intervention officieuse de la police romaine. D'ailleurs, afin de prévenir jusqu'à l'ombre d'un soupçon, il demanda qu'on arrêtât tous les individus non compris dans la liste des Français ou des Romains attachés à l'ambassade, et qu'on trouverait dans les limites de la juridiction française. Il était difficile d'agir plus correctement, et Joseph mettait de son côté et la légalité et les apparences de la légalité.

Le 28 décembre, un nouveau rassemblement se forma sous les fenêtres de l'ambassade. Un artiste prit la parole, et déclama avec véhémence contre le gouvernement pontifical. Peu à peu l'attroupement grossissait. On y remarquait des individus notoirement connus pour appartenir à la police. C'était visiblement une provocation que l'on cherchait. Joseph donna l'ordre à ses gens de fermer les portes de l'hôtel et alla revêtir son costume officiel. A peine était-il monté dans sa chambre qu'une décharge retentit. Un piquet de cavalerie venait d'entourer les conjurés, au moment où on les repoussait de la cour, et les avait fusillés à bout portant.

prêtres des communes où pourraient éclater des insurrections. — 215. Suspension de toutes les permissions de chasse. — 225. Ministre des finances, Bufalini, annonce prohibition des marchandises anglaises, russes et portugaises à la foire de Sinigaglia. — 227. Décret des consuls ordonnant aux citoyens de livrer la moitié de leur argenterie à titre de prêt forcé. — 233. Organisation judiciaire. — 238. Réduction du nombre des fêtes. — 249. Décret de Gouvion Saint-Cyr portant défense aux citoyens de porter le plumet tricolore ou des habits garnis de galons d'or et d'argent. — 251. Condamnation de Pierre Borga, accusé de propos séditieux. — 264. Etat des personnes qui ont payé l'amende de trois piastres pour ne pas avoir illuminé leurs fenêtres. — 273. Ordre à tous les Français non fonctionnaires de sortir de Rome. — 291. Avis des grands édiles, Maggi, Franchi et Laute aux paysans contre les instigations antirépublicaines.

T. II : 4. Indication des objets que peuvent emporter de leur couvent les religieuses qui renoncent à la vie monastique. — 9. Fixation du revenu des évêques. — 10. Suppression de toutes les corporations et associations laïques. — 12. Aliénation de biens nationaux pour les fournitures de l'armée française. — 13. Secours aux agriculteurs pauvres. — 16. Dissolution du cercle dit constitutionnel. — 23. Avis des membres du tribunal d'appel pour engager les défenseurs à ne jamais s'écarter des règles de la décence et de la modération. — 30. Ordonnance de Gouvion de Saint-Cyr pour la suppression des clubs. — 34. Ordonnance des consuls pour interdire aux fonctionnaires de recevoir ou

Après un moment de stupeur, des cris éclatèrent, cris de fureur et de plainte. Les portes de l'hôtel furent enfoncées, et ces malheureuses victimes de la politique s'y précipitèrent dans l'espoir d'y trouver un refuge. Joseph, entouré de Duphot, Arrighi, Beauharnais, de quelques employés et serviteurs, s'élance à leur rencontre. Une compagnie d'infanterie suivait les cavaliers. Elle s'arrête un moment à la vue de l'ambassadeur, et rétrograde, mais pour tirer plus à l'aise dans cette foule compacte. Cette fois la décharge est meurtrière : les morts et les mourants jonchent le sol. Le général Duphot, indigné, et n'écoutant que la voix de l'honneur, court aux soldats pontificaux et les somme de cesser le feu. Les soldats le saisissent, et l'entraînent vers la porte Septiminiana. Bientôt un coup de feu l'atteint en pleine poitrine. Il tire son épée. Un second coup le jette par terre, et cinquante fusils sont déchargés sur son cadavre. Joseph, Arrighi, Beauharnais et les autres Français n'ont que le temps de s'enfuir à l'hôtel. Ils en fermaient les portes, quand ils essuyèrent le feu d'une seconde compagnie d'infanterie, qui

laisser leurs domestiques exiger aucun pot-de-vin. — 40. Introduction du calendrier républicain. — 60. Soumission des Juifs à la loi commune. — 73. Ordonnance des grands édiles relative aux aqueducs et fontaines publiques de Rome. — 97. Décret de Macdonald contre les membres de la compagnie de la Foi-de-Jésus. — 100. Répression des troubles dans le département de Circeo. — 103. Arrêté Bufalini enjoignant aux propriétaires de déclarer leur revenu, afin d'assurer l'exécution de la loi sur l'emprunt forcé. — 106. Décret de Macdonald contre les auteurs et instigateurs de troubles. — 125. Ordre à tous les propriétaires de grains récoltés dans la saison courante de donner aux autorités le détail de ce qu'ils en possèdent. — 136. Décret de Macdonald contre attroupements séditieux. — 140, 141, 142. Condamnation de Belardini, Trina, Patughelli. — 166. Décret de Macdonald sur les biens des établissements laïques supprimés, qui passeront aux hôpitaux. — 168. Proclamation de Duport, Florent et Bertolio, au sujet des bruits malveillants répandus contre l'expédition d'Egypte. — 186. Règlement de la poste aux lettres et de la poste aux chevaux. — 200. Proclamation Duport et Bertolio contre les prévaricateurs et les ennemis de la République. — 206. Décret de Macdonald supprimant plusieurs monastères à Rome. — 221. Id. contre les émigrés. — 227. Proclamation des consuls au sujet des victoires en Egypte, et ordre d'illuminer. — 229. Décret de Macdonald acceptant démission des consuls Reppi, Angelucci, Mathéis, et destituant consuls Panazzi et Visconti. — 231. Nomination de nouveaux consuls. — 236. Grande fête pour célébrer l'anniversaire de la fondation de la République française.

accourait au pas de charge, et cribla de ses balles les fenêtres et les murs de l'ambassade. De toute évidence le guet-à-pens était prémédité. Ce rassemblement suspect, ce piquet de cavalerie et ces compagnies d'infanterie qui arrivent à point nommé, ces décharges répétées sans sommation préalable, les ennemis de la France avaient tout combiné pour que, dans le tumulte, l'ambassadeur fût assassiné. C'était une vengeance italienne, tramée avec art, exécutée de sang-froid, et qui n'avait échoué que par hasard.

Au premier moment, le personnel de l'ambassade fut épouvanté. Une vingtaine de cadavres jonchaient la cour; de nombreux blessés se traînaient en gémissant sur les pavés. Une foule de personnages à mine suspecte rôdaient dans les chambres, tous prêts à piller ou à tuer. Mme Bonaparte fondait en larmes, Pauline, qui venait d'apprendre la mort de son fiancé, éclatait en sanglots, et le feu ne discontinuait pas. Joseph, avec une admirable énergie, rassura tout le monde et organisa la résistance. Il commença par expulser de l'hôtel tous les sinistres rôdeurs qui le remplissaient, ramassa les blessés et envoya demander des secours au cardinal Doria Pamphili. Bientôt la petite colonie française se raffermit. Au désespoir succéda la fureur. Bravant la fusillade, quelques serviteurs poussèrent le courage jusqu'à aller chercher le cadavre de Duphot. Ce n'était plus qu'une masse informe. Les pontificaux l'avaient dépouillé de ses vêtements, et avaient criblé ce misérable cadavre de coups de baïonnette ou de pierres. On sut plus tard que le capitaine de la compagnie, il se nommait Amadeo, s'était approprié l'épée et le ceinturon du général, le curé de la paroisse avait pris sa montre, d'autres assassins s'étaient partagé ses dépouilles[1].

(1) Voir dans les *Mémoires de Joseph* la longue et intéressante dépêche qu'il adressa à Talleyrand, le 30 décembre 1797, et la réponse de ce dernier. — Cf. Lettre de l'abbé Masi à Ricci (POTTER, III, 213), en date du 29 décembre 1797, où est raconté tout au long l'attentat. Voir également le rapport, rédigé en français, afin d'être communiqué à l'ambassadeur, du chef de la patrouille romaine. Ce rapport, daté du 28 décembre 1798, a été inséré par Artaud de Montor dans son *Histoire de Pie VII*, t. I, p. 41.

« La patrouille de ronde de la caserne Pont-Sixte, composée du chef Mac-

Fidèle jusqu'au bout à son caractère officiel, Joseph avait une première fois écrit au cardinal Pamphili pour lui bemander ses passeports. Il l'invitait en même temps à venir à l'hôtel de l'ambassade, pour se rendre compte de l'attentat. Le porteur de la lettre fut accueilli par des coups de fusil, mais il parvint à la transmettre à son adresse. A huit heures du soir la réponse n'était pas encore parvenue, et les troupes pontificales entouraient toujours l'hôtel dans une attitude hostile. Angiolini, envoyé de Toscane à Rome, réussit le premier à traverser les patrouilles, et vint porter à Joseph l'expression de son indignation. Azara, l'ambassadeur d'Espagne, le suivit de près. Sur leurs conseils, à onze heures du soir, Joseph se décida à écrire une seconde lettre au cardinal Pamphili, dont le silence prolongé semblait indiquer la complicité avec les assassins. Cette fois encore, il n'obtenait pas de réponse. Aussi le lendemain 29, à six heures du matin, il lui écrivit pour la troisième fois, mais en le menaçant de la vengeance de la France, et quitta Rome, après avoir recommandé

chiola et de six soldats, était sortie vers les vingt-deux heures et demie et se trouva poursuivie d'une multitude de peuple armé, dont le plus grand nombre portait la cocarde nationale. Le chef de ladite patrouille ayant été averti par les citadins de se retirer, parce qu'il y avoit un projet de le désarmer, le susdit chef, d'après cet avis et vu l'inégalité des forces qui le mettoit dans l'impossibilité de se défendre, jugea à propos de se retirer dans son quartier pour y prendre les mesures convenables.

Dans sa retraite, il fut insulté par les cris et les sifflets du peuple dont la fureur le poursuivit même jusqu'à son quartier. Le tumulte fit penser aux officiers de la compagnie qu'il était à propos de faire armer tous les individus qui la composoient et de leur distribuer les postes de défense, pour lesquels ils avoient été rangés par pelotons en ordre de bataille au dedans des palissades. Aussitôt s'avance une phalange de peuple armés la plupart d'armes blanches et aussi tirent plusieurs coups de fusil par les palissades, qui en conservent encore des marques irrécusables. A la tête du peuple étoient deux Français vêtus de bleu, avec cocarde et le sabre nu, criant : Egalité! Liberté! Près de ceux-ci étoit un autre Français, avec un drapeau tricolore. Après des coups de fusil tirés à la barrière, nous ne pouvions plus retenir les soldats, et les bourgeois nous crioient du dehors : « Si vous ne « sortez pas pour nous défendre, nous forcerons les palissades et nous nous « défendrons avec vos armes. »

A ce moment, arriva une patrouille de quatre dragons qui sollicita vivement la compagnie de sortir, qu'autrement elle seroit perdue. Alors les soldats forcèrent les palissades, et, se portant avec l'escorte de dragons vers Santa Dorotea, ils firent feu pour les déloger de Longara, d'où étoit venue au chevalier d'Azara et à Angiolini les Français, qu'il ne pouvait mener avec lui.

Les instigateurs de ces scènes odieuses avaient-ils compté sur la modération de Joseph, ou bien espéraient-ils que la force serait repoussée par la force? En ce cas une collision leur eût fourni le prétexte dont ils avaient besoin : mais Joseph avait interdit toute tentative de répression. La correction de son attitude avait été absolue, tandis que le sang de Duphot et l'insulte infligée à la France dans la personne de son ambassadeur criaient vengeance. Pie VI, il est vrai, devait être mis hors de cause dans cette déplorable affaire. Il était malade, cassé par l'âge, et ne sortait plus de son palais. Il ne fut informé que bien tard de l'attentat et en témoigna de sincères regrets. Toutes les responsabilités doivent donc retomber sur ses ministres, surtout sur le secrétaire d'État, Doria Pamphili, qui avait autorisé et peut-être tramé cette odieuse machination; mais il s'aperçut bientôt qu'il avait fait fausse route. A l'unanimité tous les ambassadeurs protestèrent contre l'indigne traitement dont leur collègue Joseph venait d'être la victime; et ils avertirent le cardinal qu'il ne devait pas compter sur eux pour essayer de détourner l'orage.

cette multitude armée. Ils tinrent bon sous la porte Settimiana, où un officier de milice remit le poste au caporal Marinelli. Quand les soldats y furent établis, une grande multitude portant cocarde française s'y porta de nouveau; elle avoit à sa tête deux François, sabres nus, cocarde en main. Un d'eux invitoit les troupes du Pape, en criant : « Avancez! Allons, courage! « Vive la Liberté! Je suis votre général. » La troupe répondit, en couchant en joue : « N'approchez pas! » Et ceux-ci, sans y faire attention, s'approchèrent toujours davantage et répétoient, en sautant, ces mêmes paroles : « Vive la « Liberté! Courage! Je suis votre général! » Mais les soldats se virent très exposés pour avoir trop laissé approcher les François, ainsi que cette multitude armée; un d'eux touchoit de son sabre la baïonnette du caporal Marinelli. Ce caporal, après les avoir plusieurs fois invités à mettre bas les armes, voyant que ceux-ci approchoient davantage leurs sabres des fusils, fit faire feu et en renversa quelques-uns, du nombre desquels étoit celui qui le menaçoit du sabre. Ils se retirèrent alors et le tumulte cessa pour le moment. Le caporal n'avoit pas quitté son poste, et, peu de temps après, une autre troupe du peuple ayant fait feu, le caporal fut contraint de poursuivre son feu. Repoussé par le grand nombre, il fut obligé ensuite de se replier sur la place de la caserne, auprès desdits seigneurs officiers, ayant laissé d'autres soldats pour apaiser les nouveaux troubles survenus dans les places voisines et dans les petites rues de Transtevere. »

Azara, d'ordinaire si bienveillant, témoigna même toute son horreur du forfait, et refusa positivement de servir de médiateur. Dans sa perplexité, Pamphili s'adressa directement à la France, et pria l'envoyé romain à Paris, Massimi, de présenter les excuses officielles du gouvernement pontifical, d'accorder toutes les satisfactions qu'on exigerait, et d'annoncer l'envoi d'un légat *a latere*.

Il était trop tard! La mesure était comble. Toutes les vieilles inimitiés, qu'on croyait éteintes, se rallumèrent soudain. Il y eut en France comme une explosion de fureur contre le gouvernement sénile qui ne prouvait sa vitalité que par des crimes. Le Directoire reprit avec empressement ses anciens projets, et comme alors Bonaparte n'était plus là pour les enrayer, on ne parla plus que de détruire à tout jamais la puissance temporelle des Papes. Seulement les agents du Directoire étaient divisés d'opinion. Les uns, tels que Faypoult, auraient voulu donner Rome à un prince allemand; les autres, tels que Cacault, Miot ou Belleville, parlaient de la livrer au duc de Parme, ou au roi de Piémont, ou à tout autre souverain; le plus grand nombre proposaient le rétablissement de la République Romaine : de la sorte on punirait un ennemi acharné et on étendrait l'influence française par la création d'une nouvelle république vassale. Les ouvertures de Massimi furent donc écartées, les excuses de Pamphili repoussées avec dédain, et la guerre votée par le conseil des Cinq-Cents et le conseil des Anciens à la presque unanimité.

Rome était dans la consternation, car la vengeance approchait et le châtiment était mérité. On crut remédier au mal en redoublant de ferveur. Ce n'étaient que processions[1] extraordinaires, ostension de reliques fameuses et vœux

(1) Lettre de Milizia, en date du 2 février 1798 : « Nous avons un carnaval continuel de processions, en signe de pénitence, pour la découverte de certaines reliques qu'on a tirées du sanctum sanctorum, et qui sont accompagnées de prophéties qui promettent des miracles de miracles. En attendant, les armées françaises ont occupé Urbin, la Marche, l'Ombrie, et l'invasion de Rome est imminente. »

solennels; mais la bourgeoisie ne cachait plus ses sentiments hostiles et dans toutes les classes de la société régnait une sourde irritation. De cruelles épigrammes circulaient : on a conservé la suivante :

Sextus Tarquinius, Sextus Nero, Sextus et iste:
Semper sub Sextis perdita Roma fuit.

Un instant la cour pontificale crut à l'intervention armée de Naples, mais il fallut bientôt renoncer à cette dernière illusion[1]. Décidément l'orage était déchaîné, et il se dirigeait avec impétuosité contre Rome. Ainsi que l'écrivait l'avocat Milizia, « il faut prendre le temps comme il vient, et, s'ils arrivent jusqu'ici, il faudra bien aller les complimenter et danser gaiement avec eux la carmagnole ». Ce fut bientôt un sauve qui peut général. Les neveux du pape, les Braschi, donnèrent l'exemple, et s'enfuirent à Naples avec leurs trésors. Tous ceux qui craignaient les vengeances françaises les imitèrent. Il ne resta bientôt plus à Rome que le Pape, retenu à son poste par le sentiment de l'honneur, et deux partis en présence qui s'exaltaient par la contradiction, et passaient chaque jour par les angoisses du désespoir et les anxiétés de l'espérance.

Le 29 janvier 1798 l'armée française entra en campagne. Elle était commandée par Berthier, l'ancien chef d'état-major de Bonaparte. C'étaient les vétérans des guerres contre l'Autriche, d'incomparables soldats, fiers de leurs victoires, animés de sentiments ultra-républicains, et qui se réjouissaient à la pensée de renverser celui que, dans leurs clubs, ils nommaient, fort irrévérencieusement, la vieille idole. La résistance était impossible. Elle n'entrait même pas dans les prévisions du Directoire qui s'était contenté d'ordonner à

(1) Le Directoire avait pris ses précautions pour empêcher l'intervention napolitaine. Lettre amère à Berthier (Arch. nationales AF3, C 85) : « Si vous n'aviez à craindre que les papistes, la moitié des forces que le Directoire désire que vous réunissiez à Ancône vous suffirait; mais il faut que vous soyez dans une position qui puisse en imposer au roi de Naples... Il faut d'abord l'amadouer, gagner du temps, etc... Si le roi de Naples intervenait avec des forces importantes, alors vous feriez votre traité avec le Pape... »

Berthier d'occuper le territoire pontifical et d'entrer dans Rome où il vengerait l'assassinat de Duphot et l'insulte de Joseph. Il lui enjoignait en même temps de se servir de son influence pour engager les Romains à se constituer en république, et il était à l'avance tellement sûr du résultat de la campagne qu'il confia à Monge, Faypoult, Florent et Daunou le soin de donner une constitution à la nouvelle république.

En effet, dès le 10 février, Berthier paraissait aux portes de Rome sans avoir éprouvé de résistance. Il s'emparait du château Saint-Ange et envoyait un de ses aides de camp à Pie VI, pour le prévenir de l'arrivée des Français; mais fidèle à ses instructions, il refusa d'entrer en ville avant que les Romains n'eussent eux-mêmes décidé leur sort. A l'exception de quelques cardinaux restés auprès de Pie VI, parce qu'ils conservaient le secret espoir de désarmer la France par de nouveaux sacrifices, il n'y avait plus à Rome que les partisans du système républicain et les dernières classes de la population, indifférentes aux révolutions qui n'améliorent pas leur sort, mais qui pourtant, par amour-propre national ou par respect héréditaire pour un gouvernement qui s'écroulait, voyaient avec regret l'intervention étrangère. On envoya donc une députation à Berthier, pour le prier d'entrer en ville. Il répondit qu'il ne le ferait qu'après la révolution. Pourtant, dès le 12 février, il désarmait les milices pontificales, ordonnait l'arrestation de Consalvi, prenait comme otages quatre cardinaux et quatre princes romains et mettait sous le séquestre les propriétés des Anglais, des Portugais et des Russes, avec lesquels nous étions encore en guerre. Enfin, les Romains, sous la pression de nos baïonnettes, se décidèrent à créer ou plutôt à restaurer la République Romaine. Le 15 février, ils se rassemblèrent en armes au Campo-Vaccino, dans l'ancien Forum, et firent enregistrer par plusieurs notaires l'atto del popolo sovrano constituant la république avec sept consuls, des édiles et d'autres magistrats dont les noms et les fonctions étaient renouvelés de la Rome antique. Aussitôt, ils envoyèrent une nouvelle députation à Berthier, qui se décida à entrer en ville, suivi de son état-major, monta au Capitole, salua au nom de la France la République Romaine, et prononça un discours emphatique où il était question des Gaulois arrivant avec le rameau d'olivier, pour relever les autels du premier Brutus[1].

Le Pape, enfermé dans son palais, ne soupçonnait même pas la gravité des événements. Les prévenances de Berthier avaient achevé de l'égarer. Quelle ne fut pas sa surprise, quand il apprit par le général Cervoni, que ses sujets venaient de le trahir et qu'il n'avait plus qu'à quitter Rome! On aurait voulu qu'il abdiquât sa souveraineté temporelle, mais il répondit avec une fermeté que ne laissait pas prévoir sa vie passée, que sa conscience lui interdisait de renoncer à un pouvoir dont il n'était que le dépositaire. Il promettait d'ailleurs de ne pas essayer de reconquérir son autorité et demandait pour unique faveur la grâce de mourir à Rome. « Vous pouvez mourir partout, » lui répondit brutalement le commissaire Haller qui, joignant le geste à l'insulte, le fouilla, enleva son bâton pastoral, lui arracha l'anneau qu'il portait au doigt et le jeta dans une chaise de poste qui l'emmena en Toscane, au couvent des Augustins de Sienne (25 février 1798). Le grand-duc de Toscane n'avait seulement pas été prévenu de l'arrivée de cet hôte illustre, mais il s'empressa de donner des ordres pour que la réception fût convenable. Le Directoire trouvait que Sienne était trop rapprochée de Rome, mais il ne voulait pas prendre sur lui l'odieux d'une nouvelle expulsion. Il aurait désiré que le grand-duc de Toscane se chargeât lui-même de cette iniquité, et, à diverses reprises, nos agents firent entendre

(1) Consulter à ce propos la curieuse correspondance échangée entre l'évêque réformateur Ricci et le chef des Jansénistes français, Grégoire. Le premier, dans une lettre de Pontremoli (17 février 1798) ne cache pas sa joie de la chute du Pape. D'après lui, il doit en résulter pour l'Eglise un bien inappréciable, et il ajoute : « Ecco finalmente abbolito l'obbrobrioso nome di corte; ecco annichilata la superba monarchia. » Grégoire, de son côté, lui répond (Paris, 20 germinal an VI) : « Voilà enfin la République romaine établie. Combien je l'avais désiré! Combien j'en suis réjoui! Je respecte dans Pie VI le chef de l'Eglise, mais je ne puis m'empêcher de dire qu'il nous a fait bien du mal. D'un mot, d'un seul mot, il aurait pu calmer les troubles qui déchiraient l'église gallicane; ce mot eût empêché le sang de couler, il ne l'a pas fait. »

au ministre Manfredini qu'on verrait avec plaisir le pape quitter Sienne. Manfredini répondit avec dignité qu'on n'obéirait qu'à une réquisition formelle du Directoire, mais « que l'intérêt du grand-duc répondait que le séjour du Pape dans ses États ne donnerait aucun sujet de plainte au gouvernement français ». Or, le Directoire qui tenait à ménager les puissances catholiques, Espagne et Autriche, ne voulait pas donner cette réquisition, mais il ne ménagea au gouvernement toscan ni les insinuations ni même les menaces. Tantôt il lui faisait parvenir des plaintes venues de Rome, tantôt il lui demandait l'internement de Pie VI à Livourne ou à Cagliari, tantôt il se plaignait de prétendus complots ourdis à Sienne. Le grand-duc, fort embarrassé du rôle honteux qu'on voulait lui faire jouer, prit le parti de traîner en longueur les négociations. Il finit par proposer à la France de se charger directement de la surveillance du prisonnier. Le Directoire refusa, non point par délicatesse, mais uniquement parce qu'il ne voulait pas dégager le grand-duc d'une responsabilité qu'il se réservait d'exploiter contre lui. Telles furent ses exigences et ses incessantes réclamations, que le grand-duc ne tarda pas à comprendre que lui aussi était condamné. Pour éviter un détrônement brutal, il se retira de lui-même après avoir signé non pas une abdication, mais un engagement de rester en Autriche jusqu'à la paix générale.

Pie VI n'avait plus de défenseurs. Il fut obligé de prendre le chemin de l'exil, et de passer par toutes les stations de la vie douloureuse qui le conduisit à Valence où il mourut. « Ces disgrâces, disait-il avec une touchante résignation au ministre Manfredini, me prouvent que je ne suis pas un indigne vicaire de Jésus-Christ. Elles me rappellent les premières années de l'Église qui furent le commencement de son triomphe. » Aussi bien ces indignes traitements soulevèrent un dégoût général. Ce n'était pas seulement à la majesté du souverain, mais plus encore à la dignité du vieillard qu'on insultait ainsi, et plus d'un parmi nos soldats rougit de cette persécution, qui faisait d'eux comme les complices du bourreau. Il est vrai que d'autres préoccupations allaient leur faire oublier ces scènes regrettables.

IV

La République romaine était fondée : restait à l'organiser et surtout à la maintenir. Ce n'était pas une tâche aisée. Les commissaires du Directoire, Monge, Daunou, Faypoult et Florent s'y employèrent avec beaucoup d'activité. L'ambassadeur de France à Turin, Miot [1], qu'ils avaient visité lors de leur passage dans cette ville, ne leur avait pourtant pas caché que, « avec les instruments que nous étions obligés d'employer, avec des généraux et des agents corrompus et avides de richesse, c'était une chimère que de prétendre régénérer une population ignorante et fanatique ». Ils l'essayèrent pourtant avec une naïveté qui prouve que au moins deux d'entre eux, Monge et Daunou, étaient des théoriciens plus habitués à manier les idées que les hommes. En effet ils fabriquèrent à l'usage des Romains une bien singulière constitution. Il n'y était pas dit un mot du catholicisme dans cette capitale du catholicisme, mais, par contre, tous les citoyens devaient prêter un serment [2] civique et jurer haine à la monarchie. Un Sénat et un Tribunat se partageaient le pouvoir législatif et le pouvoir exécutif était confié à cinq Directeurs, revêtus du titre pompeux de consuls, ressuscité pour la circonstance. Les cinq consuls furent Angelucci, de Matheis, Panazzi, Reppi et Visconti. Le territoire de la République était partagé en huit

(1) Miot, *Mémoires*, t. I, p. 203.

(2) A propos du serment civique imposé aux Romains, consulter : Abbé Mastrofini. *Honnêteté du serment civique imposé par l'article 367 de la Constitution romaine.* — Bolgeni. *Jugement de Bolgeni, bibliothécaire du collège romain, sur le serment civique prescrit par la République romaine aux professeurs et aux fonctionnaires publics.* — *Métamorphoses du docteur Jean Marchetti changé de pénitencier en pénitent, exposé par Vincent Bolgeni, théologien de la sainte pénitencerie catholique.*

départements[1], et partout les prêtres réduits à leurs fonctions ecclésiastiques ; c'est-à-dire que, du jour au lendemain, dans cette terre classique de la tradition et du respect invétéré des usages, on introduisait toutes les réformes françaises. Il était difficile de procéder avec plus de maladresse, et de tenir si peu de compte des préjugés et des usages !

Bien que les noms antiques eussent reparu, bien que de glorieux souvenirs fussent évoqués, la République n'existait que de nom. Il n'y avait qu'une seule autorité, l'autorité militaire, qu'un seul régime, celui du sabre, qu'une seule réalité, la nécessité de payer. Les Romains s'en aperçurent bientôt. Ils avaient consenti volontiers à la cérémonie expiatoire ordonnée en l'honneur de Duphot (22 février). Le peuple s'était répandu sous la colonnade de Saint-Pierre; il avait contribué à l'érection d'un catafalque sur la place de cette église ; il avait écouté et même applaudi l'oraison funèbre du général prononcée par Gagliulfi. C'était une réparation qui s'imposait, et aucune protestation ne s'était élevée, mais la déception fut grande quand on apprit que Berthier, aussitôt après le départ de Pie VI, et sans consulter les conseils de la nouvelle République, avait rendu deux arrêtés portant, le premier l'abolition du droit d'asile dans les églises et dans les juridictions des ambassadeurs, et le second l'expulsion dans les vingt-quatre heures de tous les émigrés, notamment du cardinal Maury et la vente de leurs biens. Les cardinaux effrayés essayèrent de conjurer l'orage qui s'amassait sur leurs têtes en prêchant l'obéissance. S'autorisant d'une encyclique de Pie VI qui avait dit qu'il ne fallait haïr aucun gouvernement, et encouragé par cette autorisation tacite, le cardinal vicaire, della Sommaglia, fit chanter un *Te Deum* à Saint-Pierre en l'honneur de la nouvelle République, et tous ceux de ses collègues qui étaient à Rome assistèrent à la cérémonie : mais ces concessions ne désarmèrent pas les Français. Les uns après les autres, tous les cardinaux furent brutale-

(1) Ils furent dénommés Cinino, Circeo, Clitumno, Metauro, Musone, Tevere, Trasimène, Tronto.

ment dispersés et même embarqués à Civita-Vecchia. Deux d'entre eux, Altieri et Antici, n'obtinrent de rester à Rome qu'en renonçant formellement à leur dignité et en rentrant dans la vie civile. Bientôt les ecclésiastiques d'origine étrangère furent à leur tour expulsés. On supprima comme inutile la Propagande, dont on dispersa la précieuse bibliothèque. A peine si on respecta ses archives. Les confréries et les congrégations furent supprimées (29 juin 1798), leurs biens mis en vente, et les pillages commencèrent : ils furent scandaleux.

En effet, c'était moins la haine des prêtres que l'amour de l'argent qui semblait animer les nouveaux maîtres de Rome. Ils l'avouent ingénument dans leurs dépêches [1] au Directoire : « Quand on pourrait se résigner au rétablissement de la Papauté et aux sacrifices de tous les patriotes romains qui ont si mal mérité d'elle, il faudra examiner encore si l'armée d'Italie pourra remplacer par d'autres ressources celles que lui permettent ici l'acquittement successif de l'imposition militaire, la vente des biens confisqués au profit de la République française et de ceux que la convention avec le Consulat nous a réservés. » Dans cette même dépêche et comme pour bien montrer que l'unique principe de gouvernement semble avoir été l'exploitation à outrance de la nouvelle République, les commissaires ne reculent pas devant cet aveu scandaleux [2] : « La révolution à Rome n'a pas été assez rendante. L'unique parti à prendre pour en tirer désormais un parti plus convenable, c'est de considérer et de traiter les finances de l'État romain comme finances de l'armée française. Quelque étrange que soit ce langage, nous sommes loin de le reprocher à ceux qui le tiennent puisqu'il ne leur est suggéré que par des besoins auxquels ils touchent le plus près. »

Tout commentaire serait inutile : aussi bien c'est une triste

(1) Cité par SCIOUT, p. 177. La lettre des commissaires se trouve aux Archives nationales (A, F, 3, 77).

(2) Cf. lettre de Florent au Directoire : « Nous sommes enlacés dans de filets qui partent des bureaux de Paris. On y a semé l'or à pleines mains pour consolider le système de rapines et de dilapidations qui fait la base de toutes les entreprises et de toutes les dilapidations de l'armée d'Italie. »

histoire que celle des réquisitions imaginaires, des contributions monstrueuses, des emprunts forcés, des mesures arbitraires qu'enregistrent froidement les documents contemporains. Le vol est en quelque sorte autorisé par l'arrêté du 6 germinal an VI, en vertu duquel l'État romain paiera trente-deux millions en valeurs, plus trois en équipement, trois pour les besoins de l'armée et des objets d'art pour une somme indéterminée. Le Directoire (art. 9) « se réserve en toute propriété tous les biens meubles et créances appartenant au Pape, à sa famille, à la famille Albani, au cardinal Busca, ainsi que les emphythéoses dont ils jouissaient ». Il « se réserve (art. 21) l'argenterie superflue des églises, et tous les biens des établissements supprimés ou confisqués ». « Il fera connaître (art. 22) sa volonté sur le muséum, les bibliothèques, le cabinet des tableaux et sur le sol du pays de Bénévent. »

Que dire des exactions particulières? Les Chigi à eux seuls durent payer 300,000 écus. Un simple graveur, Volpato, fut imposé à 12,000 écus de contribution payables dans les vingt-quatre heures. On vendit à vil prix, sans parler de ceux qu'on emporta à Paris, les objets d'art appartenant aux cardinaux Albani et Busca. Les musées et les bibliothèques furent livrés en proie à des commissaires aussi ignorants qu'avides. On enleva des palais pontificaux jusqu'aux portes et aux gonds, jusqu'aux ustensiles de cuisine! Rome n'était plus qu'un grand marché, où l'on tenait bureau public de vol et de dévastation. Sous prétexte de l'arrêté pris par Berthier contre les émigrés, ne s'avisa-t-on pas d'inventer de faux émigrés, dont les biens étaient aussitôt mis en vente, et qui ne parvenaient à se racheter qu'en payant de véritables rançons? On se croyait presque revenu à ces temps néfastes où les reîtres et les lansquenets de Bourbon étaient les maîtres de Rome et s'en partageaient les dépouilles [1].

(1) Voir lettre des consuls romains aux commissaires du Directoire (6 brumaire an VII) : « Comment concevra-t-on l'espoir d'un crédit solide, tant qu'on verra partout un pillage scandaleux, des dilapidations qui effrayeraient même des brigands vulgaires, tant qu'on n'aura pas arraché le

Le plus déplorable était que le mauvais exemple partait de haut. Berthier avait été rappelé brusquement et remplacé par Masséna. Or, ce dernier, excellent général, était un déplorable administrateur. Ardent et impétueux, quand le rôle de modérateur eût seul convenu, dissipateur et prodigue, avide de richesses et dépourvu de scrupules dans la façon de les acquérir, il était en outre mal entouré, par des fournisseurs et des agioteurs qui achetaient sa complaisance ou même sa conscience, et se livraient effrontément à de honteux tripotages. Le scandale fut tel que les soldats et les officiers de l'armée française, qui gardaient encore le sentiment de l'honneur, rougirent de ces infamies et envoyèrent une protestation à Masséna [1]. Ce dernier se crut bravé et répondit par des paroles de rage à cette demande si légitime. Les troupes exaspérées se rassemblèrent au Panthéon (27 février 1799), et rédigèrent une pétition au Directoire pour réclamer le rappel du général. C'était une véritable insurrection, et le bon droit, sinon la légalité, était du côté des insurgés. Le lendemain 28, Masséna fit battre la générale et ordonna à l'armée de quitter Rome. Les soldats refusèrent d'obéir. Aussitôt il se démit de ses fonctions et remit le commandement au général Dallemagne [2].

Même désorganisation dans les administrations locales. Les consuls de la nouvelle République non seulement avaient à soutenir les intérêts de leurs concitoyens, mais encore à se débattre contre les prétentions opposées des commissaires du

maniement des deniers publics et des fournitures à ce tas de déprédateurs qui ne connaissent la République que par les trésors qu'ils volent? »

(1) Lettre curieuse de Faypoult au Directoire (Arch. nat. A. F. 3, 77) : « Depuis un certain temps il s'est répandu dans tous les corps militaires de l'armée, dans toute l'Italie, des impressions défavorables au citoyen Masséna; elles sont tellement généralisées que le soulèvement de tous les officiers contre son autorité n'a d'étonnant que l'irrégularité, l'illégalité de ce mouvement. Une multitude de guerriers remarquables par leurs longs et continuels services ont dit et répété hautement qu'ils mourront, quand vous l'ordonnerez, pour la patrie, mais qu'ils mourront aussi plutôt que de servir sous Masséna. »

(2) L'insurrection de l'armée a été racontée avec détail par le général Koch. Cf. Garden, *Histoire générale des traités de paix*, t. VI, p. 385-489.

Directoire, du général commandant l'armée d'occupation, et même de l'autorité militaire siégeant à Milan. De là des tiraillements continuels, des démissions ou des destitutions et une série de véritables coups d'État. Angelucci, Reppi, Matheis, Visconti, Panazzi, Pierelli, Calisti, Zaccaleoni, Brissi, Rey, se remplacent à peine installés et méritent, il faut le reconnaître, cette sévère appréciation de l'un de ceux qui avaient contribué à les renverser : « Il est difficile de trouver dans l'histoire un genre de gouvernants plus avilis... La corruption, la vénalité, les passions haineuses et vindicatives animaient toutes les délibérations. Des séances entières se passaient en vives discussions pour faire placer un parent, un ami, un partisan, un homme qui avait payé à deniers comptants le poste qu'il occupait. La chose publique ne les occupait presque jamais. On savait à Rome qu'il y avait des consuls, mais on l'ignorait dans les départements ou on feignait impunément de l'ignorer. Les administrations soit centrales, soit municipales, formaient des corps à part, s'isolaient, gouvernaient suivant les règles de leurs caprices et de leurs intérêts privés et détournaient à leur propre usage jusqu'au produit des contributions publiques [1]. »

Les ennemis de la France et de la République profitèrent de cette déplorable situation pour tenter une réaction. Les Transtévérins s'étaient toujours signalés par leurs haines antifrançaises. Dès le mois de mars 1798 [2] ils s'étaient soulevés, mais avaient été facilement réprimés. Le jour même où Masséna sortit de Rome (mars 1799), ils coururent encore aux armes, mais le sentiment de la discipline n'était pas encore éteint, et les patriotes romains, bien que désillusionnés d'une liberté si coûteuse, la préféraient encore à l'ancien régime. Ils se joignirent à nos soldats qui prirent leur poste de combat, et l'ordre fut bientôt rétabli. Vingt-quatre révoltés furent fusil-

(1) Rapport de Daunou et Monge (Archiv. nat. A. F. 3, 78).

(2) Voir dans l'ouvrage de Potter (*Mémoires de Ricci*) une lettre de Ricci (10 mars 1798) et une lettre du prêtre Palmieri (Gênes, 12 mai).

lés et plusieurs cardinaux emprisonnés, parmi eux Doria Pamphili, le secret instigateur de l'émeute.

De Rome, le soulèvement s'étendit aux provinces. En avril 1799, un premier soulèvement avait eu lieu. L'Ombrie s'était soulevée sous la direction d'un certain Bernardini. La garnison française de Cita di Castello avait été massacrée, et celle d'Urbin assiégée; mais les insurgés, qui ne pouvaient plus compter sur les soldats pontificaux qu'on venait de licencier, avaient été battus et dès le mois de mai tout était rentré dans l'ordre. Le mouvement paraissait plus sérieux en mars 1799, surtout dans les départements de Cimino et du Trasimène. A Castel Gandolfo, à Rocca di Papa, à Ascoli, à Imola et dans toute l'Ombrie, les paysans se déclarèrent en faveur de la Papauté, et, ce qui compliquait la situation, c'est que le commandant en chef de l'armée d'Italie réclamait à ce moment même les soldats du corps d'occupation de Rome. Les commissaires du Directoire s'opposèrent à leur départ, car, ainsi qu'ils l'écrivaient [1], « on ne pourrait garder que Rome et Ancône. Civita-Vecchia et plusieurs positions importantes seraient vite occupées par les rebelles; les campagnes cesseraient de payer les contributions et la République serait renversée ». Nos soldats restèrent donc, et, sans grande peine, dispersèrent les uns après les autres tous les rassemblements armés. Cette nouvelle tentative avait donc avorté.

Dès lors un ordre relatif s'établit. Dallemagne, le successeur de Masséna, fit condamner à mort et fusiller comme voleur un certain Charrier, qui s'était signalé par ses pillages éhontés. D'autres Français, convaincus de vol, furent condamnés à des peines afflictives. La discipline se rétablit et les Romains ne furent plus traités en peuple conquis. Dallemagne, qui avait été un des chefs de la sédition militaire contre Masséna, ne pouvait rester le chef de l'armée de Rome. On lui donna comme successeur d'abord Gouvion Saint-Cyr, puis Championnet. Les fournisseurs furent surveillés avec soin, les

(1) Sciout, ouvrage cité, p. 177. — *Mémoires* du général Thiebaut, t. II.

agents civils durent se renfermer dans la limite de leurs attributions, en un mot la République Romaine semblait entrer dans la période d'organisation qui seule peut donner de la stabilité à un gouvernement. Mais il était déjà trop tard! La seconde coalition se formait contre la France, et la République Romaine allait être détruite la première par nos ennemis.

CHAPITRE V

LA RÉPUBLIQUE PARTHÉNOPÉENNE

Les Bourbons de Naples. — Lazzaroni et bourgeois. — Essais de coalition contre la France. — Insulte à Mackau. — La Touche-Tréville dans le golfe de Naples. — Déclaration de guerre à la France. — La reine Marie-Caroline et sa haine de la France. — Armistice accordé par Bonaparte à Pignatelli. — Ménagements stratégiques de Bonaparte. — Nouveaux préparatifs de guerre et paix de Campo-Formio. — Assistance prêtée aux Anglais. — Nouvelle déclaration de guerre à la France. — Mack envahit le territoire romain. — Entrée du roi Ferdinand à Rome. — Championnet et les Français reprennent l'offensive. — Marche contre Naples. — Fuite de la famille royale. — Entrée des Français à Naples et proclamation de la République parthénopéenne. — Retraite de Macdonald. — Révolte des Abruzzes et de la Calabre. — Ruffo et les Sanfédistes. — Siège de Naples. — Capitulation de Naples. — Nelson viole la capitulation. — Les massacres et les exécutions juridiques. — Fin de la République parthénopéenne.

De tous les États italiens, le royaume de Naples [1] fut celui qui accueillit avec le plus de crainte et de défiance la nouvelle des prodigieux événements dont la France était alors le théâtre. Ferdinand IV de Bourbon régnait depuis 1759. Comme il n'avait que huit ans quand il monta sur le trône, on l'avait confié aux soins d'un conseil de régence. Son gouverneur, S...

(1) Cuoco. *Saggio storico sulla rivoluzione di Napoli*. Milano, an IX. — Pepe. Mémoires. — Lomonaco. Rapport fait au citoyen Carnot, ministre de la guerre, sur les causes secrètes et les principaux événements de la catastrophe napolitaine, sur le caractère du roi, de la reine et du fameux Acton. — Forgues. *Vie de Nelson*. — Michelet. *Histoire du XIXe siècle*. — Coletta. *Histoire de Naples de* 1734 à 1825. Traduction B. et Lefebvre, 1840. — Maresca. Correspondance de la reine Marie-Caroline avec le cardinal

Nicandro, l'avait laissé grandir dans une ignorance presque complète et ne s'était attaché qu'à développer en lui le goût des exercices corporels. Au lieu de le préparer au maniement des affaires, il lui avait appris à jouer à la paume, à chasser ou à pêcher. Aussi le jeune roi était-il parfaitement incapable de gouverner, et de bonne heure il abandonna le pouvoir à sa femme, Marie-Caroline de Habsbourg-Lorraine. Cette princesse au contraire était fort intelligente et très instruite. Fille de Marie-Thérèse, sœur des empereurs Joseph II et Léopold II et de notre Marie-Antoinette, belle, active, énergique, si la destinée l'avait appelée sur un autre trône, elle aurait peut-être joué un grand rôle dans l'histoire. Par malheur elle fut mal conseillée par deux étrangers qui l'entraînèrent, elle et son mari, à de déplorables aventures, et les jetèrent sans merci, aux implacables sévérités de l'histoire.

Depuis 1779 vivait à Naples un aventurier irlandais, Acton, qui s'était emparé de l'esprit de la reine, et, par sa faveur, avait obtenu successivement trois ministères, marine, guerre, affaires étrangères. Au lieu de se dévouer à son pays d'adoption, Acton ne travailla jamais que dans les intérêts de sa patrie d'origine, et fut toute sa vie l'instrument servile du cabinet anglais. Or l'ambassadeur d'Angleterre à Naples se nommait William Hamilton. C'était le frère de lait de Georges III. Courtisan assidu, compagnon de chasse du roi,

Ruffo. 58 lettres de février à octobre 1799 (Archivio storico per la provincie napoletane, 5e année, fasc. 2). — NELSON. *Despatches and letters*, 1844. — SACCHINELLI. *Vie du cardinal Ruffo*. — HARRISON'S. *Life of Nelson*. — PIETRO ULLOA. *Marie Caroline d'Autriche*. Paris, 1872. — HELFERT. *Königin Carolina von Neapel and Sicilien in Kampf gegen die französischen Welterschaft*, 1790-1801. Vienne, 1878. — HUFFER. *Die Napoletanische Republick des Iahres* 1799, 1885. — G. FORTUNATO. *I Napoletani del* 1799. Florence, 1884. — DIOMEDE MARINELLI. *Manuscrit sur les événements de* 1799, t. IX. Bibliothèque nationale de Naples. — PALUMBO. *Maria Carolina di Napoli*. Lettres autographes appartenant au British Museum, 1866. Volumes 1615, 1616, 1618, 1619, 1620, 1621 de la Bib. Eg. — GAGNIÈRE. *La reine Marie-Caroline de Naples d'après les documents nouveaux*, 1886. — BOGHETTI, *Nelson alla corte di Maria-Carolina di Napoli*. (Nuova antologia, 16 mai 1886.) — GEORGES ANNESLEY, VICOMTE DE VALENTIA. *Private journal of the affairs of Sicily*. (British-Museum, manuscrit 19426.) — GÉNÉRAL THIÉBAUT, *Mémoires*, t. II.

coureur en sa compagnie de galantes aventures, il avait exploité cette amitié en pillant les trésors archéologiques de Pompéi. Accrédité à Naples depuis longues années, il vivait dans l'intimité de la famille royale, mais sans se priver d'exercer à ses dépens sa verve caustique. Très libre dans ses propos, ne croyant à rien qu'à ses plaisirs, tout à fait revenu des illusions de ce monde et disposé à traiter de bagatelles les vertus domestiques, c'était un épicurien ou plutôt un cynique Anglais, de la pire espèce des railleurs, car la plaisanterie sied mal à ses compatriotes. Il avait montré par un éclatant exemple combien il pratiquait lui-même en matière de morale la plus large des tolérances, car il avait épousé une aventurière anglaise, Emma Harte, une des femmes les plus séduisantes de son temps, mais dont la jeunesse s'était écoulée dans les tripots de Londres. Présentée à la cour, lady Hamilton y fit briller les grâces de son esprit et les merveilleuses ressources de son imagination. Malgré la honte de sa vie passée, elle plut à tout le monde, surtout à Marie-Caroline qui, ressentant pour sa nouvelle amie tous les emportements d'une passion antique, la traita en favorite et se mit complètement à sa merci. Acton et lady Hamilton dominaient donc la reine et, par son intermédiaire, étaient les véritables maîtres du royaume de Naples.

Les Napolitains paraissaient résignés à cette triste domination. Il est vrai que les lazzaroni, qui constituaient la masse du peuple, s'occupaient peu de politique. Dans ce merveilleux pays où l'on n'a pour ainsi dire que la peine de vivre, les lazzaroni goûtaient avec volupté les charmes de la paresse. A peine avaient-ils gagné de quoi satisfaire leurs besoins matériels qu'ils s'étendaient au soleil et dormaient paisiblement. Fanatiques, passionnés, susceptibles d'un élan furieux, d'un crime même, sauf à retomber ensuite dans leur apathique indifférence, ils justifiaient la fameuse théorie de Montesquieu sur l'influence des climats. Ce n'était pas précisément l'intelligence qui leur manquait, mais le souci de leur dignité. Aussi bien, ils n'avaient pas conscience de leur dégradation morale, car on les retenait dans une ignorance systématique.

La bourgeoisie napolitaine, au contraire, était fort éclairée. Quelques-uns des rois qui s'étaient succédé à Naples, au XVIIIe siècle, avaient pris à tâche de relever le niveau de l'instruction chez leurs sujets, et ils y avaient en partie réussi; mais, en même temps que l'instruction, avait grandi le besoin des réformes. Les bourgeois non seulement gémissaient sur l'ignorance des lazzaroni, mais encore commençaient à réclamer des changements politiques et sociaux. La majeure partie des nobles se ralliaient à eux. Les grands seigneurs napolitains et siciliens, en effet, dans leurs voyages à travers l'Europe ou par leurs relations, avaient appris à connaître et à apprécier le salutaire effet des améliorations modernes, et en demandaient l'application dans leur pays. Un parti libéral existait donc à Naples. Il avait pour chef Domenico Cirillo, un des médecins les plus estimés de l'Europe, Gabriel Manthone, Massa, Bassetti, Ettore Caraffa et Schipani, presque tous officiers ou ingénieurs. Le prince de Santa Severina et l'amiral Caracciolo étaient, parmi les nobles, ceux que leurs opinions rattachaient à ce parti. La cour détestait les libéraux, et attisait contre eux les haines mal raisonnées de la populace. On aurait dit qu'elle pressentait en eux de futurs adversaires; mais elle se contentait de les surveiller et ne les persécutait pas.

Sur ces entrefaites éclata la Révolution française. Bourgeois et nobles la saluèrent comme l'aurore des temps nouveaux. La cour, effrayée par la subite explosion de ces sentiments et de ces besoins inassouvis, se prépara tout aussitôt à la lutte. D'ailleurs, le roi n'aimait pas la France par instinct monarchique. Il appartenait à la famille de Bourbon, et, par tradition autant que par tempérament, répudiait toute concession aux idées modernes. Marie-Caroline était la sœur de Marie-Antoinette et le sort de cette infortunée princesse portait à son paroxysme la haine qu'elle avait vouée à notre pays. Quant à Acton et à lady Hamilton, grassement payés par l'Angleterre, qui avait tout intérêt à diminuer notre influence en Italie, ils entretenaient la famille royale dans une excitation furibonde. Du concours de ces haines allait se former contre la France une étroite alliance, et se préparer des événements féconds en péripéties tragiques.

Le roi et la reine de Naples par leur naissance, par leur éducation, par leurs alliances de famille ne pouvaient éprouver pour la Révolution française que des sentiments de répulsion. Alors que leur beau-frère Louis XVI régnait encore en France comme souverain constitutionnel, dès 1791, ils avaient essayé d'organiser en Italie une coalition contre la France. Le roi de Sardaigne ne demandait pas mieux que d'accepter cette proposition, mais le pape Pie VI n'était pas d'humeur à tenter la fortune des armes. Le grand-duc de Toscane refusait de sortir de la neutralité. Gênes trouvait à cette neutralité trop d'avantages pour ne pas décliner toute proposition de guerre contre la France. Venise ne voulait que le repos. L'Autriche enfin désapprouvait la centralisation des forces italiennes. Ferdinand IV et Marie-Caroline furent donc forcés de remettre à des temps meilleurs leurs projets de vengeance, mais ils se préparèrent à des événements qu'ils appelaient de tous leurs vœux, et, dès ce moment, commencèrent leurs armements pour la prochaine guerre.

L'armée napolitaine ne comptait en 1791 que 24,000 hommes d'effectif, moitié mercenaires, moitié Napolitains. Une longue paix et la pauvreté du trésor avaient fait négliger toutes les institutions qui tiennent à la guerre. Arsenaux mal approvisionnés, forteresses en ruines, traditions, souvenirs, mœurs militaires, tout était perdu, tout était à refaire. Acton, ministre tout-puissant, mais étranger par ses origines et par ses affections aux peuples qu'il gouvernait, entreprit la lourde tâche de réorganiser cette armée. Des Suisses et des Dalmates furent enrôlés, et des soldats recrutés partout. Trois étrangers de haute naissance, les princes de Hesse-Philipstadt, de Saxe et de Wurtemberg prirent du service sous les drapeaux napolitains. On se mit à fondre des canons, à fabriquer des voitures, des armes, des munitions, en un mot, on se prépara avec une grande activité à de prochaines hostilités.

Pendant ce temps, la royauté française était entraînée vers l'abîme. Insulté aux Tuileries dans la journée du 20 juin 1792, chassé de son palais le 10 août, Louis XVI se réfugiait au sein de l'Assemblée législative, qui prononçait sa déchéance et l'envoyait au Temple. La cour napolitaine accueillit ces nouvelles avec stupeur et indignation, mais sa colère fut impuissante, car l'armée n'était pas encore en état de prendre la campagne, et d'ailleurs la Convention nationale, qui venait de succéder à l'Assemblée législative, venait, par la conquête de la Savoie et de Nice, de frapper un coup qui retentit profondément dans l'Europe entière. Les mots de patrie et de liberté n'avaient pas été prononcés impunément. Les esprits s'agitaient. A Naples et à Palerme tous les mécontents, et ils étaient nombreux, tournaient du côté de la France leurs vœux et leurs espérances. Se jeter dans les hasards d'une guerre étrangère, alors que la guerre civile menaçait, eût été de la démence. Ferdinand et Marie-Caroline résolurent, pour la seconde fois, d'attendre une occasion, et, pour mieux assurer leurs desseins ultérieurs, ils comprimèrent par la terreur tous ceux de leurs sujets qu'ils soupçonnaient d'applaudir aux réformes révolutionnaires.

Sur ces entrefaites on apprit à Naples le procès, et bientôt l'exécution de Louis XVI. Le roi et la reine furent consternés. Voici un billet que Marie-Caroline adressait à ce propos à son amie l'ambassadrice d'Angleterre (7 février 1793)[1] : « J'ay été bien touchée de l'intérêt que vous prenez à l'exécrable catastrofe dont ce sont souillé les infâmes français. Je vous envoie le portrait de cet innocent enfant[2] qui implore vengeance, secours, ou, s'il est aussi immolé, ces cendres unis à ceux de ces infortunés parens crient avant l'Éternel une éclatante vengeance. Je compte le plus sur votre généreuse nation

(1) GAGNIÈRE. Ouvrage cité.

(2) Louis XVII.

pour remplir cet objet et pardonez à mon cœur déchiré ses sentimens. Votre attachée amie. » La cour napolitaine semblait donc décidée à entrer en campagne. Toutes les réjouissances du carnaval, publiques ou privées, furent interdites, et le roi, accompagné de toute sa maison civile et militaire, se rendit en grand cérémonial à la cathédrale pour y pleurer et prier sur la royale victime. Un envoyé de la République française, Mackau, ayant demandé une audience, Ferdinand la lui refusa brutalement. Il adressait en même temps aux souverains italiens, et spécialement au roi de Sardaigne et à Venise, une nouvelle proposition de confédération. Tout donc semblait décidé, et la guerre allait être déclarée, mais, par un singulier revirement, et, pour la troisième fois, la cour napolitaine fut encore réduite à l'impuissance.

A la nouvelle du refus d'audience infligé à Mackau, refus qui impliquait la non-reconnaissance de la République française, la Convention avait ordonné à l'amiral Latouche-Tréville de se rendre tout de suite à Naples avec la flotte de Toulon, et d'arracher, de gré ou de force, le consentement du roi. Latouche-Tréville, avant que les anciennes batteries du rivage fussent réparées, et que de nouvelles fussent établies, parut devant Naples avec quatorze vaisseaux de guerre qu'il embossa devant la ville, tout prêt à ouvrir le feu si on ne lui accordait pas satisfaction. Le roi convoqua son conseil, et, bien que les moyens de résistance fussent supérieurs à ceux de l'attaque, le conseil décida qu'on reconnaîtrait la République française, et qu'on accréditerait un ambassadeur à Paris. Aussitôt Latouche-Tréville mit à la voile pour sortir du port, mais, peu de temps après, ayant essuyé une tempête, il reparut dans le golfe et demanda l'autorisation de réparer ses vaisseaux endommagés et de renouveler ses provisions. Ferdinand aurait bien voulu, mais il ne pouvait refuser. Aussitôt un grand nombre de jeunes Napolitains, enthousiastes des nouvelles doctrines, entrèrent en relations avec les officiers de la flotte française, et, comme la République cherchait alors à pousser les peuples vers la liberté, pour les associer à ses dangers, Latouche-Tréville enflamma ces jeunes têtes, et leur conseilla de s'organiser en sociétés secrètes. Les choses allèrent même si loin que, dans un repas, les convives attachèrent à leurs boutonnières un petit bonnet rouge, symbole du jacobinisme. La cour n'ignorait aucune de ces démarches, mais elle ajournait le châtiment pour attendre le départ de ces hôtes importuns. Elle affectait même un grand empressement et fournissait des ouvriers, des matériaux et jusqu'à des vivres.

La flotte française partit enfin : aussitôt commença la réaction. Les partisans de la France furent jetés en prison, et une junte d'État fut instituée pour punir les crimes de lèse-majesté, c'est-à-dire de sentiments favorables à notre pays. Malgré sa haine, la cour napolitaine hésitait pourtant à se prononcer, car elle craignait une nouvelle apparition de la flotte française dans les eaux de Naples. L'Angleterre arriva fort à propos pour la tirer d'embarras, et lui permettre de réaliser ses projets de vengeance. Les escadres anglaises venaient, en effet, d'entrer dans la Méditerranée, et, comme elles étaient bien supérieures aux nôtres, peu à peu elles refoulèrent tous nos vaisseaux sur la côte et délivrèrent la cour napolitaine de la crainte d'une autre intervention française. Aussitôt Ferdinand et Marie-Caroline lèvent le masque. Ils publient un traité secret récemment conclu avec l'Angleterre et envoient douze navires et six mille hommes rejoindre la flotte de l'amiral Hood.

Cette flotte anglo-napolitaine eut bientôt l'occasion de se signaler. Le 24 août 1793, Toulon avec son arsenal, ses vaisseaux et ses imposantes fortifications était livré aux ennemis de la France. Aussitôt, les troupes napolitaines, commandées par le maréchal Fortiguerri et par les généraux de Gambs et Pignatelli, se jetaient dans la place. Ils la défendirent de concert avec les Anglais et les Espagnols. Nous n'avons pas à raconter ici le siège de Toulon. Il nous suffira de rappeler que les Napolitains, jusqu'au dernier jour, résistèrent aux troupes républicaines. Lorsqu'ils furent obligés, avec les autres alliés, d'évacuer précipitamment la ville, ils laissèrent entre nos mains 600 d'entre eux, avec une énorme quantité de munitions et d'approvisionnements. Cette expédition, sur laquelle la cour de Naples avait fondé de grandes espérances, échoua donc misérablement; mais le roi et surtout la reine haïssaient tellement la France que, malgré cet insuccès éclatant, ils persévérèrent dans leur résolution de continuer la guerre. Souverains absolus, ils ne pouvaient que détester un régime qui était la négation de leur propre autorité; catholiques par conviction, ils avaient en quelque sorte horreur d'un gouvernement qui persécutait le catholicisme; princes de la maison de Bourbon, ils redoutaient pour eux-mêmes la destinée de Louis XVI, et, comme ils confondaient volontiers leurs intérêts dynastiques avec les intérêts de la nation, ils croyaient sincèrement accomplir leur devoir, en se prononçant avec énergie contre la France. Leur premier ministre, Acton, créature de l'Angleterre, entretenait cette ardeur et lady Hamilton, la femme de l'ambassadeur anglais, exploitait l'amitié ou plutôt la passion qu'elle avait inspirée à la reine en l'excitant contre la France. La flotte napolitaine continua donc à assister la flotte anglaise dans la Méditerranée, et une division de cavalerie napolitaine fut envoyée dans l'Italie du Nord, où elle combattit, non sans honneur, dans les rangs de l'armée austro-piémontaise.

La reine Marie-Caroline poussait même si loin cette haine contre la France qu'elle n'hésita pas, dans l'espoir de nous nuire, à commettre des indiscrétions qui ressemblent à des actes de trahison. En 1795, en effet, l'Espagne, qui n'avait essuyé que des défaites dans la guerre qu'elle soutenait contre la France, songeait à se retirer de la coalition. Galatone, ambassadeur de Naples à Madrid, informa son gouvernement des négociations entamées, et ses informations étaient d'autant plus précises que la famille royale d'Espagne ne se défiait aucunement de la famille royale napolitaine à laquelle l'attachaient tant d'intérêts communs. Or, l'Angleterre tenait à ne rien ignorer de ce qui se passait à Madrid. Marie-Caroline, sans le moindre scrupule et uniquement pour être agréable à son amie Emma, lui communiqua tous les renseignements qu'elle avait à sa disposition [1]. « On déchifre le chifre, lui écrivait-elle au commencement de 1795; si je sais quelque chose de plus, vous le saurez. » Le 28 avril elle lui adressait le billet suivant [2] : « Je vous envoie un chifre venu d'Espagne, de Galatone, qu'avant vingt-quatre heures vous me devez rendre afin que le roi la retrouve. Il y a des choses très intéressantes pour le gouvernement anglais et que j'aime à leur communiquer, et montrer mon attachement pour eux et ma confiance au digne chevalier, auquel je prie seulement de ne pas me compromettre. » Le digne chevalier, il s'agissait de l'ambassadeur Hamilton, ne compromit pas en effet la reine, puisqu'on n'a connu cette trahison que par la publication tardive de la correspondance échangée entre Marie-Caroline et Emma ; mais l'Angleterre profita de l'indiscrétion, car elle bombarda Cadix, et, se jetant sur la flotte espagnole sans méfiance, la détruisit au combat de Saint-Vincent.

Si donc la haine de la France aveuglait Marie-Caroline au point de lui faire commettre une véritable trahison contre un souverain, un allié, un proche parent, comment la République française aurait-elle été traitée par cette implacable ennemie, si elle avait trouvé le moyen d'assouvir sa haine! Par bonheur pour la France, Marie-Caroline avait trop d'intelligence pour ne pas comprendre les dangers d'une intervention plus active, et, de son côté, Ferdinand était trop indolent pour s'occuper d'une affaire qui l'aurait détourné de ses occupations favorites, la chasse ou la pêche. Ce fut donc surtout contre leurs propres sujets suspects de libéralisme ou tout au moins d'indulgence vis-à-vis des principes nouveaux que le roi et la reine de Naples tournèrent leur colère; et, de 1793 à 1796, bien que comptant parmi les souverains coalisés contre la France, ils ne prirent qu'une part indirecte aux hostilités.

(1) GAGNIÈRE, p. 43.
(2) GAGNIÈRE, p. 44.

A partir de 1796, lorsque Bonaparte descendit en Italie et remporta la série des victoires qui devaient aboutir au traité de Campo-Formio, à cette indifférence succéda une terreur véritable. Le Directoire n'avait nullement caché son intention de punir tous les souverains italiens, dont il croyait avoir à se plaindre. Le roi de Naples était un des plus menacés. Il savait que l'invasion de ses États serait en quelque sorte le complément de la conquête française. Il put même craindre un moment que Bonaparte, abandonnant l'Autriche, ne se détournât contre l'Italie péninsulaire. Telle était en effet l'intention du Directoire : mais on sait comment le général en chef de l'armée française, n'écoutant que ses propres inspirations, et guidé d'ailleurs par le bon sens et l'instinct de la grande stratégie, refusa d'occuper Rome et Naples, avant d'avoir définitivement expulsé les Autrichiens de l'Italie septentrionale. Naples fut donc menacée par le général vainqueur, mais jamais inquiétée sérieusement. Ce n'était néanmoins que partie remise, et le roi Ferdinand savait très bien qu'il était acculé à une double difficulté : ou bien s'engager à fond dans la lutte, ou bien traiter avec la République. Il préféra traiter.

Ce ne fut pas sans de nombreuses défaillances qu'il se résolut à prendre cette prudente détermination. Il y avait à Naples deux partis, celui de la guerre à la tête duquel se trouvait la reine, excitée par son entourage, et celui de la paix, qui n'avait pas de chef, mais dont le roi était le principal soutien. Ces deux partis l'emportaient tour à tour, selon que Bonaparte était victorieux ou que ses succès semblaient compromis. Rien de plus curieux et souvent de plus amusant à suivre que les négociations entamées alors par la cour napolitaine. C'est une série de retours offensifs ou de prudentes retraites, de rodomontades ou de palinodies qui dénotent d'un côté la haine furieuse que portaient à la France les Bourbons de Naples, et d'autre part la terreur que leur inspiraient nos armes victorieuses. On ne demanderait qu'à entrer en campagne, mais aussi comment s'exposer bénévolement à un désastre? Mieux vaut attendre une occasion! Or, cette occasion ne se présente jamais, et, comme on s'est compromis soit par des démarches inconsidérées, soit par des démonstrations intempestives, il faut bien faire amende honorable et tâcher d'adoucir un vainqueur sans combats. Telle est la pitoyable comédie, en plusieurs épisodes, que vont jouer ces acteurs royaux, jusqu'au jour où se croyant les maîtres de la situation, ils se décideront à lever le masque et joueront le tout pour le tout.

Ferdinand, dans le printemps de 1796, semblait d'abord tout disposé à entrer en campagne. Il avait déjà prêté sa cavalerie à Beaulieu, et même ces cavaliers s'étaient à diverses reprises distingués, notamment à Valenza[1], à Fombio et à Borghetto. Aussi crut-il devoir au nom qu'il portait et au rang qu'il occupait de faire de nouveaux efforts. Il envoya donc 30,000 hommes prendre position sur la frontière pontificale, ordonna une levée en masse, et adressa aux évêques du royaume des circulaires pressantes pour les conjurer d'user de leur influence, afin d'exciter leurs ouailles à défendre le sol national. Pris d'un beau zèle, le roi entra même en campagne et visita les camps de Sangro, San-Germano, Sora et Gaëte. Il fut reçu par les soldats avec empressement : mais cette ardeur s'évanouit bien vite, quand il apprit que Beaulieu était refoulé dans le Tyrol, que les ducs de Parme, de Modène et de Toscane étaient réduits à l'impuissance, que le Pape, malgré sa bonne volonté, ne pouvait couvrir sa frontière, et que, les unes après les autres, toutes les villes de la Romagne ouvraient leurs portes aux Français. Le roi craignit que l'orage qui s'approchait n'éclatât sur ses États. Il se décida non pas précisément à la paix, mais à un armistice, et chargea son ministre Belmonte-Pignatelli de négocier cet armistice.

Bonaparte, malgré les instructions formelles du Directoire, était parfaitement décidé à ne pas renouveler les fautes stra-

(1) Lettres au Directoire du 2 mai 1796 (Bosco), du 6 mai (Tortone) et du 1er juin (Peschiera). *Corresp.*, I, 218, 236, 315).

tégiques des souverains ou des généraux français qui l'avaient précédé en Italie. Il ne voulait pas s'enfoncer dans la péninsule, alors que les Autrichiens tenaient encore Mantoue, et pouvaient d'un instant à l'autre, soit par le Tyrol, soit par la Vénétie, déboucher sur ses derrières. Ainsi qu'il l'écrivait[1] avec un grand bon sens au Directoire : « Eussions-nous 20,000 hommes, il ne nous conviendrait pas de faire vingt-cinq jours de marche, dès le mois de juillet et d'août, pour chercher la maladie et la mort. Pendant ce temps, Beaulieu repose son armée dans le Tyrol, la recrute, la renforce des secours qui lui arrivent tous les jours, et nous reprend dans l'automne ce que nous lui avons pris dans le printemps. » Aussi accueillit-il avec empressement les propositions de la cour napolitaine, qui lui furent présentées par Miot[2]. En deux heures tout fut arrangé[3]. Les hostilités cessaient immédiatement. Les cavaliers napolitains, qui servaient dans l'armée impériale, s'en séparaient pour se rendre dans des cantonnements spéciaux, à Brescia, Bergame et Côme. La suspension d'hostilité était étendue à la flotte. Enfin, le passage était laissé libre pour les courriers français ou napolitains. Aucune indemnité n'était exigée.

Ces conditions étaient honorables. Elles étaient relativement douces ; mais Bonaparte ne cherchait alors qu'à diminuer le nombre de ses ennemis. Il ne redoutait certes pas une diversion napolitaine, mais il voulait avoir toutes ses forces disponibles pour lutter avec plus d'avantages contre l'Autriche. D'ailleurs, comme il l'écrivait[4] au Directoire en lui notifiant les conditions de l'armistice : « Si vous faites la paix avec Naples, la suspension aura été utile, en ce qu'elle aura affaibli de suite l'armée allemande. Si au contraire, vous ne faites pas la paix avec Naples, la suspension

(1) Milan, 7 juin. Lettre au Directoire. (*Corresp.*, t. I, p. 373.)

(2) Miot. *Mémoires*, t. I, p. 88.

(3) Conditions d'une suspension d'hostilités entre les troupes françaises et les troupes napolitaines. Brescia, 5 juin 1796. (*Corresp.*, t. I, p. 363.)

(4) Milan, 7 juin, t. I, p. 373.

aura encore été utile, en ce qu'elle nous mettra à même de prendre prisonniers les 2,400 hommes de cavalerie napolitaine, et que le roi de Naples aura fait un pas qui n'aura pas plu à la coalition. » Bonaparte avait donc eu raison de mépriser les fanfaronnades de ce souverain, et de se montrer modéré à son égard. Le roi de Naples aurait pu devenir dangereux. Il était désormais compromis aux yeux de ses anciens alliés et réduit à l'impuissance.

Il avait été convenu que l'armistice serait bientôt converti en paix définitive. Le prince Belmonte-Pignatelli avait été désigné comme plénipotentiaire pour négocier cette paix; mais soit manque d'empressement de sa part, soit plutôt duplicité du côté de la cour napolitaine, il restait toujours en Italie. Bonaparte lui avait pourtant écrit à deux[1] reprises pour le prier de hâter son départ. Le prince promettait toujours[2] de se mettre en route, mais ne bougeait pas. Son maître, en effet, croyait inutile de dissimuler plus longtemps, et, comme Wurmser s'apprêtait alors à entrer en Italie avec une armée de renfort, il s'imaginait de très bonne foi, comme d'ailleurs tous les autres princes italiens, que Bonaparte ne pourrait lui résister; aussi s'apprêtait-il à profiter des circonstances, et c'est pour ce motif qu'il suspendait le départ de son plénipotentiaire.

Bonaparte connaissait assez les hommes pour ne conserver aucune illusion sur les sentiments du roi de Naples. Heureusement pour lui Ferdinand n'était pas en mesure d'entrer en campagne. Il se contenta de mettre en mouvement une petite armée de 24,000 hommes, qui, suivant les circonstances, se joindraient à Wurmser ou marcheraient contre Livourne. Ils ne dépassèrent même pas les frontières du royaume, car Bonaparte remporta les victoires de Lonato et de Casti-

(1) Lettres du 7 juin et du 26 juin. *Correspondance*, t. I, 371. — *Id.*, p. 433.

(2) Lettre du 26 juin (I, 434) au Directoire. « Le prince Pignatelli part demain pour Paris en passant par Bâle. Je lui ai signifié l'ordre d'être rendu dans cette première ville avant quinze jours. Il paraît disposé à s'y conformer. »

glione; Wurmser fut refoulé dans le Tyrol, et les espérances des princes italiens se trouvèrent réduites à néant. Bonaparte n'en avait pas moins eu à redouter un instant la division napolitaine, et il nourrissait un véritable ressentiment contre le souverain versatile qui lui avait pour un moment inspiré des inquiétudes. A deux reprises, il demanda[1] au Directoire l'autorisation de traiter en prisonniers de guerre les cavaliers napolitains, et se montra disposé à punir le roi de son intervention, bien qu'elle n'eût pas été active. « Cette cour, écrivait-il, est perfide et bête. Je crois que, si M. Pignatelli n'est pas encore arrivé à Paris, il convient de séquestrer les 2,000 hommes de cavalerie que nous avons en dépôt, arrêter toutes les marchandises qui sont à Livourne, faire un manifeste bien frappé, pour faire sentir la mauvaise foi de la cour de Naples, principalement d'Acton. Dès l'instant qu'elle sera menacée, elle sera humble et soumise. Les Anglais ont fait croire au roi de Naples qu'il était quelque chose. J'ai écrit à M. d'Azara, à Rome. Je lui ai dit que, si la cour de Naples, au mépris de l'armistice, cherche encore à se mettre sur les rangs, je prends l'engagement à la face de l'Europe de marcher contre ses prétendus 70,000 hommes avec 6,000 grenadiers, 4,000 hommes de cavalerie et 50 pièces d'artillerie légère. »

Certes, Bonaparte était homme à ne pas se contenter de menaces en l'air, et, plus que personne, il était en mesure de renouveler les exploits de Charles VIII et de s'emparer de Naples avec une poignée de Français; mais il ne se serait engagé que très à contre-cœur dans cette entreprise, car il comprenait que la partie suprême n'était pas encore gagnée dans la Haute-Italie. Après Beaulieu, après Wurmser, l'inépuisable Autriche s'apprêtait à lancer contre lui une nouvelle armée et un nouveau général, Allwintzy. Malgré son désir de punir le roi de Naples de ses mensonges et de ses revirements de politique, Bonaparte ne voulait pas s'enfoncer dans l'Italie méri-

(1) Lettres du 13 août (*Correspondance*, t. I, p. 541) et du 20 août (*Id.*, t. I, p. 568).

dionale ou se priver d'une partie de son armée pour la seule satisfaction de détrôner un prince. Aussi, malgré les exhortations du Directoire, malgré son âpre désir de vengeance, réservait-il à d'autre temps la punition du roi. « Si vous voulez que l'on aille à Naples, écrivait-il [1] au Directoire, songez sérieusement à m'envoyer des renforts. Si vous pouviez tenir ce que vous m'annoncez de l'armée du Rhin, cela me suffirait. Soyez sûrs que l'on fera tout ce qui sera possible pour frapper de grands coups et correspondre aux hautes destinées de la République. »

Aussi bien le roi de Naples commençait à trouver que le jeu en se prolongeant risquait de devenir dangereux. Il s'était décidé à envoyer à Paris le prince Belmonte-Pignatelli, pour y signer une paix qui n'était que la confirmation de l'armistice précédemment conclu. Les grandes victoires d'Arcole et de Rivoli avait refroidi son enthousiasme, en lui démontrant que les Autrichiens étaient incapables de débusquer les Français de la Haute-Italie. Ferdinand n'avait pourtant renoncé ni à sa haine ni à ses projets d'intervention. Lorsque Bonaparte entreprit contre Pie VI la campagne qui devait aboutir au traité de Tolentino, cette fois encore le roi de Naples, qui prévoyait la défaite de son ancien allié et redoutait le voisinage immédiat des Français, annonça sa résolution de secourir le chef de la catholicité : mais il se borna à envoyer à Bonaparte le prince Belmonte-Pignatelli avec ordre d'annoncer au général que l'armée napolitaine entrerait en campagne si la France n'accordait pas à la Papauté d'honorables conditions de paix. Bonaparte accueillit fort mal cette ouverture. Il le prit même de très haut avec le malencontreux négociateur et lui répondit [2] « que, s'il avait jusqu'alors patienté, c'est qu'il n'avait pas comme aujourd'hui des troupes disponibles, et que, puisque son maître lui jetait ainsi le gant, il le ramasserait ». Pignatelli se confondit en excuses, et

(1) Lettre du 6 septembre 1796. T. I, p. 598. Cf. lettre du 2 octobre (t. II, p. 33).

(2) *Correspondance*, t. II, p. 322. Lettre d'Ancône, 12 février 1797.

affirma qu'il avait mal exprimé les intentions du roi, et que Naples était résolue à conserver l'alliance française. Bonaparte, qui préparait alors sa campagne offensive contre l'Autriche et ne se souciait pas d'une guerre avec Naples, qui l'aurait encore retardé, feignit d'accepter ces explications, et annonça même au plénipotentiaire napolitain qu'il ménagerait le Pape en considération de son souverain[1].

Le langage ferme et soutenu de Bonaparte en imposa-t-il au roi Ferdinand, ou plutôt le voisinage de nos troupes victorieuses lui inspira-t-il de sérieuses réflexions, toujours est-il que, par une nouvelle volte-face, il parut se rapprocher de la France. Il est vrai que ces démonstrations d'amitié étaient fort intéressées. Il espérait que, dans le remaniement et la nouvelle distribution des territoires que préparait Bonaparte, le royaume napolitain serait favorisé. Avec une impudeur naïve, et tout comme s'il eût rendu à la France de grands services, il n'hésitait pas à demander tantôt les dépouilles de Venise, et particulièrement les îles Ioniennes, tantôt celles de la Papauté, son alliée d'hier. C'était surtout la marche d'Ancône qui excitait ses convoitises. Bonaparte, qui résidait alors à Mombello, et ne suivait que de loin les négociations, était comme harcelé par les demandes incessantes des diplomates napolitains ; mais, habitué qu'il était à renverser plutôt qu'à agrandir les petits États, il accueillait ces ouvertures avec une hauteur méprisante. « Le marquis de Gallo, écrivait-il[2] au Directoire, désirerait fort la marche d'Ancône pour Naples. Comme vous voyez, cela n'est pas maladroit, mais c'est la chose du monde à laquelle nous devons le moins consentir. » « — Le roi de Naples m'a déjà fait faire des propositions d'arrangement, lisons-nous dans une de ses dépêches au ministre Delacroix, mais Sa Majesté ne voudrait avoir rien moins que la marche d'Ancône. Il faut se garder de donner un aussi bel accroissement à un prince aussi

(1) Lettre de Bonaparte à Pignatelli, 13 février 1797. *Corresp.*, t. II, p. 318.

(2) Lettres du 26 mai 1797, t. III, p. 65 et 72.

mal intentionné et si évidemment notre ennemi le plus acharné. »

Le roi Ferdinand fut sans doute informé de ces dispositions malveillantes de Bonaparte ; car, voyant que ses avances étaient repoussées, il se prépara à un nouveau changement dans sa politique. Les négociations pour la paix définitive entre la France et l'Autriche ne marchaient alors qu'avec peine. L'Autriche massait des troupes sur la frontière, et menaçait de rentrer en ligne. Pie VI, le grand-duc de Toscane et le roi de Naples, excités et encouragés par ses émissaires secrets, se disposaient à prendre une part effective à la prochaine campagne. Le roi Ferdinand concentrait ses troupes, et laissait entendre qu'il avait l'intention de les mener à Rome, pour les unir aux soldats pontificaux, et tenter ensuite une diversion sérieuse sur les derrières de l'armée française. Toutes ces intrigues étaient signalées à Bonaparte par notre ambassadeur à Naples, Canclaux. Elles parurent assez sérieuses pour être surveillées de plus près encore. Bonaparte écrivit [1] à son frère Joseph, alors ambassadeur à Rome, pour le prier d'envoyer un de ses aides de camp à Naples. 29 septembre 1797. « Il s'assurera par lui-même du mouvement des troupes napolitaines, auquel je ne puis pas croire, quoique je m'aperçoive qu'il y a depuis quelque temps une espèce de coalition entre les cours de Naples, de Rome et même de Florence, mais c'est la ligue des rats avec les chats. » Bonaparte prévoyait même le cas d'une entrée prochaine des Napolitains à Rome, et, en ce cas, disait-il à son frère, « vous devez continuer à y rester, et affecter de ne reconnaître d'aucune manière l'autorité qu'y exercerait le roi de Naples, de protéger le peuple de Rome et faire publiquement les fonctions de son avocat, mais d'avocat tel qu'il convient à un représentant de la première nation du monde ». Il écrivait le même jour à Canclaux pour le prévenir « que le Directoire ne resterait pas tranquille spectateur de la conduite hostile du roi de Naples ».

(1) *Correspondance*, t. III, p. 352.

Cette fois encore l'entrée en campagne des Napolitains fut remise à des temps plus propices. L'Autriche en effet venait de signer la paix de Campo-Formio, et tous les princes italiens, qui s'étaient compromis par leur attitude fanfaronne, n'avaient plus qu'à faire oublier leurs velléités d'indépendance. Tel fut le cas du roi Ferdinand. Il dut contenir jusqu'à nouvel ordre son ardeur belliqueuse et feindre pour la France et son représentant sinon de l'amitié, au moins une grande bienveillance. Il fut même obligé, en vertu des traités, d'observer la plus stricte neutralité entre les puissances qui n'avaient pas encore déposé les armes, c'est-à-dire entre la France et l'Angleterre; mais ce fut bien à contre-cœur qu'il se résigna à cette comédie politique. Le roi de Naples n'était et ne pouvait être qu'un ennemi caché de la France. Il consentait à dissimuler, mais il se réservait d'intervenir.

Lorsque, dans le courant de l'année 1798, la France se décida à renverser la Papauté, et créa la république romaine, la cour napolitaine fut épouvantée de ce dénouement imprévu, et l'explosion faillit avoir lieu. Si, dès ce moment, l'Angleterre s'était résolue aux sacrifices d'argent qu'elle fit plus tard, si, en un mot, elle avait pris à sa solde les Napolitains, il est hors de doute que la cour napolitaine se serait déclarée en sa faveur. Les lettres intimes échangées, durant cette période, entre la reine Marie-Caroline et sa confidente Emma le prouvent surabondamment. La reine ne parle [1] qu'avec horreur des progrès et des victoires de la France. « Tout cecy me rend bien complètement malheureuse, lui écrit-elle en apprenant l'entrée de Berthier à Rome. Dans la semaine on va expédier un courrier à Londres pour voir s'il n'y aurait pas moyen de faire resouvenir cette brave Nation qu'ils perdent l'Italie, son commerce à jamais et dans nous leurs plus fidèles alliés. » Elle a grand soin de conserver des relations suivies avec Londres. « Entre temps [2] je veux vous

(1) GAGNIÈRE, p. 46.

(2) GAGNIÈRE, p. 46.

aviser que, ce soir, part un courrier pour Londres qui usera toutes les précautions pour ne pas tomber entre les mains de ces monstres nos voisins. » L'Angleterre repoussa ses ouvertures. Elle ne se sentait pas encore menacée directement : mais tout changea du jour au lendemain, quand elle apprit que Bonaparte venait de s'embarquer pour l'Egypte. Tout changea également à Naples, qui ne redoutait plus la présence du conquérant de l'Italie.

Telle était pourtant la frayeur qu'inspiraient encore les armes françaises que la cour de Naples, malgré sa haine et ses espérances, n'osa pas se déclarer du jour au lendemain. La reine se contenta d'avertir la flotte anglaise de nos moindres démarches, et de former des vœux pour son succès. « Les coquins de français, écrivait-elle [1] à Emma Hamilton, prétendent avoir des secrets pour incendier la flotte anglaise. J'espère bien que cela n'est pas vrai. Le vent et le bon Dieu veuillent bien les bénir (les Anglais) et les accompagner! Mes vœux, prières les suivent, et je brûle d'être au moment où toutes nos forces et moyens les aideront, et prouveront ce que je serai toute ma vie, leur sincère et reconnaissante amie. » En attendant cet heureux moment, on commençait à ne pas épargner à nos nationaux les mauvais procédés. Quelques bâtiments français avaient été enlevés par les Anglais dans les eaux napolitaines, Garat, notre ambassadeur à Naples, éleva officiellement des réclamations. On ne lui répondit même pas et voici comment la reine rendait compte [2] de cette insulte à son amie : « Garat a fait un ofice (note) pour les Proies (prises) digne de Garat et de ses cometans, mais qui aura réponse comme il faut. On expédie à Paris nos plaintes sur cet ofice et sur Malthe, mais plaintes hautes, et demain on expédie à Londres et à Vienne pour les pousser. »

La cour napolitaine ne cherchait donc qu'un prétexte pour rentrer en campagne. Elle allait même au-devant de nos réclamations, en nous fournissant d'elle-même de sérieux

(1) GAGNIÈRE, p. 50.
(2) GAGNIÈRE, p. 50, 51.

griefs. Par le traité de 1796, il avait été convenu que le roi fermerait ses portes aux Anglais. Or, l'amiral Nelson, dans sa course furieuse à travers la Méditerranée à la poursuite de la flotte française, venait d'arriver en Sicile avec une escadre très avariée et manquant de vivres. Il demanda l'autorisation de se ravitailler. C'était non seulement rompre les engagements pris avec la France, mais encore fournir un concours effectif à l'Angleterre. Le roi Ferdinand hésitait, mais la reine, excitée et encouragée par lady Hamilton, l'emporta. Des ordres secrets permirent au gouverneur de Syracuse de fournir à Nelson tout ce dont il aurait besoin. Il était difficile de rendre à l'amiral un service plus opportun. Aussi bien il le reconnaissait lui-même. Voici comment, dans son testament, il s'exprime sur ce point : « La flotte anglaise commandée par moi n'aurait jamais pu la seconde fois retourner en Egypte, si l'influence de lady Hamilton sur la reine de Naples n'avait obtenu qu'on écrivît des lettres au gouverneur de Syracuse pour qu'il se mît en devoir de ravitailler la flotte de toutes choses. Arrivés à Syracuse nous reçûmes toutes les provisions. De là je me rendis en Egypte où je détruisis la flotte française. »

Ce fut donc la trahison napolitaine qui rendit possible le désastre d'Aboukir. Il est vrai que jamais nouvelle n'excita de pareils transports. Ce fut à Naples comme un délire, quand on apprit que le jour était enfin venu d'assouvir une haine trop longtemps contenue. La reine ne sait plus contenir l'expression de sa joie. « Quel bonheur, quelle gloire, écrit-elle à sa « chère Milady », quelle consolation pour cette unique, grande et illustre nation. Que je vous suis obligée, reconnaissante ! J'ai pleine vie. J'embrasse mes enfants, mon mary... Hope, hope, je suis folle de joie. » Ce fut bien autre chose lorsque le vainqueur, cédant aux pressantes invitations qu'on lui avait adressées, se décida à jouir de son triomphe en s'arrêtant [1] à Naples. Jamais souverain ne fut reçu avec plus

(1) Lettre de Nelson à sa femme : « Sir William et lady Hamilton vinrent au-devant de moi, accompagnés d'une multitude de barges et de canots

d'apparat. La cour entière se porta à sa rencontre. On le félicita, on l'embrassa, on le proclama par avance le libérateur de l'Italie. A son débarquement les lazzaroni répétèrent ces cris, et la toute belle Emma, qui était allée à sa rencontre sur le *Vanguard*, tomba évanouie, foudroyée d'émotion, à la vue du héros, mais elle eut soin de tomber dans ses bras, car c'était une scène préparée qu'elle venait de jouer en comédienne consommée, et Nelson, si brave en présence de l'ennemi, mais si crédule et si confiant vis-à-vis des femmes, venait de tomber dans le piège qu'on lui tendait. Nous ne voulons pas en effet remuer le bourbier de la corruption italienne; il nous suffira de dire qu'Emma Hamilton qui poussait jusqu'aux dernières complaisances le dévouement à Marie-Caroline et à l'Angleterre, eut bientôt subjugué le rude marin, et, quand elle eut muselé ce lion, elle le livra à son amie, et mit avec lui la flotte anglaise et aussi l'honneur de l'Angleterre au service des passions et des rancunes de la cour de Naples.

Après un pareil éclat, la guerre était inévitable. Forte de l'appui de Nelson, et de la présence de la flotte anglaise, la reine Marie-Caroline aurait voulu entrer immédiatement en campagne. De nombreux soldats avaient été enrégimentés. On en comptait, vétérans ou conscrits, près de 60,000. Ils avaient été réunis sur la frontière du nord, surtout au camp de San Germano, et la cour assistait aux manœuvres. Marie-Caroline, comme autrefois sa mère l'illustre Marie-Thérèse, aimait à parader devant les troupes, en brillant uniforme, casaque bleu de ciel toute brodée de lis d'or, et panache blanc au chapeau. Ce qui augmentait sa confiance, c'est que l'Autriche lui avait envoyé pour commander cette armée un

chargés d'emblèmes et décorés de banderoles. L'un et l'autre étaient convalescents... Milady de s'élancer et de tomber inanimée devant moi : je la crus morte. Ses larmes heureusement se firent un passage et elle parut aussitôt soulagée. Le roi arrivait. Cette seconde scène, dans son genre, fut des plus attendrissantes. Sa Majesté daigna me tendre la main, en m'appelant son libérateur, et en me donnant tous les autres noms qu'ait jamais inventés la reconnaissance. Enfin, même Naples, je crois, m'a proclamé son libérateur. »

général, ou plutôt un théoricien militaire, de grande réputation, le fameux Mack. Ce dernier s'était aussitôt rendu à son poste, et du matin jusqu'au soir il exerçait ses soldats, organisant marches et contremarches, attaques de nuit, surprises, etc. Tout ce mouvement en imposait. La reine et ses amis croyaient de bonne foi que Mack allait remporter victoires sur victoires. Nelson, observateur plus clairvoyant, n'avait pas d'illusions. Il avait inspecté l'armée de San Germano, et étudié son général. « Mack, écrivait-il à l'amirauté, ne peut bouger sans emmener cinq voitures. Cela m'a donné une bien triste opinion de lui. » Il n'épargnait pas les railleries à l'adresse de son collègue. « Ces hommes iront jusqu'à Paris, lui disait un jour l'Autrichien. » — « Oh non, répondit froidement Nelson, la police ne le souffrirait pas. » On raconte même qu'assistant à une manœuvre de l'armée napolitaine qui n'avait pas réussi. « Cet homme, se serait-il écrié en parlant de Mack, ne connaît pas le premier mot de son métier ! »

Telle n'était pas l'opinion de Marie-Caroline, qui pria le grand homme en espérance de tout disposer pour une prochaine entrée en campagne. Aussitôt Mack apporta un plan d'invasion admirable. A l'entendre, il suffisait de pousser devant soi les 15 ou 20,000 soldats qui gardaient la République romaine. Les Piémontais [1] seconderaient ce mouvement par une insurrection, et les Anglais débarqueraient à Livourne une division qui couperait la retraite à nos soldats. Enfin, les Autrichiens déboucheraient dans la Haute-Italie et triompheraient sans peine des Français démoralisés par cette

(1) Le prince Belmonte Pignatelli avait écrit à ce propos au ministre piémontais Priocca une lettre, qui fut interceptée, et qui prouve à quel point d'aveuglement et de passion était arrivée la cour napolitaine. « Nous savons que, dans le conseil de votre roi, plusieurs ministres circonspects, pour ne pas dire timides, frémissent à l'idée de parjure et de meurtre, comme si le dernier traité d'alliance entre la France et la Sardaigne était un acte politique à respecter. N'a-t-il pas été dicté par la force oppressive du vainqueur? De pareils traités ne sont que des injustices du plus fort à l'égard de l'opprimé qui, en les violant, s'en dédommage à la première occasion que lui offre la faveur de la fortune. » Lettre citée par COLETTA, t. II, p. 16 de la *Traduction française*.

attaque générale. Certes, le plan était merveilleux sur le papier, mais, à ce moment même, le Piémont était annexé à la France, les Autrichiens étaient résolus à temporiser encore, et les Anglais, toujours prudents, entendaient bien ne débarquer à Livourne que pour profiter de la victoire et nullement pour la préparer. En fin de compte, la cour de Naples entrait seule en campagne.

Malgré son incurable apathie, le roi Ferdinand ne manquait pas de bon sens. Il comprenait très bien qu'on lui promettait beaucoup, mais il ne voyait rien venir et aurait désiré ne pas se compromettre. Plusieurs de ses ministres, Pignatelli, Marco, Gallo, Colli, Parisi, l'engageaient à ne pas se mettre en avant, mais Acton et la reine avaient décidé qu'on partirait. Marie-Caroline arracha l'ordre fatal à son mari. On prétend même qu'elle inventa une fausse lettre de l'empereur d'Allemagne, son frère, qui provoquait le commencement des hostilités. Le pauvre roi se laissa persuader, et, sans seulement déclarer la guerre aux Français, les somma d'évacuer les États romains.

Mack avait sous ses ordres immédiats près de 50,000 hommes; admirables soldats, à ne considérer que leur apparence. Pour les équiper on avait épuisé le trésor; mais ce n'étaient que des soldats de parade qui n'avaient jamais vu le feu; mal commandés, sans discipline, sans tradition d'honneur militaire. Pourtant, comme ils formaient une masse après tout imposante, s'ils s'étaient avancés en une seule colonne dans la direction de Rome, ils auraient peut-être battu les Français, car notre armée ne comptait que 16,000 hommes environ, dispersés dans tout le pays. Mack, par bonheur pour nos soldats, était l'homme des vieilles traditions. Il voulut envelopper les Français et divisa ses soldats en six colonnes qui, par des chemins différents, devaient tomber sur nos soldats isolés, et, infailliblement, les écraser. Il n'avait oublié qu'une chose, qu'il fallait, avant de les envelopper, les battre, et nos soldats, par une série d'habiles manœuvres, allaient non seulement suppléer à l'insuffisance du nombre par la supériorité de leur tactique, mais encore remporter une éclatante victoire.

Le général en chef de l'armée française était Championnet, mort trop jeune pour sa réputation, car il eût été un des plus glorieux lieutenants de Napoléon. Championnet s'était signalé à la reprise des lignes de Wissembourg et au déblocus de Landau. Nommé général de division à l'armée de Sambre-et-Meuse, il fit, sous les ordres de Jourdan, toutes les belles campagnes qui portèrent si haut le renom de cette armée. Championnet avait une audace extraordinaire, beaucoup de présence d'esprit et un entrain singulier. Il avait étudié soigneusement son métier et le pratiquait avec amour. Nommé en 1798 général en chef de l'armée de Rome, et averti à temps du péril, il prit le parti d'évacuer la capitale, et de se retirer en arrière sur l'excellente position défensive de Civita-Castellana, où il concentra toutes ses forces. Il savait que ce sacrifice n'était que momentané et qu'à la première victoire la capitale retomberait bien vite entre ses mains. Cette sage conduite contrastait avec l'absurde stratégie de Mack, qui divisait ses forces au moment où il aurait dû les réunir. Il est vrai que le général autrichien se croyait sûr de la victoire. N'avait-il pas envoyé à son adversaire un ultimatum [1] par lequel il lui accordait quatre heures pour s'engager par écrit à évacuer Rome et la Toscane : « La réponse doit être positive et catégorique, ajoutait-il. Une réponse négative serait considérée comme une déclaration de guerre, et Sa Majesté Sicilienne soutiendra les armes à la main la juste demande que je vous adresse en son nom. » Championnet ne répondit à cette insultante bravade que par le silence du mépris; mais le plus singulier c'est que la reine Marie-Caroline prit ce silence pour un acquiescement. « J'ai eu hier soir, grâce à Dieu [2], écrivait-elle à sa chère Emma, des nouvelles du roi,

(1) Cette incroyable bravade, d'une longueur démesurée, est reproduite *in extenso* dans le rapport adressé par Lomonaco à Carnot.

(2) GAGNIÈRE, p. 81.

de Frosinone. Il y est arrivé heureusement. Messieurs les républicains ont cédé à la sommation et sont partis. »

Pendant ce temps les colonnes napolitaines s'ébranlaient toutes à la fois, et s'avançaient fièrement sur les routes, où elles ne rencontraient aucune résistance. Le 27 novembre Mack faisait son entrée à Rome, et courait à Civita-Castellana. Sa marche était si rapide que ses soldats mouraient de faim et tombaient de fatigue. Le roi entrait à son tour à Rome, mais comme un triomphateur. Pour se reposer sur ses lauriers, il descendait à son palais Farnèse et s'empressait d'écrire au pape Pie VI la curieuse lettre que voici : « Votre Sainteté apprendra par cette lettre que, par la grâce de Dieu et la miraculeuse protection de saint Janvier, je suis entré en triomphateur dans Rome, la ville sainte. Les impies qui l'occupaient ont fui épouvantés devant la croix du Christ et mes armes. Laissez donc votre modeste asile de la Chartreuse et, sur les ailes des anges, comme la vierge de Lorette, venez et descendez au Vatican pour le purifier par votre sainte présence. » Il écrivait également au roi de Piémont pour l'engager à se jeter sur les Français. La populace romaine, aussi folle que ce grotesque souverain, n'avait pas attendu la présence des Napolitains pour se livrer à tous les excès. Les maisons des patriotes avaient été pillées, et plusieurs d'entre eux massacrés. Des juifs furent jetés dans le Tibre. Deux réfugiés napolitains, les frères Corona, furent même saisis et exécutés par ordre du roi.

Napolitains et Romains étaient encore dans l'exaltation de cette facile conquête, quand on apprit que deux des colonnes napolitaines, celles que commandaient Micheroux et San Filipo, venaient d'être battues par les Français à Fermo et à Terni. Ces premiers échecs refroidirent singulièrement l'enthousiasme. Nelson, qui prévoyait le résultat final, écrivit à l'amirauté : « Si Mack est défait, le royaume sera perdu en quinze jours, car l'empereur d'Autriche n'a pas encore fait bouger son armée, et le royaume de Naples réduit à lui-même n'est pas en état de résister. » Marie-Caroline elle-même commença à réfléchir sur les inconvénients de la précipitation[1]. Dans les lettres qu'elle adressait alors à sa chère confidente, elle parlait de se retirer aux champs et vantait le bonheur des paysans. Elle disait[2] aussi, avec un singulier pressentiment de l'avenir : « Il n'y a pas encore eu bataille, et nos troupes se comportent très mal. Cela m'attriste et m'anéantit. » Elle prenait même ses précautions en cas de défaite, et s'écriait : « Nous ferons de tout, si ces malandrins viennent en masse. Nous sacrifierons vie, tout. Mais si ces gens-là (les Napolitains) continuent à fuir comme des lapins, nous sommes perdus. Aussi la permanence du brave amiral, à qui je pourrai confier, en cas de malheur, mes chers enfants sera un grand bien. Nous ferons tout excepté de nous avilir, mais j'ai l'esprit bien oppressé. »

Ces sinistres pressentiments ne devaient que trop se réaliser ! Mack comprenant un peu tard la faute qu'il avait commise et apprenant que Championnet concentrait toutes ses forces à Civita-Castellana pour reprendre ensuite l'offensive, voulut alors prévenir ce mouvement, mais il fut surpris en flagrant délit de concentration et les Napolitains ne purent soutenir le choc de nos vieilles bandes. Ils s'évanouirent au bruit du canon, et la débâcle commença. A Monte-Buono, Otricoli, Calvi, Regnano, partout où ils essayèrent de tenir tête, ils furent écrasés. Un seul corps napolitain, celui que commandait un émigré, le général Damas, soutint l'honneur du drapeau. Il fut battu à la Storta, à la Toscanella, à Orbitello, mais obtint une capitulation honorable. Les autres généraux ne savaient que fuir. Canons, drapeaux, prisonniers tombent entre nos mains, et la retraite se convertit en déroute surtout lorsque Mack, qui aurait voulu résister dans Rome, se voit abandonné par le roi et donne l'ordre d'évacuer les États romains[3]. « Toujours battus et toujours malheureux,

(1) GAGNIÈRE, p. 84.

(2) Id., p. 85.

(3) COLETTA, *Histoire de Naples*, t. II, p. 56.

commandés par des étrangers, voyant dans leurs rangs beaucoup de Français, généraux ou colonels, qui, en qualité d'émigrés, étaient intéressés à fuir pour échapper aux dangers de la captivité, les Napolitains supposèrent qu'ils étaient trahis. Leurs chefs furent traités par eux de jacobins et les liens de la discipline se relâchèrent. »

Ce fut bien pis encore quand on apprit que Championnet, passant de la défensive à l'offensive, et non content d'être rentré à Rome après dix-sept jours d'absence, se disposait à attaquer le roi dans ses propres États. Sans doute la prudence conseillait au jeune vainqueur de se maintenir à Rome, mais il venait, avec moins de 15.000 hommes, de disperser une armée trois fois plus considérable et il appréciait à leur juste valeur et le courage des Napolitains et surtout les talents de leur général : aussi résolut-il de pousser en avant. C'était pourtant une entreprise bien hardie que de s'enfoncer avec une aussi faible armée, loin de ses communications, et dans un pays à peu près inconnu, dont les habitants pouvaient soutenir une guerre de partisans longue et dangereuse ; mais Championnet comptait sur ses soldats, et méprisait ses ennemis. Il poursuivit donc les Napolitains à outrance.

Tout favorisa le jeune vainqueur. A sa gauche Duhesme, Monnier et Rusca s'emparaient des Abruzzes et entraient sans coup férir à Civitella del Trento et à Pescara, deux places fortes qui auraient pu soutenir un long siège. A droite, Ney occupait Gaëte à la première sommation ; au centre Championnet poussait Mack devant lui, lui enlevait prisonniers et canons, et le rejetait en désordre derrière le Volturno. Ce fleuve est rapide et profond. Il forme une barrière difficile à franchir. Il est de plus défendu par la forte place de Capoue. Mack s'y arrêta et appela les paysans napolitains aux armes. Cet appel fut entendu. En quelques jours plusieurs milliers de partisans entrèrent en campagne. Ils remportèrent même quelques succès. Championnet fut repoussé à Capuoe, eut pendant trois jours ses communications coupées, et fut obligé d'attendre que ses autres divisions l'eussent rejoint. Mack ne sut pas ou ne voulut pas profiter de ce retour de fortune. Comprenant que ces bandes indisciplinées ne pouvaient résister à une armée aussi fortement organisée que l'armée française, il entra en négociations avec Championnet et signa bientôt avec lui, le 11 janvier 1799, un armistice par lequel il cédait aux Français tout le royaume de Naples au delà du Volturno, et leur payait une contribution de guerre de huit millions.

A cette nouvelle, l'armée napolitaine se révolta. Elle cria à la trahison, et, au lieu de s'en prendre à sa propre lâcheté, voulut massacrer le général que naguère elle proclamait le libérateur de l'Italie. Mack n'eut d'autre refuge que l'armée française. Bien qu'il eut tenu, à l'égard de Championnet et de ses soldats, un langage peu convenable, le généreux vainqueur, oubliant ses injures, le reçut avec empressement, l'admit à sa table, et lui laissa même son épée. Seulement, autorisé qu'il était par le refus d'exécuter les conditions de l'armistice, il s'avança contre Naples, et annonça qu'il était déterminé à la prendre d'assaut en cas de résistance.

Naples était alors en pleine anarchie. Elle appartenait à la populace qui s'y livrait à d'affreux excès, car toute autorité, tout gouvernement avaient disparu. Le roi se discréditait à plaisir. Après s'être fixé à Rome en triomphateur antique et en restaurateur de la Papauté, il avait fui honteusement, à la première nouvelle de l'approche des Français. Il avait même prié son grand écuyer, Ascoli, de changer d'uniforme avec lui, et l'avait traité en souverain, tant qu'il ne s'était pas cru en sûreté derrière les murailles de son palais. Quand les Français approchèrent de la capitale, le grotesque Nazone, comme le surnommaient les lazzaroni, troublé dans sa béate quiétude, ne sut qu'accabler de ses sarcasmes la reine et ses confidents, qui étaient la cause principale de la catastrophe, mais il ne prit aucune mesure pour la prévenir. Au contraire, au lieu d'apaiser le peuple qui s'agitait, et menaçait d'égorger ministres et généraux, le roi ordonna de distribuer des armes aux lazzaroni. C'était en quelque sorte mettre le feu aux poudres. Aussitôt commencèrent les assassinats et les pillages. Un des serviteurs du roi, Antonio Ferreri, qu'il avait envoyé en Autriche pour demander à son beau-frère l'Empereur quelques renseignements précis, fut assassiné aux portes mêmes du palais, et sous les yeux de Ferdinand. Les assassins montèrent le cadavre dans le palais, et forcèrent le roi à jurer, la main étendue sur le mort, qu'il ne quitterait pas Naples.

Ferdinand n'avait jusqu'alors, malgré les sollicitations de la reine, manifesté aucun désir de quitter sa capitale. Etait-ce courage de sa part, était-ce plutôt crainte de changer d'habitudes, ou bien encore difficulté de fuir, puisque les lazzaroni assiégeaient les grilles du palais ? L'assassinat de Ferreri précipita sa résolution. Il annonça donc qu'il était décidé à passer en Sicile, et pria Nelson de l'aider à exécuter ce projet. La reine se préparait[1] depuis longtemps à cette fuite. De concert avec l'ambassadeur Hamilton et sa triste épouse, elle avait tout disposé pour un départ clandestin. Les meubles précieux de la couronne, les chefs-d'œuvre de l'art, et tout le numéraire, depuis longtemps entassé dans la prévision d'une catastrophe, avaient été soigneusement emballés. La liste des

(1) Lire au sujet de ces préparatifs les curieuses lettres adressées par la reine à Emma Hamilton. En voici quelques extraits (GAGNIÈRE, p. 94) : « Je brûle de vous envoyer ce soir tout notre argent d'Espagne, du roi et le mien. Ils sont $\frac{6)}{m}$: Voilà tout notre avoir, mais nous n'avons jamais thésaurisé. Les diamants de toute la famille, hommes et femmes, arriveront demain soir pour être tout consigné au respectable amiral lord Nelson. » Id., p. 96. 18 décembre : « Voici encore trois malles et une petite caisse. Dans les trois premières, il y a un peu de lingerie pour tous mes enfants, pour servir à bord et quelques habits dans la caisse. J'espère ne pas être indiscrète en vous les envoyant. Le reste de ce qui pourra aller ira sur un bâtiment sicilien. » Id. 19 décembre : « J'abuse de votre bonté et de celle de notre cher amiral. Les caisses grandes, faites-les déposer à fond de cale, et petites plus à portée de la main. C'est que j'ai malheureusement une nombreuse famille. Je suis dans le comble de la désolation et des larmes... Adieu, ma chère. L'horrible ruine abrège deux tiers de notre pure existence. Je m'en remettrai à la divine Providence et m'en ferai une raison. » Id. p. 97. 19 décembre : « Voyez les bijoux de toute une malheureuse famille, le paquet de notre personnelle et un peu d'argent, et une caisse avec des chemises et hardes en cas de besoin sur le bord. Demain, j'enverrai des autres pour mes enfants, étant douze personnes de famille... »

personnes qui devaient accompagner la famille royale avait été discutée; chacun des favorisés avait même reçu une sorte de laissez-passer, que le hasard des temps a conservé. C'est une sorte de carte figurant trois enfants joufflus, dont l'un sonne de la trompette sous un cyprès et agite la main gauche pour appeler les deux autres. Dans un des angles est une ligne imprimée : « Imbarcate, vi prega M. C. » On attendait pourtant l'autorisation royale. A peine le roi l'eut-il accordée que Nelson prêta son concours à cette fuite honteuse, et l'organisa avec autant de soin que s'il se fût agi d'un ordre de combat. C'est lui qui, par un passage souterrain qui conduisait du palais à la mer, fit embarquer par des matelots anglais les caisses et les bagages : c'est lui qui reçut les fugitifs dans trois chaloupes : la première ne devait prendre à son bord que la famille royale, Acton, Castelcicala, Belmonte et Thurn. Les deux autres emportaient pêle-mêle chambellans et dames d'honneur, nourrices et domestiques, aumônier et apothicaire, sans oublier « monsieur Pernet, cuisinier du roi ». Le convoi se composait de trois vaisseaux anglais et d'une frégate napolitaine, le *Sannita.* Le commandant de cette frégate, l'amiral Caracciolo, suppliait le roi de monter à son bord, le pont du *Sannita* étant encore terre napolitaine. Le roi allait y consentir, mais Marie-Caroline ne voulait pas se séparer de sa chère Emma, déjà embarquée sur le vaisseau de Nelson, le *Vanguard*, et ce fut l'Angleterre qui donna l'hospitalité à cette triste famille. Pendant deux longues journées les vents contraires retinrent l'escadre dans la rade. Nobles et prêtres, fonctionnaires et soldats, ne pouvant croire à tant de lâcheté, envoyèrent au roi députés sur députés pour le supplier de ne point les abandonner. Ferdinand ne voulut recevoir que l'archevêque et ce fut pour lui déclarer que sa décision était irrévocable. Le 23 décembre au soir, Nelson se décida à lever l'ancre. Une affreuse tempête assaillit le convoi. La famille royale se crut perdue, et le roi déchargea sa colère par de furieuses invectives contre sa femme et ses confidents. Un de ses enfants, le prince Albert, tomba soudainement malade, et mourut entre les bras de lady Hamilton. Durant une embellie on remarqua la façon admirable dont se comportait le *Sannita*. Le roi en fit à dessein l'observation à Nelson, dont l'orgueil froissé ne pardonna jamais à Carracciolo. Ce fut seulement le 26 décembre que le *Vanguard* entra dans le port de Palerme.

Telle fut la déplorable issue de la prise d'armes napolitaine. Ce qu'il y eut de plus honteux dans cette campagne, ce ne fut pas un premier revers qui pouvait se réparer, mais le soudain effondrement qui précipita cette fuite honteuse, et surtout le départ clandestin de cette cour, qui ne trouvait de sauvegarde que sous le pavillon anglais. Aussi bien la famille royale avait pris ses précautions. Les caisses, au déménagement furtif desquelles avait présidé l'ambassadrice d'Angleterre, contenaient un véritable trésor. D'après le rapport de Nelson à son commandant en chef, lord Saint-Vincent « Lady Hamilton, du 14 au 21 décembre, reçut toutes les nuits les richesses de la famille royale, ainsi que les bagages des nombreuses personnes à embarquer. Quant au numéraire, je suis dépositaire de deux millions cinq cent mille livres sterling (62,500,000 francs). » C'est ce que Marie-Caroline appelait « un peu d'argent et quelques bijoux ».

Les Anglais, gens prudents et avisés, voulurent tourner à leur profit la protection qu'ils accordaient aux fugitifs. Avant de quitter Naples, et sous le prétexte de ne pas laisser tomber entre les mains des Français des ressources qui pouvaient leur servir, ils brûlèrent les chantiers de construction et les arsenaux, et incendièrent toute la flotte de guerre. En plein jour, le comte de Thurn ordonna l'incendie de deux vaisseaux napolitains et de trois frégates qui étaient à l'ancre dans le golfe. « Le feu [1], quoique au milieu du jour, apparaissait aux spectateurs sous une couleur sombre et blanchâtre. On voyait les flammes sortir comme de la mer, se glisser le long des flancs des vaisseaux, s'élancer à travers les mâts,

(1) COLETTA, ouv. cit., t. II, f. 77.

les vergues, les câbles goudronnés et les voiles, dessinant en traits de feu les vaisseaux qui, un instant après, tombaient réduits en cendres et disparaissaient. » Après tout, n'était-ce pas une flotte de moins dans la Méditerranée, et le service que l'Angleterre rendait aux Bourbons ne valait-il pas le sacrifice de quelques bâtiments qu'on remplacerait plus tard?

Pendant ce temps Championnet s'approchait de Naples. Ferdinand avait délégué tous ses pouvoirs au prince Pignatelli, qu'il avait nommé vice-roi et vicaire général. Pignatelli n'était qu'un personnage de représentation tout à fait incapable de s'élever à la hauteur des circonstances. Il ne sut que répandre dans le peuple de furibondes déclamations, tout en envoyant une députation aux Français. Bientôt même, ne se croyant plus en sûreté derrière les murailles du fort Saint-Elme, il s'embarqua secrètement pour la Sicile. Cette honteuse défection livrait la ville à la populace. Les lazzaroni, dont la fureur était augmentée par l'imminence du danger, essayèrent de défendre la capitale, et ils le firent avec plus de bravoure qu'on ne pouvait l'attendre de leur part. Seulement, sous le prétexte d'arrêter la trahison, ils se livrèrent à de tels excès que tout ce qu'il y avait de gens honnêtes et modérés souhaitaient l'entrée des Français. On écrivit à Championnet pour le prévenir que Naples ouvrirait ses portes aux Français. En effet, le fort Saint-Elme nous fut livré, mais les lazzaroni se défendirent dans les rues, et ils allaient peut-être incendier la ville, si un de leurs chefs, fait prisonnier et traité avec beaucoup d'égards par les Français, ne leur eût persuadé de déposer les armes et de traiter avec les vainqueurs (janvier 1799).

Championnet, par la prise de Naples, était le maître de presque toute la partie continentale du royaume. Deux mois et moins de 20,000 hommes lui avaient suffi pour repousser l'invasion napolitaine et désarmer les lazzaroni. Cette courte et brillante campagne lui valut une grande réputation. Le Directoire le chargea de consolider sa conquête et d'organiser le pays en république. Cette transformation était au moins prématurée. Ni les mœurs, ni les traditions napolitaines ne préparaient à un changement aussi radical, mais le peuple aime tout ce qui est nouveau, et la bourgeoisie, dont tous les vœux se trouvaient de la sorte plus que comblés, accepta avec plaisir les propositions françaises. Tout ce que Naples renfermait alors de noms illustres et d'hommes considérés se rallia immédiatement; les nobles suspects à la cour, et les propriétaires suspects aux lazzaroni se réunirent à Championnet. Ils devinrent républicains par instinct de conservation. On décida donc qu'une république nouvelle serait instituée, que sa constitution serait modelée sur la constitution française et que la nouvelle république serait intitulée Parthénopéenne, du nom porté jadis par Naples. Cinq directeurs furent chargés du pouvoir exécutif. Le docteur Cirillo devint président du Corps législatif; un ancien capitaine d'artillerie, Manthone, fut nommé ministre de la guerre et général en chef de l'armée; le prince Caracciolo, qui était revenu de Sicile, eut le commandement des quelques chaloupes canonnières qui composaient la marine parthénopéenne; enfin on leva deux légions de volontaires. Il y eut alors une heure de joie et d'espérance. On crut à l'avenir de la jeune République. Les plus nobles dames quêtaient dans les églises pour les blessés. On ne représentait plus au théâtre que les tragédies d'Alfieri, tout imbues de l'esprit républicain. Une femme qui fut à la fois peintre et improvisatrice, et qui devait mourir martyre, Eleonora Pimentel, rédigeait le *Moniteur républicain* et réchauffait de sa verve brûlante les esprits attiédis et découragés. Les lazzaroni eux-mêmes acceptaient la révolution. Championnet n'avait-il pas donné une garde d'honneur à leur saint favori, saint Janvier, et, malgré les insinuations des royalistes, le miracle de la liquéfaction du sang n'avait-il pas eu lieu dans les formes ordinaires, et même plus vite que d'habitude? Il est vrai que le général avait eu la précaution de prévenir le curé de la cathédrale qu'il le rendait responsable des désordres qui pourraient s'élever si le miracle n'avait pas lieu.

Cet enthousiasme ne devait pas être de longue durée. L'idylle allait tourner au drame. La jeune République avait trop d'ennemis intéressés à sa ruine. Elle allait bientôt succomber.

Ce furent les Français qui l'abandonnèrent les premiers. Il est vrai qu'ils cédèrent à la nécessité. La seconde coalition venait d'éclater. Nos armées étaient battues en Allemagne, menacées en Hollande et en Suisse, menacées surtout en Italie. C'eût été le comble de l'imprudence, au moment où nous avions besoin de toutes nos forces, que d'en détourner une partie pour maintenir et protéger un État dont la création avait été tout accidentelle. Championnet n'était plus là pour maintenir et perpétuer son œuvre. Ne s'était-il pas avisé de vouloir protéger les Napolitains contre les agents du Directoire, qui ne cherchaient à faire de la conquête qu'une opération lucrative? Il avait expulsé le commissaire Faypouet, qui empiétait sur ses attributions, et déchiré ses décrets « comme étant injurieux, indécents, séditieux et funestes ». Aussi était-il devenu l'idole des Napolitains. On déterra dans les registres de baptême un certain Giovanni Championné, né, il est vrai, quarante ans avant le Jean Championnet de Valence, mais les lazzaroni n'en crurent pas moins à l'origine napolitaine de leur conquérant. Ils l'auraient du reste suivi jusqu'en Sicile, et Championnet s'apprêtait sérieusement à passer dans l'île, malgré les Anglais, et à achever sa conquête, lorsqu'il fut subitement rappelé par le Directoire. Il obéit sans la moindre hésitation et revint à Rome, où il fut arrêté, puis transféré à Turin. Il ne devait quitter sa prison que pour marcher à de nouveaux combats, et mourir, peut-être empoisonné, au moment même où son rival de gloire, son collègue Bonaparte, étranglait la République française dans l'orangerie de Saint-Cloud.

Macdonald, le successeur de Championnet à l'armée de Naples, fut donc obligé de battre précipitamment en retraite, et d'évacuer le territoire de la République Parthénopéenne pour courir à de nouveaux dangers. Il laissa pourtant au général Duhesme quelques soldats qui tinrent garnison à Capoue, à Gaëte et dans les forts de Naples. Les troupes étaient insuffisantes, mais au moins leur présence attestait-elle que nous n'abandonnions nos alliés que par force majeure, et avec l'espoir d'un prochain retour.

Or la République Parthénopéenne comptait de nombreux ennemis. Sans parler des Anglais, des Turcs et des Russes qui menaçaient ses côtes, du roi et surtout de la reine Marie-Caroline, qui, de son palais de Palerme, ne cessait de prêcher la contre-révolution, la République avait à redouter surtout ses propres sujets. Le peuple des campagnes s'était prononcé contre elle. Les sauvages populations des Abruzzes et de la Calabre avaient, dès le premier jour, refusé d'obéir. Tant que les Français avaient fait respecter et exécuter leurs ordres, on n'avait pas osé bouger; mais, dès que leur départ fut connu, les bandes s'organisèrent et la guerre civile commença, atroce, sanguinaire, sans pitié. Dans la Pouille quatre aventuriers corses, un laquais, de Cesare, un déserteur, Boccheciampe, et deux voleurs, Corbara et Colonna, donnent le signal. Corbara se fait passer pour le prince François, héritier présomptif du trône, et Cesare, pour le duc de Saxe. On les croit sur parole. L'archevêque d'Otrante se garde de démasquer l'imposture. Une des filles de Louis XV, la princesse Victoire, qui se trouvait alors à Tarente, reconnaît publiquement pour son neveu ce bandit malpropre. Aussitôt plusieurs milliers de paysans fanatisés se rangent sous ses ordres. On vole, on brûle, on tue, et Corbara, qui a ramassé beaucoup d'argent, s'enfuit pour le mettre en sûreté, et se fait tuer par un corsaire grec. Colonna disparaît également: Cesare et Boccheciampe continuent à piller et ravager l'un la terre d'Otrante, l'autre celle de Bari. Au même moment la principauté de Salerne s'insurgeait sous la direction d'un mauvais policier, Sciarpa. Dans les Abruzzes les paysans prennent les armes sous la conduite d'un assassin jadis condamné aux galères. Dans la terre de Labour une troupe de brigands et d'assassins, commandée par le fameux Michel

Pezzo, qu'une fantaisie de Scribe a popularisé comme un voleur galant et généreux sous le nom de Fra Diavolo, et par un monstre altéré de sang, vrai cannibale ou plutôt bête féroce, le meunier Gaetano Mammone, massacre et pille sous prétexte de politique. En deux mois, ce dernier fit fusiller 350 personnes et ses satellites plus du double. Dans les Calabres enfin l'insurrection prend les proportions d'un mouvement national. Les Calabrais sont intelligents, sobres, habitués à une vie rude et active. Ils ont la pratique des armes à feu. Ils sont excellents pour une guerre de partisans. Excités par les émissaires de Marie-Caroline, ils étaient tout prêts à entrer en campagne lorsqu'un de leurs curés, Rinaldi, écrivit au roi, à Palerme, pour lui faire part des dispositions des habitants. Ferdinand était alors fort découragé. Il n'espérait plus sa restauration que des succès des armées coalisées. Les propositions de Rinaldi furent donc écoutées avec indifférence, mais elles avaient frappé un ambitieux, jaloux de se distinguer, qui s'offrit pour conduire l'entreprise. On n'avait rien à perdre, et on pouvait tout gagner. Le roi accepta cette fois l'offre qu'on lui faisait, et nomma vicaire général du royaume le hardi compagnon, qui lui promettait de le reconduire à Naples.

Cet homme était le cardinal Ruffo. Il appartenait à une des meilleures familles du pays. N'étant que cadet, il avait, suivant l'usage du temps, embrassé la carrière ecclésiastique, où l'attendaient les honneurs réservés à sa naissance. Il n'avait longtemps donné que le pire des exemples. Il avait fatigué Rome et la cour pontificale du bruit de ses dissipations et de son désœuvrement. Pour s'en débarrasser, le pape Pie VI l'avait nommé son trésorier apostolique et avait fini par lui donner la pourpre de cardinal [1]. Ce fut encore pour s'en débarrasser qu'Acton décida le roi Ferdinand à l'envoyer en Calabre.

(1) Un contemporain, Cuoco, l'a traité bien sévèrement, t. III, § 44. « C'était un scélérat ambitieux, sans principes d'honneur et de morale. Il avait toujours mille expédients pour réussir dans ses projets. Suo Ruffo ad onta dello porposa onde apparivo rivestito, non ero che un capo di brianti. »

A peine débarqué en Calabre, dans les domaines de sa famille, le nouveau vicaire général fut rejoint par des paysans insurgés, des déserteurs ou des soldats que la République avait eu l'imprudence de licencier. Il le fut aussi par des échappés de prison et de bagne. Tous les curés de la province, marchant eux-mêmes à la tête de leurs paroisses, accoururent sous ses drapeaux. A la tête de ces bandes, Ruffo s'empare de Mileto, de Cotrone, de Catanzaro et de Cosenza. A chaque pas en avant, ses bandes grossissent et deviennent peu à peu une armée. Pour les exciter, il leur promet des récompenses célestes, mais aussi l'exemption pendant six ans de tout impôt, sans parler des bénéfices à opérer sur les biens des rebelles confisqués par le trésor royal. Il leur donne pour étendard la croix blanche, pour cocarde la cocarde blanche des Bourbons et intitule pompeusement sa petite armée : armée de la Sainte Foi (Santa Fede), et ses soldats improvisés les Sanfédistes.

La Calabre était conquise. Ruffo entre alors dans la Pouille, la soumet sans plus de peine, opère sa jonction avec les bandes de Cesare, Sciarpa, Mammone, Fra Diavolo, et arrive sous les murs de Naples le 13 juin 1799. Les horreurs commises par les Sanfédistes sur leur passage dépassent l'imagination. Ruffo lui-même, s'il ne donnait pas l'exemple, au moins ne savait pas ou ne voulait pas interdire le pillage et le massacre à ses hommes. Tout suspect de libéralisme était alors jeté en prison, battu, ou tué, parfois avec d'odieux raffinements de torture, et ses biens partagés entre ses assassins. Entre tous se signala Mammone : « Celui qui écrit ces lignes, lisons-nous dans l'histoire de Vincenzo Cuoco[1], a vu boire à Mammone du sang humain qui coulait des victimes qu'il venait de massacrer. Il mangeait devant une table couverte de têtes fraîchement coupées, et buvait dans un crâne encore sanguinolent. » Aussi bien une sorte de furie sanguinaire

(1) Liv. III, p. 239. Chi scrive lo ha veduto egli stesso beversi il sangue suo, dopo essersi salassato, e cerca con avidita quelli degli altri scolassati che erano con lui; beveva in un cranio.

semblait déchaînée sur ces malheureux Napolitains. Les Anglais eux-mêmes donnaient l'exemple de la férocité. Un lieutenant de Nelson, Towbridge, terrorisait l'île de Procida. On a conservé de lui une lettre dans laquelle il demande à l'amiral « un honnête juge pour faire pendre sept ou huit des rebelles ses prisonniers ». L'amiral[1] lui promet le juge en question et ajoute : « Écrivez-moi bientôt qu'on a coupé quelques têtes, il ne faut rien moins que cela pour me réconforter un peu. » Or le juge sur lequel on comptait éprouva des scrupules. Il voulait assurer aux condamnés les secours de la religion : il prétendait qu'avant d'exécuter les prêtres, il fallait les dégrader. « Je lui ai répondu, écrivait Towbridge à l'amiral, qu'il fallait commencer par les pendre, et que, s'il ne les croyait pas suffisamment dégradés par cette opération, je me chargerais de le faire. » Pendant que ces officiers anglais échangeaient ces sinistres plaisanteries, un autre Sanfédiste, moins scrupuleux que le juge de Procida, un certain Vitella, procédait à des exécutions sommaires et, comme gage de bonne amitié, envoyait à Towbridge un singulier cadeau. « Notre ami Towdbrige, écrit Nelson à Lord Saint-Vincent, a reçu l'autre jour avec un panier de raisins frais pour son déjeuner, la tête d'un jacobin proprement arrangée dans une boîte. Towbridge s'excuse de ne pas me l'avoir fait passer sur ce que le temps était trop chaud pour un semblable message. » Il est vrai qu'il avait donné à l'assassin un certificat de bonne conduite, et que, dans son rapport à Nelson, il le qualifiait de brave garçon : « A jolly fellow ! »

De tels faits se passent de commentaires. Ils soulèvent le dégoût et l'indignation. Ce n'était pourtant là que le prélude de bien d'autres tragédies !

A la nouvelle de ces massacres, la terreur se répandit dans le pays entier. On comprenait d'instinct que la fureur popu-

(1) Aussi comprend-on et partage-on l'indignation du napolitain Cuoco. (Liv. III, p. 216) : « E voi, Inglesi, voi che vi chiamate i piu colti, piu buoni tra popoli : voi stessi permetteste, voi vedeste, voi anche eccitaste tali orrori ! »

laire serait dépassée par la vengeance royale. Aussi les derniers défenseurs de la République Parthénopéenne s'enfermèrent-ils à Naples avec la résolution d'y combattre jusqu'au dernier soupir, plutôt que de tomber entre les mains des égorgeurs sanfédistes. Le siège de Naples commença. 60.000 hommes environ entouraient cette ville, tous bien armés, excités par le fanatisme religieux et toutes les mauvaises passions déchaînées. Dans l'intérieur de la ville les partisans de la royauté conspiraient, les lazzaroni remuaient de nouveau et bon nombre d'entre eux méditaient d'ouvrir les portes aux assiégeants. Une division russe accourait à marches forcées au secours de Ruffo, et la flotte anglaise de Nelson, commandée en sous-ordre par Foote, bloquait le port et empêchait tout secours ou toute évasion. La situation des républicains était donc comme désespérée. Ils le comprirent, et dans l'impossibilité de soutenir la défense d'une aussi grande ville avec des forces tellement inférieures, ils résolurent de l'évacuer et de s'enfermer dans les forts, afin d'y attendre des temps meilleurs, ou bien d'y honorer par leur résistance les derniers jours de l'indépendance Parthénopéenne. Les forts étaient au nombre de trois : les Français et leur chef, le colonel Méjean, se retirèrent au fort Saint-Elme, et les derniers défenseurs de la République aux forts du Château-Neuf et de l'Œuf.

Les premiers jours du siège furent marqués par d'heureuses sorties. Les Parthénopéens surprirent les Sanfédistes, enclouèrent une batterie de canons, firent sauter les caissons et regagnèrent leur poste après avoir répandu la terreur dans le camp [illegible] mi. Ruffo, très effrayé de ce retour offensif, et apprenant d'un autre côté qu'une flotte française de vingt-cinq vaisseaux venait de quitter Toulon, fit proposer aux assiégés une capitulation honorable. Ceux-ci hésitèrent, car ils connaissaient la mauvaise foi napolitaine ; mais le colonel Méjean se laissa, paraît-il[1], acheter à prix d'argent et consen-

(1) La trahison de Méjean n'est que trop prouvée. Lire le rapport accablant de Lomonaco à Carnot, et surtout les deux lettres de Marie-Caroline

tit à livrer le fort Saint-Elme. Comme le général russe Her Handy, le capitaine anglais Foote, et jusqu'au représentant de la Turquie, se portaient garants de la capitulation et s'engageaient à apposer leur signature à côté de celle du cardinal Ruffo, dont les pouvoirs en qualité de vicaire général, étaient illimités, les Parthénopéens se décidèrent à leur tour. Le traité portait que les garnisons des forts du Château-Neuf et de l'Œuf sortiraient avec les honneurs de la guerre, et seraient respectées dans leurs biens. On leur permettait, ou bien de s'embarquer pour Toulon sur des vaisseaux parlementaires, ou bien de rester dans le royaume sans avoir rien à craindre pour leur sécurité. Ces conditions devaient s'étendre aux prisonniers faits dans la dernière guerre. Quant aux Français, ils resteraient au fort Saint-Elme, et on leur donnait comme otages quatre des principaux personnages de la cour (19 juin).

L'engagement était donc solennel. Tout avait été prévu, indiqué, promis. L'Angleterre, la Russie et la Turquie, par l'intermédiaire de leurs représentants, avaient sanctionné cet engagement contracté par un vice-roi, légalement investi de pouvoirs illimités. De part et d'autre, par conséquent, on était tenu de le respecter. En effet, dès que les otages furent échangés, et les hostilités suspendues, les plus compromis d'entre les vaincus s'embarquèrent sur les navires qui devaient les conduire en France. Soudain Nelson parut à l'entrée du golfe. Son arrivée apportait la mort à ceux qui se croyaient à juste titre sauvés, et sa présence allait donner le signal d'une réaction odieuse et inexpiable! (25 juin.)

Depuis six mois Nelson était entièrement dominé par la reine et par lady Hamilton. Malgré les admonestations de

à Emma, en date du 7 et du 18 juillet 1799 (GAGNIÈRE, p. 171) : « Je vous conjure, que l'on ne paye pas un sou à Méjean. Après une si obstinée défense, ce serait réellement être dupé et me faire croire que c'est parce que le généralissime (de l'armée) cisalpine la veut partager avec Méjean. » — « Je relève tout ce que vous me dites de Méjean. Je désire beaucoup que cette affaire soit mise entièrement au clair et que tout soit découvert pour n'avoir plus avec vous aucune sorte de traîtres... »

l'amirauté, malgré les prières de ses amis, ou les railleries brutales de Souvoroff qui lui écrivait non sans raison que « Palerme n'était pas Cythère », le grand amiral perdait son temps sa santé et son honneur dans des plaisirs excessifs et des fêtes qui ressemblaient singulièrement à des orgies. Marie-Caroline et Emma, la seconde surtout, avaient étouffé en lui le sentiment de l'honneur, et même celui de la dignité anglaise. Entre leurs mains Nelson ne fut plus qu'un instrument, et, par malheur pour sa réputation, un instrument de vengeance. Affolé par leurs discours, enivré par leurs promesses, surexcité et comme enivré par leur âpre désir de vengeance, le malheureux amiral accourut de Naples, bien résolu à n'accorder aucun pardon. Aussi bien lady Hamilton l'avait suivi comme pour le mieux surveiller. On assure qu'à la vue du pavillon qui annonçait la suspension des hostilités, elle s'élança sur le gaillard d'arrière où se tenait l'amiral et lui cria dans un accès de folle colère : « Nelson, faites abattre ce pavillon de trêve. On n'accorde pas de trêve aux vaincus. » Le premier acte de l'amiral fut en effet de prendre à la remorque et de conduire sous les canons du château de l'Œuf les vaisseaux, chargés de réfugiés, qui, sur la foi de la capitulation, s'apprêtaient à partir pour Toulon, et de les transformer en prisons flottantes.

Le cardinal Ruffo était aussitôt accouru à bord du *Foudroyant*. Nelson lui apprit que l'intention du roi était de considérer comme nulle et non avenue toute capitulation signée avec des rebelles. Le cardinal défendit avec une noble énergie les droits qu'il avait reçus de son souverain. Nelson le traita avec mépris, l'accusa de créer à Naples un parti hostile aux vues de son souverain et finit par le congédier. Le capitaine de Foote à son tour fit observer à Nelson qu'il avait reçu de lui le droit de ratifier une capitulation, et le supplia de faire honneur à la signature de l'Angleterre. Nelson fut inexorable. Il se débarrassa même de ce censeur incommode en l'envoyant à Palerme pour se mettre avec sa frégate à la disposition de la famille royale; puis, il attendit pour les exécuter, les résolutions définitives de Ferdinand et de Marie-Caroline.

Un décret du roi, une lettre de Marie-Caroline à son amie Emma, et la copie de la capitulation annotée par la reine furent présentés à l'amiral le 27 juin, et firent disparaître ses dernières hésitations, si toutefois il hésita un instant à se déshonorer pour les beaux yeux de sa maîtresse et les flatteries intéressées de la reine de Naples. Voici ces trois documents qui méritent d'être reproduits comme un exemple éclatant du désarroi dans les consciences et de l'aveuglement où peuvent jeter les passions politiques.

Le décret du roi portait que « le souverain n'ayant jamais eu l'intention de capituler avec des rebelles, la capitulation devait être cassée ; qu'il fallait créer une junte d'État qui condamnerait les chefs à mort, les subalternes à la prison et à l'exil et tous à la confiscation des biens ». Ferdinand déclarait en même temps que, pour récompenser les services de l'amiral Nelson, il le nommait duc de Bronte. C'était le prix du sang qu'on lui demandait de verser.

Voici quelques extraits de la lettre de la reine[1] : «... Les rebelles patriotes doivent mettre bas les armes, sortir à discrétion et volonté du roi. Alors, si l'on m'en croit, il se fera un exemple des principaux chefs, représentants et les autres seront déportés avec l'engagement signé d'eux-mêmes de la peine de mort, s'ils remettent les pieds dans les États du Roi. On en prendra note, filiation, et dans ce nombre seront compris les chefs de brigade, les clubistes et les plus furieux écrivains. Aucun militaire qui aura servi ne sera admis dans l'armée. Enfin une sévérité exacte, prompte, juste. La même chose se fera pour les femmes qui se sont distinguées dans la révolution, et cela sans pitié. Il n'y a pas besoin d'une junte d'État. Il n'y a ni procès, ni discussion. C'est un fait avéré, prouvé, patent, où les scélérats se rendront à l'imposante force de l'amiral, où il faudra réunir les corps des troupes, en

(1) GAGNIÈRE, p. 187.

faire même venir du dehors, si cela est besoin, avertir les pauvres femmes et les enfants de sortir, prendre par force les deux forts selon les règles de la guerre, et ainsi terminer cette coupable et périlleuse résistance... Enfin, ma chère Milady, recommandez à milord Nelson de traiter Naples comme si c'était une ville rebelle d'Irlande qui se fût conduite ainsi. Il ne faut pas avoir égard au nombre : les milliers de scélérats de moins rendront la France plus faible, et nous nous en trouverons mieux... »

Comme commentaire à ces odieuses paroles, et sans doute afin de prévenir toute équivoque, la reine renvoyait en même temps à l'amiral la capitulation annotée de ses propres mains. Pas un article ne trouve grâce devant la furie royale. Elle accuse de trahison ou de bassesse tous ceux qui l'ont signée. Elle est inexorable pour ses propres sujets, et pleine de mépris pour les Français qu'elle voudrait bien traiter comme des gens en dehors de tout droit. Elle termine par cette déclaration de principes : « Ce traité est une chose si infâme que si, par un miracle de la Providence, il ne vient pas quelque événement qui le rompt ou détruise, je me considère perdue et déshonorée. Et je crois qu'au risque de mourir de la mal'aria, des fatigues ou d'une arquebusade des rebelles, le roi, d'un côté, le prince héritier, de l'autre, doivent immédiatement armer les provinces, marcher contre la ville rebelle, et s'ensevelir sous les ruines si elle résiste, plutôt que de rester les vils esclaves de ces coquins de Français et de leurs infâmes émules les rebelles. Mon sentiment, si cette infâme capitulation est respectée, est tel que je serais moins affligée de la perte du royaume que des effets que j'en attends. »

Aussitôt Nelson lança un ordre qui déclarait que « si, dans l'espace de vingt-quatre heures les partisans de l'infâme République ne s'abandonnaient pas à la clémence du roi, il les considérerait comme encore en rébellion et comme des ennemis de S. M. Sicilienne ». En vertu de cet ordre quatre-vingts républicains furent extraits des vaisseaux qui auraient dû les transporter à Toulon, et conduits enchaînés, au milieu des hurlements de mort de la populace, dans les casemates des forts. Le colonel Méjean, encore maître du fort Saint-Elme, aurait dû protester pour l'honneur de son pays et se défendre jusqu'à la dernière extrémité. On avait acheté ce misérable. Il ouvrit les portes de la citadelle, à condition que la garnison en sortirait avec les honneurs de la guerre et serait rapatriée, mais en autorisant les agents du roi à arrêter les réfugiés napolitains, pourtant couverts par le drapeau français et par une double capitulation. En effet, les sbires de Ferdinand arrêtèrent au milieu de nos soldats quelques infortunés qui avaient échappé à leurs recherches, et que Méjean leur signala. Il leur livra même deux officiers d'origine napolitaine, mais qui servaient depuis plusieurs années dans l'armée française, Matera et Belpaladi. On eût dit que tout ce monde officiel se déshonorait à plaisir !

Parmi les prisonniers de la première heure était le prince Caracciolo, amiral de la flotte Parthénopéenne. C'était un septuagénaire. Il avait mérité l'estime et l'affection des Anglais, au temps où les deux flottes britannique et napolitaine voguaient de conserve; mais il avait servi la nouvelle république, et, avec quelques canonnières, n'avait pas craint d'assaillir à plusieurs reprises, les frégates anglaises. Trahi par un de ses domestiques , il fut conduit à bord du *Foudroyant*, le vaisseau amiral, le 27 juin, à neuf heures du matin. Nelson assembla immédiatement un conseil de guerre, dont les membres avaient reçu l'ordre de n'admettre ni témoins à décharge, ni défenseur : les membres de cette cour martiale, si singulièrement transformés en cour d'exécution, n'osèrent pourtant condamner l'illustre vieillard qu'à la prison perpétuelle. On transmit la décision à Nelson. « Non, répondit-il, la mort ! » Et les juges obéirent ! Aussitôt l'amiral donna ses ordres pour l'exécution immédiate. Caracciolo devait être pendu à bord de la *Minerva*, et son cadavre jeté à la mer. A cette nouvelle le cardinal Ruffo intervint de nouveau. Ce sera son honneur et en quelque sorte sa justification. La conférence fut orageuse : mais lady Emma était aussi à bord du *Foudroyant*, et encourageait Nelson à ne pas céder. L'amiral obéissait-il à un zèle fanatique, ou cédait-il à d'infâmes suggestions, on l'ignore, mais il resta inflexible. Réduit à une dernière espérance, Caracciolo fit prier lady Hamilton d'intercéder en sa faveur, mais cette Euménide ferma sa porte, et ne sortit de sa cabine que pour se repaître du spectacle de l'exécution. Elle se hâta d'en rendre compte à la reine, qui lui répondit (2 juillet) : «... J'ai vu aussy la triste et méritée fin du malheureux et forcené Caracciolo. Je sens bien tout ce que votre excellent cœur aura souffert, et cela augmente ma reconnaissance. »

Pour que rien ne manquât à l'horreur de cette tragédie, le cadavre de l'infortuné fut jeté à la mer avec un lest de 250 livres, mais il surnagea, et, par un hasard qui ressemblait à un commencement de punition divine, se présenta aux yeux du roi Ferdinand quand ce dernier se décida à rentrer à Naples. Saisi d'un tremblement nerveux, « que veut ce mort ? » dit en balbutiant le roi. « Sire, répondit le chapelain du *Foudroyant*, ce mort vient réclamer une sépulture chrétienne. — Il l'aura ! » Le cadavre fut en effet recueilli et inhumé le même jour dans l'église de Sainte-Marie aux Liens sur le quai Sainte-Lucie. Il y repose encore aujourd'hui.

Cette mort ou plutôt cet assassinat donna le signal des atrocités. Comme on devait une récompense aux bandits et aux lazzaroni, on leur livra la ville. Du 29 juin au 8 juillet, jour de l'arrivée du roi, Naples fut la proie de tous les brigands de l'Italie méridionale. « L'horreur du massacre, écrit un témoin oculaire, Marinelli, du pillage, du libertinage, était montée à un tel point qu'il m'est impossible de tout écrire. La basse plèbe s'ingéniait à qui inventerait un supplice nouveau, une obscénité plus horrible. Une femme de qualité subit, à l'instigation de lady Hamilton, les plus atroces outrages : déshabillée, fouettée sur la place publique, et ensuite abandonnée à la bestiale populace. » — « On vit,

(1) GAGNIÈRE, p. 208.

écrit[1] Coletta, au milieu de la place même du palais Royal flamber un énorme bûcher : dans ce brasier ardent la populace jeta cinq victimes vivantes, et, lorsque les chairs furent suffisamment grillées, les cannibales se mirent à les manger. » Dégoûté de ces crimes, le cardinal Ruffo essaya de rétablir l'ordre, mais il n'y réussit qu'en appelant à son aide les soldats russes qui occupaient les forts.

Aussi bien les vengeances juridiques furent plus odieuses que ce qu'on nomma pompeusement la justice du peuple. En vertu d'une proclamation royale, qui enveloppait dans une proscription générale tout individu ayant exercé des fonctions sous la République ou porté les armes contre les Sanfédistes, près de 30,000 citoyens, rien qu'à Naples, furent jetés en prison, ou du moins dans les souterrains et dans les caveaux où on leur interdisait les lits, les sièges, la lumière, les objets nécessaires pour boire et pour manger. On les entassa aussi sur les vaisseaux anglais, transformés en pontons, et l'amiral toujours flanqué de lady Hamilton, apercevait du haut de sa lunette les prisonniers se tordre et hurler de douleur sous les coups de nerf de bœuf.

Ce n'était rien encore : la Junte venait d'entrer en fonctions, et de commencer le procès des plus illustres victimes de la trahison anglaise. Les membres de la Junte avaient été choisis avec soin. L'histoire vengeresse a conservé leurs noms : président : Felice Damiani ; procureur du roi : Giuseppe Guidobaldi ; conseillers : Della Rossa, Speziale, Fiore, Samausti ; bourreau : Tommaso Paradiso. Sauf le Calabrais Della Rossa, tous étaient Siciliens. Fiore, scélérat reconnu, était le seul magistrat maintenu par la cour. Guidobaldi chef des espions et des délateurs, et Speziale, un aventurier méprisé, avaient été nommés directement par la reine. C'est ce Guidobaldi qui disait à ses familiers : « Je ne dîne avec appétit que lorsque j'ai envoyé la tête d'un Jacobin rouler sur l'échafaud de la place du Marché-Neuf. » Quant à Speziale, il parcourait les

(1) COLETTA. Ouv. cit., t. II, p. 224.

prisons pour se repaître des souffrances des prisonniers. Pour ses débuts il avait pendant deux mois tenu à Procida une « véritable boucherie de chair humaine ». N'avait-il pas condamné à mort un tailleur, qui avait commis le crime de costumer la municipalité républicaine, et fait pendre un notaire « parce que c'est un homme adroit, et il est bon qu'il meure » ? Tels étaient les hommes qui devaient décider du sort de près de 40,000 de leurs compatriotes.

Aussi bien les membres de la Junte étaient si fermement résolus à ne pas user de clémence que le premier soin du procureur général fut de transiger avec le bourreau. D'ordinaire chaque exécution rapportait à l'exécuteur six ducats. Il fut décidé qu'on ne lui allouerait plus que cent ducats par mois, car on ne voulait pas trop grever le trésor, et on prévoyait de nombreuses condamnations. Elles ne furent en effet que trop nombreuses. Trois listes des victimes ont été dressées, la première par Lomonaco en 1800 et la seconde par le général d'Ayala en 1865 : mais elles sont toutes les deux inexactes. La troisième a été publiée en 1870 par Fortunato : Elle rectifie et complète les deux précédentes, grâce au journal inédit de Marinelli et au registre de la congrégation des *Blancs de la Justice*, pénitents qui accompagnaient les condamnés à l'échafaud. Cette liste comprend quatre-vingt-dix-neuf noms, ceux des chefs : deux femmes, dix-huit princes ou ducs, quatorze généraux, trois évêques, onze prêtres, dix-huit propriétaires, huit professeurs, cinq médecins, deux magistrats, deux étudiants et un notaire : mais on ne connaîtra jamais les noms de ceux qui furent exécutés par les Anglais sur les pontons, ou par les Sanfédistes dans les forts de Naples, les noms de ceux qui périrent dans la lutte, de ceux qui moururent en prison ou en exil. Quelques-unes de ces prisons étaient sinistres. Guillaume Pepe, qui fut un des prisonniers, a raconté les souffrances horribles qu'il endura durant sa captivité : mais combien se sont tus qui n'ont pas osé élever la voix, ceux par exemple qui pourrirent dans la fosse de l'Asinara, ou ceux qu'on relégua dans l'îlot de Favignana, cratère éteint, le long des parois duquel les geôliers de Néron avaient jadis taillé un escalier conduisant à la Fosse, c'est-à-dire au fond même du cratère, cavité humide et malsaine, où ne pénètre pas un rayon de soleil, où les animaux eux-mêmes ne peuvent vivre.

Parmi les plus illustres de ces victimes de la réaction, nous signalerons les généraux Schipani et Spano, pris les armes à la main, et qui furent immolés dans un premier moment d'effervescence. Massa, qui avait rédigé et signé la capitulation, Ettore Caraffa montèrent au gibet. Gabriel Manthoné, interrogé par Speziale sur ce qu'il avait à dire pour sa justification, se contenta de répondre : « J'ai capitulé. — Cela ne suffit pas. — Je n'ai aucune raison à donner à qui foule aux pieds les traités. » Et il marcha avec calme à la mort. Le comte de Ruvo fut moins patient : « Si nous étions tous deux libres, dit-il au juge qui l'insultait, tu parlerais avec plus de prudence. Ce sont ces chaînes qui te rendent si hardi. » Plein d'une noble fierté, il voulut rester couché sur le dos pour voir descendre sur sa tête l'instrument de mort. Un accusé, Velasco, essaya de se venger en étranglant Speziale, mais il ne put que l'entraîner vers une fenêtre, pour s'y précipiter avec lui. Speziale se vengea de la terreur qu'il avait éprouvée en redoublant de cruautés et d'infamies. Une de ses victimes, Batistessa, n'était pas morte à la potence, où elle avait été suspendue pendant vingt-quatre heures. Speziale le fit égorger par le bourreau. Un de ses anciens amis, Nicolo Fiani, était détenu, mais aucune charge ne pesait contre lui. Speziale l'appelle auprès de lui, l'embrasse en pleurant, lui dit que sa perte est assurée, s'il ne lui livre tous ses secrets, les lui fait écrire, puis l'envoie au supplice. Francesco Conforti était un illustre écrivain, qui avait à plusieurs reprises défendu les droits de la royauté contre les empiétements de Rome. Speziale lui fait écrire un nouveau mémoire, plein d'érudition, de raison et de force, et, pour sa récompense, l'envoie à la mort. C'est encore Speziale qui eut l'impudeur de faire arrêter des enfants de cinq ans, qui en fit exiler de douze ans, qui en fit exécuter qui n'avaient pas atteint leur majorité ; c'est lui qui fit arrêter jusqu'à des fous détenus à l'hospice des aliénés, lui qui fit jeter en prison le professeur Bosco, pour avoir osé apprendre à ses élèves que jadis existait une République romaine, qui jouissait d'institutions libérales. Le ridicule se joignit même à l'odieux. Ne s'avisa-t-on pas d'intenter un procès criminel au patron de Naples, à saint Janvier, qui avait paru approuver la République, en opérant le miracle périodique de la liquéfaction de son sang? Le saint fut condamné. On lui interdit de nouveaux miracles, et il eut pour successeur saint Antoine de Padoue.

Trois procès eurent un grand retentissement : ceux du docteur Cirillo, d'Eleonora Pimentel et de la marquise de San Felice. On voulait sauver Cirillo qui jadis avait été le médecin de la famille royale et dont la réputation était européenne. « Quel âge avez-vous? lui demande Speziale. — Soixante ans. — Quelle est votre profession? — Médecin sous la monarchie, représentant du peuple pendant la République. — Et devant moi qui es-tu? — En ta présence, lâche, je suis un héros. » Condamné à mort, on lui fit entendre que, s'il demandait sa grâce au roi, il l'obtiendrait. Il refusa et marcha bravement à l'échafaud.

Eleonora Pimentel, la directrice du *Moniteur Républicain*, avait commis la lourde faute de se moquer des mascarades du camp de San Germano. La reine Marie-Caroline ne lui avait pas pardonné ces railleries. Condamnée à mort, elle marcha froidement, demandant à une femme quelques épingles pour rajuster son corsage dérangé par le bourreau, et répétant ce vers : *Forsan et hæc olim meminisse juvabit.*

La marquise de San Felice avait, pour sauver son amant, dénoncé une conspiration royaliste. Ferdinand avait juré de se venger. L'infortunée était enceinte. L'exécution fut ajournée. Le roi, perdant toute pudeur, adressa par écrit de vifs reproches à la Junte et prétendit que cette grossesse était simulée. Un second examen fut ordonné. Il confirma la grossesse. Le roi ordonna que la San Felice attendrait son accouchement dans les prisons de Palerme et serait ensuite exécutée. La princesse Marie-Clémentine, qui s'intéressait à la prisonnière, supplia le roi son beau-père de lui accorder sa grâce. Ferdinand refusa brutalement et la malheureuse fut exécutée. Voici comment le docteur Marinelli termine sa lugubre énumération : « Aujourd'hui 11 septembre, a été décapitée donna Luisa Molinès San Felice. Cela a mis la place du marché en rumeur. Donna Luisa avait été mise déjà deux fois en chapelle, mais elle en était sortie. Cette fois elle ne l'a point échappé. Avant de marcher au supplice, elle s'était ouvert l'utérus : aussi a-t-il fallu la porter. La hache en tombant, au lieu de la tête, a frappé une épaule. A cause de cela le bourreau a achevé de lui couper la tête avec son couteau. »

Pendant que s'accomplissaient ces abominables tragédies, que devenaient en effet les vainqueurs? La reine Marie-Caroline était restée à Palerme, mais sans cesser un seul instant d'exciter à la vengeance. Ses lettres à lady Hamilton font frémir. Pas un mot de pitié. Pas un sentiment de compassion! « Je vous prie de ne faire aucune faveur particulière, lui écrit-elle[1] le 18 juillet. » Et plus loin[2] : « J'espère que les membres de la Junte feront rase justice, ne se laissant séduire ni par les larmes, ni les protections, ni les richesses des parents des accusés... Pour Belmonte, silence sur ce point. Si on envoie une centaine à la potence, j'ai calculé que l'on ira jusqu'à lui ; mais si l'on n'envoie qu'une cinquantaine, il ne peut être du nombre, ses crimes n'étant pas aussi grands. Je n'en parlerai, ni n'y penserai plus, et je regrette seulement de vous avoir donné le plus petit embarras pour lui. » Quant au roi, jusqu'alors inoffensif, il subit comme un accès de folie furieuse. Surexcité par son entourage, poussé à bout par ses serviteurs, il vit rouge, comme l'écrit un de ses historiens. Voici comment un témoin oculaire, Cuoco[3], l'a dépeint dans la rade de Naples, sur le vaisseau de Nelson,

(1) GAGNIÈRE, p. 237.
(2) Id., p. 233.
(3) T. III, p. 9-10.

car ce souverain, jadis si fier de ses prérogatives, n'avait pas osé descendre à terre, et continuait à recevoir l'hospitalité anglaise : « Le roi était sur un bâtiment, entouré d'autres bâtiments pleins de personnes arrêtées, qui mouraient sous ses yeux, tués par le resserrement du lieu dans lequel elles se trouvaient entassées, par le manque de nourriture et surtout d'eau, par l'immense quantité d'insectes, par la canicule la plus brûlante... et il avilissait la majesté royale au point de se promener en leur présence. » Ce n'était plus un roi, mais un mannequin revêtu des ornements royaux!

Ruffo et Nelson, les deux maîtres de la situation, sont assurément les principaux coupables, et c'est sur eux que doit retomber la responsabilité de ces crimes. Ruffo était en effet resté vicaire général, et par conséquent chef du gouvernement. On a parlé de ses bonnes intentions, de son impuissance à calmer la multitude, et à apaiser la vengeance royale; mais, puisqu'on avait abusé de son nom, puisqu'il ne pouvait contenir les passions déchaînées, pourquoi ne se retirait-il pas? Pourquoi laissait-il souiller par de nouveaux crimes sa pourpre cardinalice, déjà salie par les excès de la guerre civile? Ruffo avait soif des honneurs; et, pour en jouir il se déshonora par ces honteuses complaisances : aussi portera-t-il la peine de sa faiblesse et de son ambition aux yeux de la postérité.

Que dire des récompenses dont furent gorgés les acolytes du cardinal? Tous ces bandits, tous ces assassins, tous ces chefs de bande devinrent capitaines ou colonels. On les combla de cadeaux et de pensions. On leur distribua des terres. Tous obtinrent des décorations. La reconnaissance royale s'étendit jusque sur les officiers turcs et russes qui reçurent de grands présents. Quant aux Anglais, ils obtinrent ce qu'ils demandèrent. La reine Marie-Caroline passa au cou de son amie Emma son portrait en miniature suspendu à un collier de diamants dont elle lui fit lire l'exergue : *Œterna gratitudine.* Elle lui donna encore deux voitures de gala et des diamants pour une valeur de 150,000 guinées. Tous les capitaines anglais reçurent des tabatières, des bagues et des montres enrichies de diamants. Towbridge, le héros d'Ischia, fut nommé baron, et Nelson, le nouveau duc de Bronte, reçut une épée, dont la garde en or massif disparaissait sous les diamants. C'était l'épée remise par Louis XIV à Philippe V lors de son départ pour l'Espagne. Elle aurait dû être sacrée pour un prince de la maison de Bourbon : mais ne fallait-il pas payer le sang versé ?

Le châtiment n'était pas éloigné. Quand on apprit les horreurs commises par les Sanfédistes, et les épouvantables vengeances de la Junte royale, ce fut par toute l'Europe comme un cri d'indignation. En France Aréna et Briot dénoncèrent ces attentats à la tribune des Cinq Cents. En Angleterre, malgré la popularité de Nelson, malgré les services éminents qu'il avait rendus à son pays, on ne put oublier, on n'oublia pas qu'il avait sali le drapeau anglais en violant une capitulation pour plaire à une courtisane royale. Fox et Sheridan écrasèrent de leurs invectives « ce roi insensé et l'amiral anglais qui s'était institué son exécuteur ». Leur arrêt restera celui de l'histoire. Rien ne peut justifier ni Nelson, ni ceux qui le poussèrent à cette odieuse réaction ; et comme, tôt ou tard, sont punis tous les crimes, n'est-il pas vrai que la justice divine a puni les persécuteurs, et que le petit-fils, et arrière-enfant, dépouillés de leur royaume, exilés, errant de ville en ville, expient aujourd'hui les crimes commis jadis par Ferdinand et Marie-Caroline ?

TABLE DES MATIÈRES

CHAPITRE PREMIER

FONDATION DE LA RÉPUBLIQUE CISALPINE

CHAPITRE II

LA RÉPUBLIQUE LIGURIENNE

CHAPITRE III

CHUTE ET PARTAGE DE LA RÉPUBLIQUE VÉNITIENNE

CHAPITRE IV

LA RÉPUBLIQUE ROMAINE

CHAPITRE V

LA RÉPUBLIQUE PARTHÉNOPÉENNE

ÉVREUX, IMPRIMERIE DE CHARLES HÉRISSEY

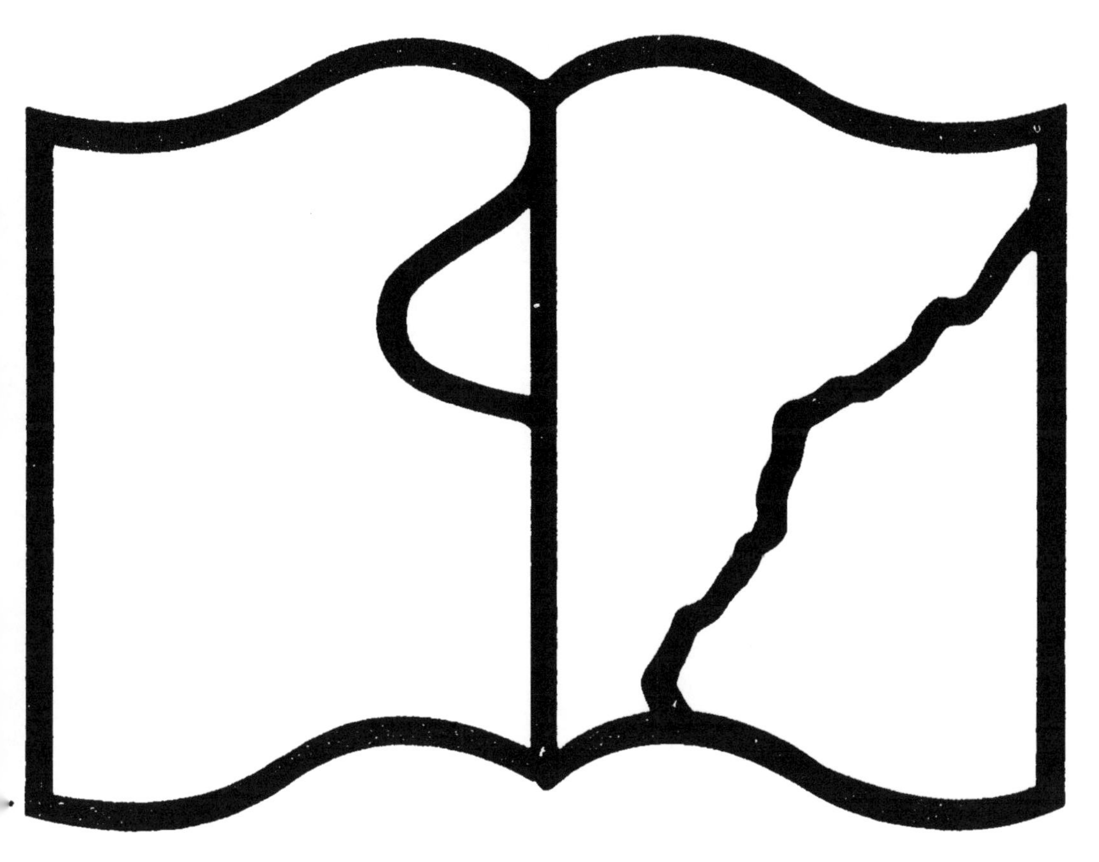

Texte détérioré — reliure défectueuse

NF Z 43-120-11